棋王经典百局丛书

棋王唐丹经典百局

玉思源 ◎ 编著

黄少龙　梁文斌　主编

企业管理出版社

图书在版编目（CIP）数据

棋王唐丹经典百局/玉思源编著. --北京：企业管理出版社，2018.11
ISBN 978-7-5164-1829-1

Ⅰ.①棋… Ⅱ.①玉… Ⅲ.①中国象棋-布局（棋类运动） Ⅳ.①G891.2

中国版本图书馆CIP数据核字（2018）第259429号

书　　名：	棋王唐丹经典百局
作　　者：	玉思源
责任编辑：	侯春霞
书　　号：	ISBN 978-7-5164-1829-1
出版发行：	企业管理出版社
地　　址：	北京市海淀区紫竹院南路17号　邮编：100048
网　　址：	http：//www.emph.cn
电　　话：	发行部（010）68701816　　编辑部（010）68420309
电子信箱：	zhaoxq13@163.com
印　　刷：	香河闻泰印刷包装有限公司
经　　销：	新华书店
规　　格：	170毫米×240毫米　　16开本　　14.5印张　　265千字
版　　次：	2018年12月第1版　　2018年12月第1次印刷
定　　价：	58.00元

版权所有　　翻印必究　　印装有误　　负责调换

总　序

  自从1956年举办首届全国象棋赛以来，我国棋坛陆续产生了一批全国冠军，俗称"棋王"，象棋发展也进入了历史上的繁荣昌盛时期。棋手们特别重视全国个人赛，争取夺魁，因为这标志着达到当年棋艺最高水平，并获得较高的棋手等级分，也取得参加亚洲赛、世界赛的资格。

  本丛书荟萃棋王的经典名局，使读者了解到我国象棋发展的最新成就，同时也可使读者的棋力得到明显提高。

  棋王们的棋艺底蕴、个人风格、练棋过程均各不相同，但最后都能达到顶尖水平。他们的共同点是对象棋无比热爱，在实战中不断总结经验教训，并善于从旁人与古人对局中汲取营养，理论与实战相结合，不断创新、不断提高。棋王们的对局百花齐放，不仅有大刀阔斧的对杀，悬崖搏斗的惊险；也有绵里藏针的暗斗，细腻蚕食的功夫；还有灵活机动的战术，丝丝入扣的妙手，令人大开眼界、回味无穷。

  丛书还简述了每个棋王的生平及其对象棋运动发展的贡献，使读者了解棋王的象棋人生及其个性特点，从中受到启发。为了体现棋王的精彩棋艺，每本书原则上多选胜局，有按实战的时间顺序选局，亦有按布局分类选局，力求反映各个棋王的风格。

  我们相信，本丛书的出版必将受到各种水平象棋爱好者的欢迎。

黄少龙

2015年元旦于天津

序

  2007年全国个人赛在美丽的呼和浩特市举办，年仅17岁的唐丹大师第一次定鼎中原，从而开启一个新的时代，作为"90后"最突出的女子代表人物开始执棋界牛耳。如果说近些年男子棋坛处于群雄割据的时代，那么唐丹在巾帼英雄中可谓已完成大一统了，2010—2013年连续四次获得全国个人赛冠军，代表中国队夺取世界冠军，更是囊括2007年至今的全国各大赛事的桂冠，真可以说得上战绩显赫，威震天下。

  唐丹大师的棋艺特点是刚柔并济，勇于搏杀，精通各种流行布局，并且常常有"飞刀"问世。这样一位绝世高手的铸就，需要出类拔萃的天赋及后天持之以恒的艰苦训练。唐丹的刻苦用功在业内是公认的，身处北京队这样优秀的团队，身边队友都是身经百战、驰骋沙场数十载的知名大师，唐大师自身具备良好的象棋素养，加之严格的训练，以及传统强队中的耳濡目染，达到女子王中王的地位也在情理之中。更难能可贵的是，唐大师在棋艺的巅峰时期不忘更好地提升自己，选择在北京大学深造，并以优异的成绩完成学业，相信在北大的学习会为她以后的腾飞提供充足的动力。

  我们整理了能够体现唐丹大师棋艺风采的百局实战对局，加以详细解读，让读者能够深入体会女子象棋第一人的强劲实力，相信这些不朽的经典会让更多的朋友爱上象棋这项优秀的传统项目，让大家感悟智慧的博弈带给我们的快乐，同时也期待唐丹大师在以后的比赛中能够为棋友们创造更多的精彩对局。

玉思源

2016年5月

目 录

第1局　欧阳琦琳　负　唐丹 …………………………………………… 1
第2局　刚秋英　负　唐丹 ……………………………………………… 3
第3局　赵寅　负　唐丹 ………………………………………………… 6
第4局　刚秋英　负　唐丹 ……………………………………………… 8
第5局　唐丹　胜　金海英 ……………………………………………… 10
第6局　张婷婷　负　唐丹 ……………………………………………… 13
第7局　赵寅　负　唐丹 ………………………………………………… 14
第8局　赵冠芳　负　唐丹 ……………………………………………… 16
第9局　欧阳琦琳　负　唐丹 …………………………………………… 18
第10局　聂铁文　负　唐丹 …………………………………………… 21
第11局　唐丹　胜　赵国荣 …………………………………………… 22
第12局　唐丹　胜　陈丽淳 …………………………………………… 23
第13局　唐丹　和　谢靖 ……………………………………………… 25
第14局　单欣　负　唐丹 ……………………………………………… 27
第15局　唐丹　胜　何静 ……………………………………………… 31
第16局　唐丹　负　刘欢 ……………………………………………… 33
第17局　唐丹　胜　熊学元 …………………………………………… 36
第18局　黎德志　负　唐丹 …………………………………………… 37
第19局　唐丹　胜　刘强 ……………………………………………… 39
第20局　金波　和　唐丹 ……………………………………………… 41
第21局　刘智　负　唐丹 ……………………………………………… 44
第22局　梅娜　负　唐丹 ……………………………………………… 46
第23局　唐丹　胜　谢云 ……………………………………………… 49
第24局　胡明　负　唐丹 ……………………………………………… 50
第25局　唐丹　胜　张国凤 …………………………………………… 52
第26局　伍霞　负　唐丹 ……………………………………………… 54

第27局	唐丹 胜 金波	57
第28局	卜凤波 负 唐丹	59
第29局	申鹏 和 唐丹	61
第30局	唐丹 胜 张强	63
第31局	唐丹 和 赵冠芳	65
第32局	陆伟韬 和 唐丹	68
第33局	唐丹 胜 陈幸琳	71
第34局	唐丹 胜 赵玮	73
第35局	唐丹 胜 陈丽淳	74
第36局	唐丹 和 金海英	77
第37局	王琳娜 负 唐丹	79
第38局	唐丹 胜 程龙	81
第39局	严俊 和 唐丹	83
第40局	唐丹 胜 胡明	85
第41局	陈丽淳 负 唐丹	89
第42局	党国蕾 负 唐丹	91
第43局	刘欢 负 唐丹	94
第44局	唐丹 胜 陈青婷	95
第45局	唐丹 负 时凤兰	98
第46局	梁妍婷 负 唐丹	100
第47局	唐丹 胜 党国蕾	103
第48局	唐丹 负 玉思源	105
第49局	唐丹 胜 吴兰香	108
第50局	唐丹 负 胡明	110
第51局	唐丹 胜 韩冰	114
第52局	唐丹 胜 阮黄燕	116
第53局	唐丹 胜 尤颖钦	118
第54局	唐丹 胜 唐思楠	121
第55局	唐丹 胜 陈青婷	123
第56局	唐丹 胜 吴可欣	127
第57局	唐丹 胜 何静	129
第58局	唐丹 胜 张婷婷	131
第59局	陈丽淳 和 唐丹	134
第60局	唐丹 胜 梅娜	136

第 61 局	唐丹 胜 陈青婷	139
第 62 局	赵冠芳 负 唐丹	142
第 63 局	唐丹 和 王琳娜	143
第 64 局	唐丹 胜 张国凤	145
第 65 局	唐丹 胜 张国凤	147
第 66 局	唐丹 胜 唐思楠	149
第 67 局	唐丹 负 陈幸琳	151
第 68 局	唐丹 胜 左文静	153
第 69 局	唐丹 胜 梅娜	156
第 70 局	唐丹 胜 唐思楠	158
第 71 局	唐丹 胜 刘钰	161
第 72 局	唐丹 胜 尤颖钦	163
第 73 局	余欣如 负 唐丹	165
第 74 局	阮氏菲廉 负 唐丹	167
第 75 局	唐丹 和 王琳娜	169
第 76 局	唐丹 胜 张育绮	170
第 77 局	唐丹 和 王琳娜	172
第 78 局	金海英 负 唐丹	173
第 79 局	胡明 负 唐丹	176
第 80 局	唐丹 胜 张国凤	178
第 81 局	张婷婷 和 唐丹	182
第 82 局	赵冠芳 负 唐丹	185
第 83 局	唐丹 胜 刘钰	187
第 84 局	董波 负 唐丹	189
第 85 局	陈丽淳 和 唐丹	191
第 86 局	张国凤 负 唐丹	193
第 87 局	吴可欣 负 唐丹	195
第 88 局	董嘉琦 负 唐丹	197
第 89 局	赵冬 负 唐丹	199
第 90 局	唐丹 胜 陈丽淳	201
第 91 局	唐丹 胜 张婷婷	203
第 92 局	吴可欣 和 唐丹	205
第 93 局	唐丹 和 张国凤	207
第 94 局	唐丹 胜 韩冰	208

第 95 局　周熠 负 唐丹 ………………………………… 211
第 96 局　唐丹 胜 刘丽梅 ……………………………… 213
第 97 局　唐丹 胜 陈青婷 ……………………………… 215
第 98 局　赵冠芳 负 唐丹 ……………………………… 217
第 99 局　唐丹 胜 张婷婷 ……………………………… 218
第 100 局　吴可欣 负 唐丹 …………………………… 220

第1局　欧阳琦琳 负 唐丹

2006年中房地产杯全国象棋团体锦标赛于2006年4月1日至9日在济南市举行，唐丹执后对阵上海队的欧阳琦琳。欧阳琦琳，特级大师，现任上海棋院副院长，多次获得全国象棋个人锦标赛前三名。

1. 相三进五　炮8平4
2. 马二进三　马8进7
3. 车一平二　卒7进1
4. 兵七进一　炮2平3

也有车9平8，炮二进四，象3进5，马八进七，马2进1，炮八平九，炮2平3，车九平八，士4进5，兵九进一，马7进6，兵九进一，卒1进1，炮二退一，马6退7，炮二平九，车1平2，车八进九，马1退2，车二进九，马7退8，马七进八，马8进7，马八进七，炮4进4，后炮进一，马2进4，马七退六，红方先手。

5. 马八进九（图1）　……

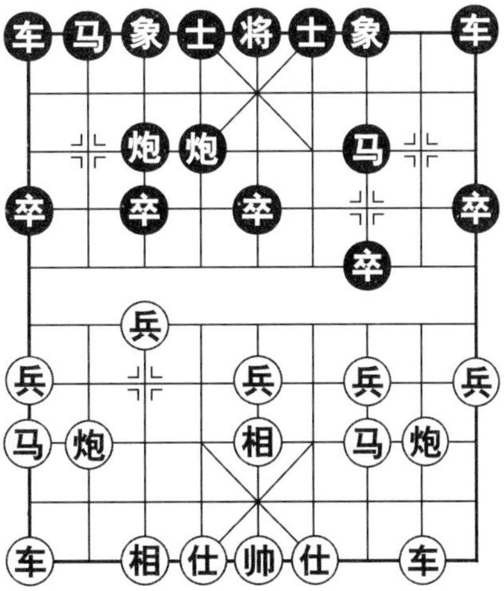

跳边马较为少见，一般红方可选择马八进七或炮二进二。2012年蔡伦竹海杯象棋精英邀请赛，王天一对阵张学潮曾弈至此局面，王天一选择的是炮二进二，车9进1，马八进七，卒3进1，马七进六，卒3进1，炮二平七，象3进5，车九平八，马2进1，炮八平九，车1平2，车八进九，马1退2，兵三进一，车9平2，兵三进一，象5进7，车二进六，炮4进1，车二退二，红方稍先。

图1

5. ……　　　　　马2进1
6. 车九平八　车1平2
7. 炮二平一　卒1进1

挺边卒有大局观，在2路线即红方八路线必定会发展成兑车的形势，之后先挺卒的一方阵型舒展。

8. 车二进四　车9平8
9. 车二进五　马7退8
10. 炮一进四　马8进7
11. 炮一退一　……

退炮控制黑方河道，也可选择炮一平三，马7进9，兵三进一，卒7进1，相五进三，均势。

11. ……　　　　　车2进6
12. 仕四进五　……

补仕正着，此时不可炮一平九，车 2 平 1，炮八进五（炮九平六，车 1 平 4，红要丢仕），炮 4 进 5，黑方反先。

12. ……	炮 4 进 4	**13.** 炮八平六	车 2 进 3
14. 马九退八	炮 3 进 3	**15.** 炮一平九	象 7 进 5
16. 炮九进一	卒 3 进 1	**17.** 兵三进一	卒 7 进 1
18. 相五进三	士 6 进 5	**19.** 相三退五	炮 3 进 1

以上几个回合红方处理得很好，避开了黑方所设的陷阱，双方消除各自的弱点，进入漫长的无车棋战斗。此时黑炮进 1 打算强行多卒，也可选择炮 3 进 3，马八进九，炮 3 平 1 牵制。

20. 马八进九	卒 3 进 1	**21.** 兵九进一	马 7 进 8
22. 兵九进一	炮 3 进 1	**23.** 马三进二	炮 3 退 1
24. 马二进四	马 8 进 6	**25.** 兵九平八	……

平兵好棋！间接限制了黑方炮打中兵。如炮九退二，炮 5 退 1！炮九平五，炮 4 平 5，炮六进六，马 1 进 3，炮六退二，卒 5 进 1，兵八进一，马 3 进 4，炮五平七，马 4 退 6，炮六退四，红方多兵易走。

25. ……	炮 3 平 5	**26.** 兵八进一	……

进兵想要控制黑马，但更为精确的是炮九退二，具体变化详见上一段评注。

26. ……	马 1 退 3	**27.** 兵八平七	炮 4 平 9
28. 兵七进一	马 3 退 1		

黑方察觉红棋的计划，将计就计白吃两兵，只要解决了红方过河兵便可达成胜势，局面的焦点也落在了角落里的黑马和无法动弹的红兵上。

29. 帅五平四	炮 9 退 4	**30.** 炮九退二	马 6 退 4
31. 马四进二	炮 9 平 6	**32.** 马二进四	士 5 进 6
33. 相五进七	马 4 退 3		

一番交换后，黑方解决了黑马的危险，以多一卒的优势进入残局战斗。

34. 相七退五	马 3 进 4	**35.** 炮九平六	马 4 进 6
36. 马九进八	炮 5 平 6	**37.** 帅四平五	士 6 退 5
38. 马八进七	马 1 进 2	**39.** 前炮平七	马 2 进 3
40. 炮六平七	炮 6 平 3	**41.** 帅五平四	士 5 进 4
42. 后炮平九	马 6 进 8	**43.** 炮九进一	马 8 进 7
44. 炮九退二	马 7 进 8	**45.** 炮九平七	马 3 进 5
46. 马七退六	马 5 退 7	**47.** 仕五进六	卒 5 进 1
48. 后炮平五	马 7 退 6	**49.** 炮七进二（图 2）	……

急躁，精确的应法是马六退四，马 8 退 6，炮七进二。

49. ……	马 8 退 7
50. 炮七平四	卒 5 进 1
51. 马六进七	士 4 退 5
52. 相五进三	炮 3 平 6
53. 相七进五	马 6 进 8
54. 马七退五	马 8 进 9
55. 炮四退一	马 9 退 8
56. 炮四进一	炮 6 平 9
57. 炮五平三	马 7 进 9
58. 马五进三	马 8 退 7
59. 炮四平五	马 7 进 6
60. 炮三平四	马 9 进 7
61. 炮四进四	卒 5 进 1
62. 马三退四	……

图 2

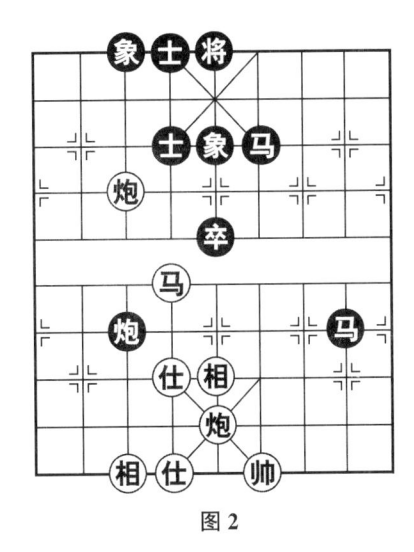

退马漏着！直接导致局面崩溃。应仕六退五保持好的阵型，再看黑方行动而部署防守。

| 62. …… | 马 6 进 8 | 63. 马四退三 | 卒 5 进 1 |

破相好棋！交换后黑方直接形成必胜残局。

| 64. 马三进一 | 马 8 进 9 | 65. 仕六进五 | 马 9 退 7 |

66. 炮四退一 ……

炮四退二还能抵抗几手，炮四退一被黑方巧吃仕，直接告负。

66. …… 卒 5 平 4

红方无力回天，遂投子认负。

综观全局，双方以柔性布局布阵，直至后中局双方相安无事，但红棋第 26 回合一个不慎致使本能多一兵的局面发展成少一兵的残局，是本局最大的失误，黑方在得到优势后慢慢运子调形蚕食对手，最终等到红方一个回马的失误一举破城，获得胜利，显示其深厚的中残局功力。

第 2 局 刚秋英 负 唐丹

这是 2006 年全国象棋团体锦标赛的第 5 轮，唐丹执后对阵火车头队刚秋英。刚秋英棋风大刀阔斧，有"小钢炮"的美称。

1. 炮二平五 马 8 进 7   2. 马二进三 车 9 平 8

3. 兵七进一　卒7进1　　　　　**4.** 马八进七　马2进3

5. 车一进一　象3进5　　　　　**6.** 车一平四　士4进5

另有炮8进2、炮2进4、马7进8等变化。

7. 炮八平九　炮2进4

炮2进4是比较常见的走法，另有车1平2，车九平八，炮2进4，马七进六，炮8平9，相三进一，炮2进1，马六进七，红方占优。

8. 兵五进一　车1平2　　　　　**9.** 车九平八　炮8平9

10. 车四进二　炮2退2

此时退炮是比较稳健的走法，不可炮2进2，不然红方接走仕六进五后下步炮九平八，黑炮位置较为尴尬。

11. 车八进三　……

一年后的锦州杯全国象棋团体锦标赛两人再次相遇，弈至与此相同的局面，刚秋英改变战术用兵五进一代替车八进三。

11. ……　　　车8进6

12. 兵五进一（图1）　……

此时红方一般有四种走法，除兵五进一外，还有兵九进一、炮九退一、仕六进五三种，一一列述：兵九进一，马7进8，炮九进一，互缠中红方稍优；炮九退一，炮2平1，车八进七，马3退2，炮九平七，双方对峙，两分局面；仕六进五，炮2平1，车八进七，马3退2，炮九平八，马2进3，战线比较漫长。

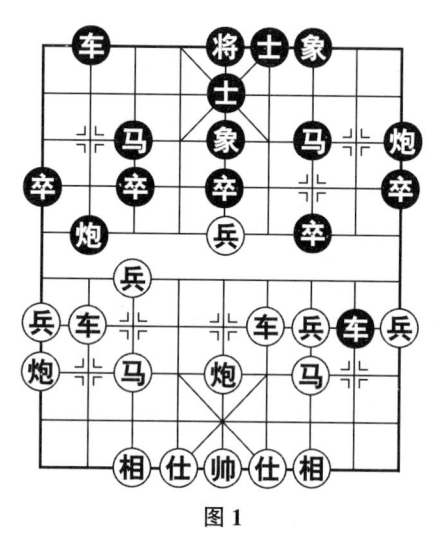

图1

12. ……　　　卒5进1　　　　**13.** 车四平五　马7进5

好棋！如车五进二，卒3进1，车五退一，卒3进1，炮五进四，炮2平5，黑方占优。

14. 炮五进三　……

炮打中卒试图保持复杂变化，简明些也可以考虑马七进六，卒5进1，车五进一，马5进4，车五平六，炮2平5，车八平五，均势。

14. ……　　　车8退1　　　　**15.** 相七进五　……

可以考虑兵三进一，黑方不能车8平7，因红可相三进五，黑只能吃马，然后马七退五再炮九退一打死车。

15. ……　　　车8进2　　　**16.** 兵三进一　卒7进1

不可车8平7，否则马七退五，车7进1，炮九退一，黑丢车。

17. 马七进六　马5进7　　　**18.** 马六进七　车8退4
19. 马七进九　……

有些操之过急。当前局面分析认为能先弃后取兑子取势，但实战效果不甚理想，应该先炮九平七，等待时机再考虑马七进九，仍属红方先手。

19. ……　　　车2进2　　　**20.** 兵七进一　车2平1

吃马比较稳健。此时可以考虑炮2退1，炮九平八，车2平1，炮八进四，车1平2，炮八退二，车8进4，黑方满意。

21. 兵七平八　炮9平7

好棋！针对红方三路线的弱点施加压力，红方面对黑方的"特种部队"只得弃相。

22. 相五进三　炮7进3
23. 车五平三（图2）　……

红方车五平三抓炮颇有随手大意之感，忽略了黑方马7进5的好棋，这种漏步在顶尖对局中是致命的。应相三进一，炮7平5，炮九平五，兑子后红方仍可接受。

23. ……　　　马7进5
24. 车三平五　炮7进4

再吃一相，由此红方后防告急，黑方已经明显占优。

25. 仕四进五　马5退7　　　**26.** 兵八进一　车1退2
27. 炮九平五　马3进4　　　**28.** 车五平六　马4退2

以上几个回合黑方先驻守要道，在运动战中消灭红方有生力量，有条不紊。

29. 马三进四　炮7平9　　　**30.** 帅五平四　车8平6
31. 车八进一　车1平4

兑车嫌缓，可考虑车1平3，准备车3进5得子，红方难应。

32. 车六平三　……

避兑是为了在劣势下保持局面复杂，但实则应车六进六，将5平4，炮五平四，车6平3，炮四平三，尚可纠缠。

32. ……　　　马2进4　　　**33.** 车八平七　车6进1
34. 车七平五　马7退6

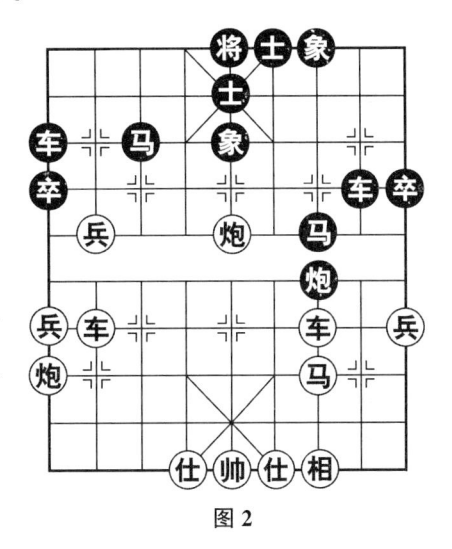

图2

以上几个回合黑方计算精确，由此黑方接近胜势。

35. 后炮平六　马4退3　　　　**36.** 炮六平五　……

两步顿挫有些帮忙之感，但目前局面红方已经无子可动，黑方大优。

36. ……　　车4进4　　　　**37.** 前炮进一　马3进5
38. 炮五进四　车4平5　　　　**39.** 车三平八　车5退1
40. 车五进二　车6进1　　　　**41.** 帅四平五　马6进7

一车换双后黑方多象且兵种较好，进可争胜，退可求和。

42. 车五退三　士5退4　　　　**43.** 车五平三　炮9平8
44. 车八进三　炮8退8

退炮好棋，棋坛谚语：残棋炮归家。针对红方少双相，调遣黑炮在中路重新组织进攻，思路清晰，胜利可待。

45. 仕五进六　炮8平5　　　　**46.** 仕六进五　车6平3
47. 帅五平六　车3进4　　　　**48.** 帅六进一　马7进5

进马叫杀必吃一子，红方已然无力回天。

49. 车八退三　马5进7　　　　**50.** 车八平三　炮5平4
51. 车三平六　将5进1

红方见大势已去，抵抗也无济于事，遂投子认负。

双方在开局时行棋布阵皆步步为营、有理有据，进入中局时段红方强行跃马跳槽对攻被黑化解达成均势，而面对黑方的攻击红方虽弃相缓解但因软手，给予黑方进攻机会，实为失败根源所在。

第3局　赵寅 负 唐丹

2006年中房地产杯全国象棋团体锦标赛于4月1日在济南市隆重开幕，北京女队派出唐丹加史思旋的阵容。当时唐丹还不是全国冠军，但实力已不容小视。第7轮唐丹后手遭遇安徽象棋大师赵寅。赵寅于2002年全国象棋少年锦标赛获16岁组冠军，晋升女子象棋大师，曾获得全国个人锦标赛第九名，实力不俗。

1. 兵七进一　炮2平3　　　　**2.** 炮二平五　象3进5
3. 马二进三　卒3进1　　　　**4.** 车一平二　卒3进1
5. 马八进九　车9进1　　　　**6.** 车九平八　车9平4
7. 仕六进五　……

炮五进四也是常见走法。2015年第三届财神杯电视象棋快棋邀请赛上许银川对阵赵鑫鑫曾弈至此局面，"许仙"选择炮五进四，士4进5，炮五平一，马2进1，仕六进五，马8进9，炮八平六，车1平3，相三进五，炮3平2，车八进三，车4进3，均势，结果战和。

7. …… 车4进4
8. 炮五进四 士4进5
9. 炮五退二（图1） ……

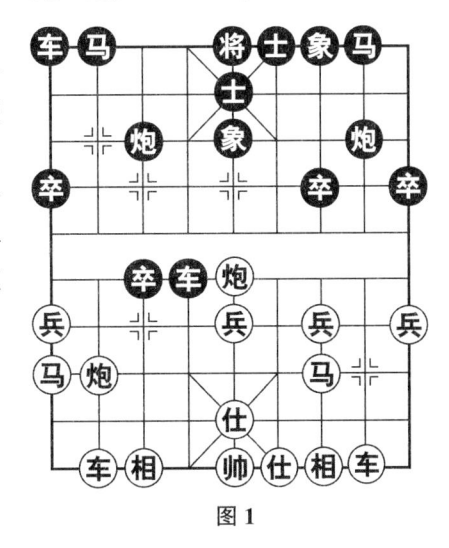

退炮别出心裁。一般多选择炮五平一、炮八平六两种变化，试举炮八平六变化以供读者参阅：炮八平六，马8进9，相三进五，卒9进1，车八进八，炮8平7，炮五退二，车4退1，炮五平三，车4平7，炮六平八，炮7退1，车八退一，炮3退1，炮八进七，炮3平2，炮八平四，将5平6，相五进七，车1平4，均势。

9. …… 马8进9
10. 炮八平四 车4退1
11. 相七进五 卒9进1
12. 车二进六 卒3平4
13. 炮五平三 ……

红方的主要问题在于双马，平炮不仅挡住三兵抬起而且有给黑方帮忙之感。可马九进七，车4平5（车4平3，马七进九！），炮五平三，卒4进1，车八进五！红扩先。

13. …… 炮8平6
14. 车八进六 马2进4
15. 马九进七 车4平3
16. 车八平六（图2） ……

换马直接导致红方左翼空虚，这样交换太委曲求全了，从整局发展来看此着应为红方溃败根源所在，应马七进九保持局面复杂，但亦属黑优。

16. …… 炮3进4
17. 车六进二 车1平4

好棋。趁红不敢兑车之际出车邀兑抢先，因兑车后红方左翼无子力防守过于空虚，两翼有分而不合之忌，局面至此黑方已获得优势。

18. 车六平八 炮3平7
19. 兵九进一 卒4平5

献卒妙着！若兵五进一，卒 7 进 1 吃死炮，黑得子胜定。

20. 车二退三　马 9 进 8　　　21. 仕五退六　……

退仕无奈，但如若兵五进一，炮 6 平 8 打死车。黑方越战越勇，优势逐渐扩大。

21. ……　　　卒 5 进 1　　　22. 炮四进七　……

弃子，最后一搏以求对攻，但黑方阵型太稳固，红方难以造成威胁。

22. ……　　　士 5 退 6　　　23. 炮三平五　车 3 平 5
24. 车二进二　车 5 进 1　　　25. 车二进二　士 6 进 5
26. 车二进一　象 5 退 3

将军脱袍，一着胜定！至此红方弃子对攻失败，局面已呈败势。

27. 相五进三　车 4 进 7　　　28. 车八平七　炮 6 退 2
29. 马三退二　卒 5 平 6　　　30. 仕四进五　将 5 平 4
31. 车七退八　车 4 退 1　　　32. 马二进一　炮 7 进 1
33. 车二平四　炮 7 平 2　　　34. 马一退三　车 5 平 7
35. 马三进五

收尾阶段，黑方不给红方丝毫反击机会，局面至此红又丢相，实在无法抵抗黑方庞大军团，遂投子认负。

第 4 局　刚秋英 负 唐丹

2007 年锦州杯全国象棋团体锦标赛于 4 月 18 日至 26 日在锦州市天港国际酒店隆重拉开帷幕。这是比赛的第 4 轮，唐丹执后对阵刚秋英。

1. 炮二平五　马 8 进 7　　　2. 马二进三　车 9 平 8
3. 兵七进一　卒 7 进 1　　　4. 马八进七　马 2 进 3
5. 车一进一　……

车一进一形成横车七路马的变化。

5. ……　　　象 3 进 5　　　6. 车一平四　士 4 进 5

此时除了补士外，还有炮 8 进 2、炮 2 进 4、马 7 进 8 等变化。

7. 炮八平九　炮 2 进 4（图 1）

炮 2 进 4 是比较常见的走法，另有车 1 平 2，车九平八，炮 2 进 4，马七进六，炮 8 平 9，相三进一，炮 2 进 1，马六进七，红方占优。

8. 兵五进一　……

冲中兵是不想被黑方吃掉三兵，但更多选择车九平八，炮 2 平 7，相三进一，卒7进1，车八进七，车1平3，相一进三，炮8平9，车四进二，车8进4！双方互缠。

8. ……　　车1平2

还有炮8进4，车九平八，车1平2，车四进三，车8进4，仕六进五，卒7进1，兵三进一，炮8平3，炮五平六，卒3进1，兵七进一，车8平3，相七进五，马7进8，兵三进一，车3平7，车四平二，马8退7，均势。

9. 车九平八　　炮8平9

平炮亮开车路，但此时炮8进4比较多，车四进三，车8进4，炮九退一，炮8进1，炮九平五，车8进2，兵五进一，车8平7，马七进五，炮8平5，相七进五，卒5进1，马五进六，车7进1，马六进七，车2进2，车四退一，炮2进2，炮五进四，红方易走。

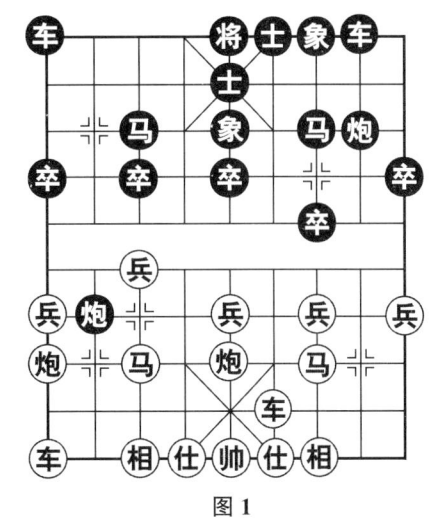

10. 车四进二　　炮2退2

此时退炮是比较稳健的走法，不可炮2进2，不然红方接走仕六进五后下步炮九平八，黑炮位置较为尴尬。

11. 兵五进一　　……

强行中路进攻太过于强硬。一般多车八进三，车8进6，仕六进五，马7进8，马七进六，双方对峙。而有意思的是两个人曾经在2006年全国象棋团体锦标赛时下过一盘与此一模一样的棋，当时刚秋英走的是车八进三，最终输了。

11. ……　　卒5进1	**12. 车四平五　　车8进5**

也可考虑马7进6，车五进二，卒3进1，黑方满意。

13. 车五进二　　车8平3	**14. 车五平八　　车2进4**

15. 车八进五　　车3进2

经过一番交换后化解了红方攻势。

16. 炮九进四　　车3退3	**17. 车八进二　　马7进5**

18. 兵九进一（图2）　　……

先冲兵防止车3平1抓炮，但不如先走炮九进三看黑方如何应对，如车3平1，车八进二，士5退4，车八平七，仍是互缠局面；又如将5平4，炮五平六，车3平1，车八进二，将4进1，车八退五，将4退1，车八平九，大体均势。

18. ……　　马 5 进 6
19. 炮九进三　将 5 平 4
20. 马三进五　炮 9 进 4

黑方由此进入反攻，是扩大优势的好棋。

21. 兵三进一　车 3 进 2
22. 马五进四　炮 9 平 5
23. 炮五平六　炮 5 退 2

好棋！解杀还杀，黑方胜势。

24. 车八进二　将 4 进 1
25. 车八退五　马 6 进 5
26. 马四退五　马 5 进 7
27. 马五退四　士 5 进 6

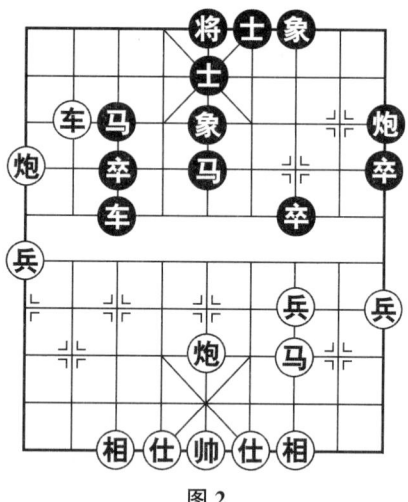

支士彻底解除红方攻击，也可马 7 退 6，车八平六，士 5 进 4，车六平四，马 6 进 4，马四进六，车 3 平 4，马六退八，黑方胜势。

28. 炮六退一　马 7 退 8　　**29.** 马四进六　将 4 平 5
30. 帅五进一　车 3 平 5　　**31.** 相三进五　马 8 进 6
32. 帅五平四　马 6 进 8　　**33.** 车八退一　马 8 退 7
34. 帅四进一　车 5 进 1

绝杀，黑胜。

第 5 局　唐丹 胜 金海英

2007 年全国象棋个人锦标赛采用预赛加决赛方式。预赛只有前八名可以出线。这是预赛第 6 轮，5 轮后唐丹排名第七，金海英排名第四。

1. 炮二平五　炮 8 平 5　　**2.** 马二进三　车 9 进 1
3. 车一平二　马 8 进 7　　**4.** 马八进七　车 9 平 4
5. 车二进四　马 2 进 3　　**6.** 兵七进一　车 4 进 5

车 4 进 5 的走法比较犀利，显示出金海英好战的性格。除此之外，也有先车 1 进 1 待红方仕六进五后再车 4 进 5，红方或相七进九、或炮五平四，另有攻守。

7. 车九进二　……

如相七进九，车 1 进 1，还原成正常的走法。

7. ……　　　车 1 进 1　　　　　8. 车二平六　车 1 平 4
9. 车六进四　车 4 退 5　　　　10. 炮八进二　……

此时不如直接马七进八兑炮，兑子后红方位置较好，形势稍优。

10. ……　　　卒 7 进 1　　　　11. 马七进六　车 4 进 3
12. 炮五平六　车 4 平 2　　　　13. 炮八进三　炮 5 平 2

兑子后局势较为平稳，基本均势。

14. 车九平七　象 7 进 5　　　　15. 马六进七　炮 2 退 1

炮 2 退 1 是调整阵型的好棋，黑方局势可以满意。

16. 车七退一　炮 2 平 3　　　　17. 炮六平七　象 5 进 3

飞象过于急躁。此时黑方已经取得满意之势，不如马 7 进 6 静观其变。

18. 相七进五　炮 3 进 2（图 1）

此时炮 3 进 2 交换导致局面落入下风。应马 7 退 5 准备下着炮 3 进 2 吃马，红方只能车七退一，象 3 进 5，兵三进一，卒 7 进 1，兵七进一，象 5 进 3，相五进三，车 2 退 1，马七进五，象 3 退 5，炮七进六，车 2 退 2，炮七平六，基本和势。

19. 兵七进一　车 2 平 3
20. 炮七进四　车 3 进 4
21. 炮七进三　士 4 进 5
22. 炮七退八　马 3 进 2
23. 兵三进一　卒 7 进 1
24. 相五进三　马 2 进 1

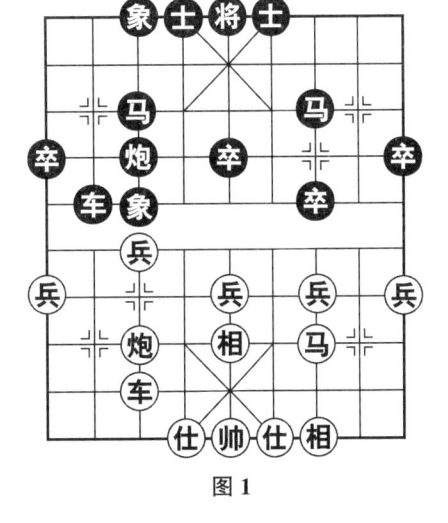

图 1

兑子后，黑方虽然多一卒，但是红方兵种较好，且多双相，仍属红优。

25. 相三退五　士 5 进 4　　　　26. 炮七平三　马 7 进 8
27. 炮三平一　马 8 退 7　　　　28. 马三进四　马 1 退 2
29. 马四进六　马 2 进 4　　　　30. 马六进四　马 4 退 6
31. 兵五进一　士 6 进 5　　　　32. 炮一平三　将 5 平 4
33. 仕四进五　卒 1 进 1　　　　34. 仕五进四　卒 1 进 1
35. 炮三平六　将 4 平 5　　　　36. 炮六平四　卒 1 平 2（图 2）

红方虽然局面占优，但两个兵都是对头兵很难过河，想要赢棋还有很大的困难。此时黑方卒 1 平 2 属于漏步，帮助红兵过河。应马 6 退 4，纠缠之势。

37. 兵五进一　马 6 退 8　　　　38. 兵五平六　……

棋王唐丹
经典百局

红兵过河后形势变得比较明朗，红方大优。

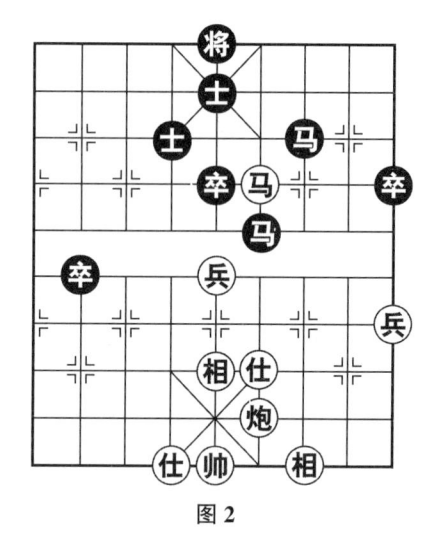

38. ……　　　卒9进1
39. 炮四平一　卒9进1
40. 兵一进一　马8进9
41. 马四进三　将5平6
42. 炮一平四　士5进6
43. 仕四退五　士6退5
44. 仕五进四　士5进6
45. 兵六进一　马9退8
46. 马三退一　士4退5
47. 马一退三　马8进9
48. 兵六平五　……

图2

吃掉黑方的过河卒，红方已然胜势。

48. ……　　　马9进7　　　**49.** 炮四平三　卒2进1
50. 仕四退五　卒2平3　　　**51.** 炮三进一　将6平5
52. 马三进五　后马进6　　　**53.** 马五进七　将5平4
54. 相五进三　马7退5　　　**55.** 炮三平九　马5退3
56. 兵五平六　马3进1　　　**57.** 兵六平七　卒3平4
58. 炮九退一　马1进3　　　**59.** 炮九进八　马3退2
60. 相三进五　马6进4　　　**61.** 兵七平八　士5进4
62. 帅五平四　卒4平5　　　**63.** 相五进七　将4进1
64. 炮九退一　将4退1　　　**65.** 炮九进一　将4进1
66. 炮九退一　将4退1　　　**67.** 炮九进一　将4进1
68. 马七退九　马2退4　　　**69.** 相三退五　卒5平4
70. 兵八平七　后马进3　　　**71.** 炮九平七　马3进1
72. 兵七进一　马1退2　　　**73.** 马九进八　士4退5
74. 炮七退一　将4退1　　　**75.** 炮七平九　将4平5
76. 炮九进一　士5退4　　　**77.** 兵七平六　将5进1
78. 炮九平六　……

再吃一士，红方胜定，余略。

第6局　张婷婷 负 唐丹

2007年伊泰杯全国象棋个人锦标赛预赛的第6轮，唐丹暂排名第七，张婷婷排名第十一。

1. 炮二平五　马2进3
2. 马二进三　马8进7
3. 车一平二　车9平8
4. 兵七进一　卒7进1
5. 车二进六　士4进5

黑方还有车1进1、炮2进4、象3进5、士4进5、马7进6等选择。

6. 炮八平七　象3进5
7. 马八进九　马7进6
8. 车九平八　炮2平1
9. 车二退二（图1）……

车二退二比较稳健，积极点的走法是兵七进一，象5进3，马九进七，车1平4，马七进五，卒7进1，车二退一，马6进4，炮七退一，卒5进1，马五进三，马4进5，相七进五，卒7进1，马三退二，双方纠缠。

9. ……　　　车1平4
10. 兵七进一　卒7进1
11. 车二平三　……

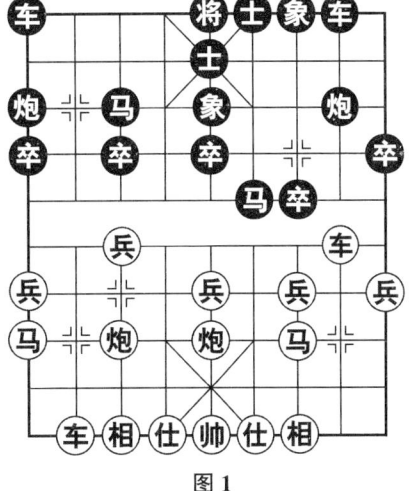

吃卒后黑方卒3进1局势满意，应车二进一保持变化。车二进一，马6退7，车二退二，炮1进4，兵七进一，卒7进1，车二进三，双方对攻。

11. ……　　　卒3进1
12. 车八进三　炮8平7

可以考虑马6进4，车八退一（车八平六，卒3进1），马4进3，车八平七，炮8进5，黑方大优。

13. 兵五进一　车8进5
14. 马三进五　炮7进4
15. 车八进四　车8进1
16. 车三平四　马3进4
17. 车四进一　马4进5
18. 炮七进一　炮1进4

应马5进3，仕四进五，炮7平5，帅五进四，炮5进2，仕六进五，马3进5，帅四平五，车8平4，黑胜定。

19. 炮七平三　车8平7
20. 仕六进五　马5进3

21. 车八退五　马3退4　　　　**22.** 车八平六　炮1平9

炮1退1更紧凑。

23. 炮五平一　马4进2　　　　**24.** 车六进七　士5退4

兑车后黑方多子且子力位置俱佳，已呈胜势。

25. 车四平六　卒3进1　　　　**26.** 相七进五　卒3平4
27. 兵五进一　卒5进1　　　　**28.** 车六平五　卒1进1
29. 炮一进四　车7平4

平车缓着，不如卒1进1，效果要优于实战。

30. 炮一平六　卒4平3　　　　**31.** 炮六平七　卒3进1
32. 车五退一　卒3进1　　　　**33.** 马九进八　车4平6
34. 炮七进三　士4进5　　　　**35.** 炮七平八　马2进3
36. 帅五平六　卒1进1　　　　**37.** 车五平六　士5进4
38. 马八进七（图2）　……

进马是最后的败着，马八退七还可支撑。

38. ……　　　车6平2
39. 炮八平九　车2退3

错失良机。应马3退5，红方无力抵抗。

40. 车六平七　车2进6
41. 帅六进一　炮9进2
42. 仕五进四　卒3平4
43. 帅六平五　马3退4
44. 帅五平四　卒4平5
45. 仕四进五　炮9退7

黑胜。

图2

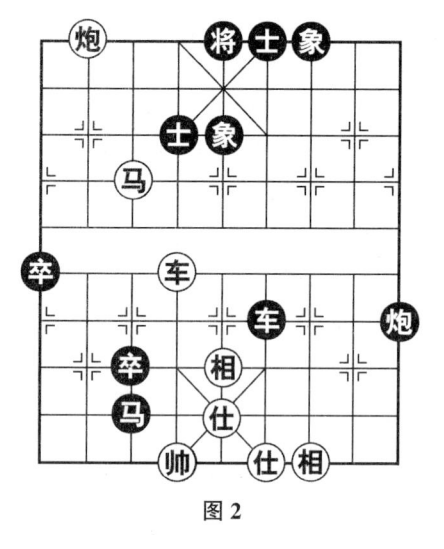

第7局　赵寅 负 唐丹

2007年伊泰杯全国象棋个人锦标赛进行到决赛阶段，是整个比赛令人心动的关键时刻。此盘是决赛的第1轮，唐丹执后对阵安徽的女子大师赵寅。双方有过多次交手，唐丹战绩较好。

1. 炮二平五　马8进7　　　　**2.** 马二进三　车9平8
3. 兵七进一　卒7进1　　　　**4.** 马八进七　象3进5

双方以中炮七兵对屏风马开局，此时黑方选择象 3 进 5 意在避开赵寅的拿手布局巡河炮，属于避害趋利的战略思想。常见的是马 2 进 3，炮八进二，车 1 进 1，车一平二，车 1 平 4，兵三进一，卒 3 进 1，兵七进一，卒 7 进 1，车二进六，车 4 进 5，炮八平五，马 3 退 5，车二平三，象 7 进 5，马七进八，车 4 平 3，马八进六，车 3 退 2，马六进四，红方优势。

5. 炮八进七 ……

此时红方选择直接打马比较少见，其意图以炮兑马可牵住黑方无根车炮，效果如何还需以下回合来检验，此时红方多炮八平九、马七进六或车一平二。

5. ……　　车 1 平 2　　**6. 车九平八　炮 2 进 6**

7. 马七进六 ……

跳马准备踩卒有些急躁，应车一平二，炮 8 进 6，马七进六，士 6 进 5，炮五进四！黑方难受。

7. ……　　士 6 进 5　　**8. 马六进五** ……

由于没有交换车一平二与炮 8 进 6 两步棋，红方此时不能炮五进四形成双车牵双无根车炮，应该仍选择车一平二看黑方动静。

8. ……　　马 7 进 6

跳马好棋！不可马 7 进 5 交换，否则红方多兵占优。

9. 炮五平九　车 2 进 7　　**10. 炮九进四　炮 8 进 6**

11. 相三进五　车 8 进 7　　**12. 车一平二　马 6 进 7**

13. 马五退四　卒 9 进 1　　**14. 炮九退二** ……

退炮用处不大，不如炮九进三打个顿挫，待象 5 退 3 之后再炮九退四打卒，局面尚可保持纠缠。

14. ……　　马 7 进 9

15. 车二平三　炮 8 平 4（图 1）

同样平炮，应炮 8 平 3 更好，看似相差无几，但其实直接影响了局势的发展，假如炮 8 平 4 的话，红方可以选择仕六进五，车 8 进 1，马四退六，此时黑方需要车 2 退 1 躲避，红方再马三进四，便可使黑方子力难以开展，假如 15 回合黑方炮 8 平 3，依然是仕六进五，车 8 进 1，马四退六，此时黑方可炮 3 退 2，尴尬的倒是红方。

16. 仕四进五 ……

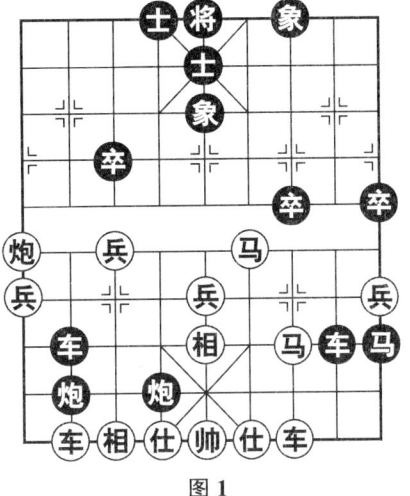

图 1

补仕有些随手，未能分析到局面的严重性，实属败着！仕六进五尚可抵抗，其究竟有何不同？红方势必要抵抗黑卧槽马的攻击，在此前提下如补哪个仕即是空门在哪边的问题。如空门在右，则黑可卒 7 进 1 弃卒再车 8 退 1，红方便岌岌可危。空门在左便没有什么问题，因此应该走仕六进五。

16. …… 车 8 进 1

好棋！也是势在必行之着，红方难防黑方的卧槽马，败势已成。

17. 马四退六　车 2 退 1　　　　**18. 马三进四　马 9 进 7**
19. 帅五平四　将 5 平 6

缓着，应卒 7 进 1！相五进三，车 8 退 2，黑胜。如马四进三，则车 8 退 1，准备下步炮 2 平 5 打仕，红方难应。

20. 仕五进四　卒 7 进 1　　　　**21. 马四进三　车 8 退 1**
22. 马三进二　将 6 进 1　　　　**23. 马二退三　将 6 退 1**
24. 马三进二　将 6 进 1　　　　**25. 炮九进四　士 5 进 4**
26. 马二退三　将 6 退 1　　　　**27. 马三进二　将 6 进 1**
28. 仕六进五　炮 2 平 5

好棋！黑胜定。

29. 车三进一　车 2 进 3

红方无法解杀，遂投子认负。

综观全局，黑方在布局上避其锋芒，选择一个脱谱变化进入中局较量，随后抓住红方随手马踩中兵从而五子连攻，红方在四面受敌之际犯下无法弥补的补右仕的错误致使空门无法防守，终至溃败。

第 8 局　赵冠芳 负 唐丹

2007 年伊泰杯全国象棋个人锦标赛决赛第 3 轮，两人慢棋打平后加赛快棋，这盘棋将决定谁能够继续争冠。

1. 马八进九　……

跳边马出其不意，避开唐丹所有准备，直接进入中局较量。

1. ……　　卒 7 进 1

红方已跳边马，从正常的布局棋理来讲，红方势必马二进三，因此冲 7 卒是较有针对性的走法。

2. 相三进五　马 8 进 7　　　　**3. 车九进一　象 7 进 5**
4. 车九平三　马 2 进 1　　　　**5. 兵三进一　卒 7 进 1**

6. 车三进三　车1进1　　　　7. 兵九进一　车1平6
8. 马九进八　炮2平4

双方几个回合都中规中矩，此时炮2平4稍软，可考虑马7进8，把局面复杂化。

9. 马二进三　炮8退2　　　　10. 车三平六　士6进5
11. 仕四进五　车6进3　　　　12. 车一平四　……

红方以为黑棋必兑车，但其实不然，不如马八进九吃卒先得实惠。

12. ……　　　卒1进1（图1）

卒1进1兑卒好棋！黑方解决了最难处理的边马弱的弊端，局面已无红方的先手。

13. 车四进五　马7进6
14. 车六进一　……

进车捉马有些不太理智，兑子后黑方可白过一卒。此时不如车六平四，卒1进1，马八进六，马6退7，车四平九，红方较为好走。

14. ……　　　卒1进1
15. 车六平四　卒1平2
16. 车四进一　炮8进6
17. 马三进四　炮8平3　　　　18. 马四进六　卒2进1
19. 炮八平九　车9平7　　　　20. 炮九进四　卒3进1

应车7平8捉炮，待炮二平三后再卒5进1，黑方满意。

21. 车四平五　卒9进1　　　　22. 车五平二　……

红车占住要道，黑车不能乱动。

22. ……　　　士5进6
23. 炮九平五　士4进5
24. 炮五退二　将5平4　　　　25. 炮二平一　车7进4
26. 马六进四　炮3平9　　　　27. 炮五平六　将4平5
28. 炮一进三（图2）　……

错失获得优势的良机。应车二进三，待象5退7后再炮一进三，黑方难应。

28. ……　　　炮4退2

退炮好棋！占据防守要点，使红棋进无可进，退无可退，只此一着便扭转了当前的局势，由此可见，失之毫厘，谬以千里。

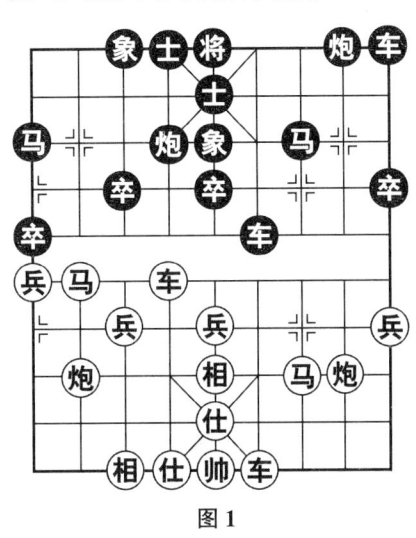

图1

29. 马四退二 ……

应炮一退一保持变化，如此兑子后黑方明显占优。

29. ……　　　　炮9平8
30. 炮一平三　　炮8退3
31. 炮三平五　　马1进3
32. 炮六进二　　炮8平5
33. 马二进四　　士5进4
34. 炮六进三　　马3进5
35. 炮六退一　　炮5进3

再得一兵，黑方形成马炮双卒胜马炮仕相全的必胜残局，红方投子认负。

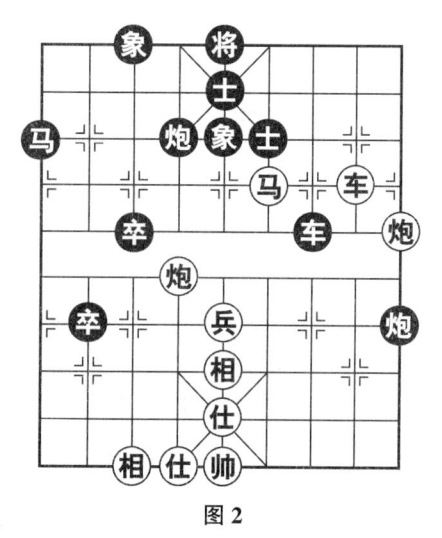

图2

第9局　欧阳琦琳 负 唐丹

2007年伊泰杯全国象棋个人锦标赛决赛第4轮，胜者就是全国冠军，两人都还没拿过全国冠军，因此这场比赛成为了全场的焦点。

1. 马八进九 ……

第一回合进边马！出人意料，避开所有的布局套路，直接进入中局较量，颇有魄力。

1. ……　　　炮8平5

有趣的是在上一轮就是决赛第3轮赵冠芳先手对唐丹的对局中，赵冠芳就选择跳边马开局，当时唐丹选择的是卒7进1应对，最终结果是唐丹获胜。欧阳琦琳再次选择马八进九说明有备而来，唐丹这次选择的炮8平5也是常见的走法，除此之外还有卒7进1、马2进3等选择。

2. 马二进三　　马8进7　　　**3. 车一平二　　车9平8**
4. 炮二进四　　卒7进1　　　**5. 车九进一　　炮2进4**

进炮吃兵先得实惠，可以选择马2进3或者卒3进1，都是常见变化。

6. 兵七进一（图1） ……

红方兵七进一挺七兵虽然避开黑方打中兵，但是黑方炮2平7后阵型更加舒展，总体效果不理想，应选择车九平四，炮2平5，马三进五，炮5进4，兵九进一，车1进1，马九进八，马2进1，车四进六，黑方虽然有空头炮，但子力分散难以配合，红方满意。

6. ……　　　　炮 2 平 7
7. 相三进五　　马 2 进 1
8. 车九平四　　车 1 平 2
9. 炮八平七　　……

炮八平七瞄住黑方 3 路线，但实际意义不大，反给了黑方车 2 进 7 捉炮的机会，不如炮八平六，阵型工整。

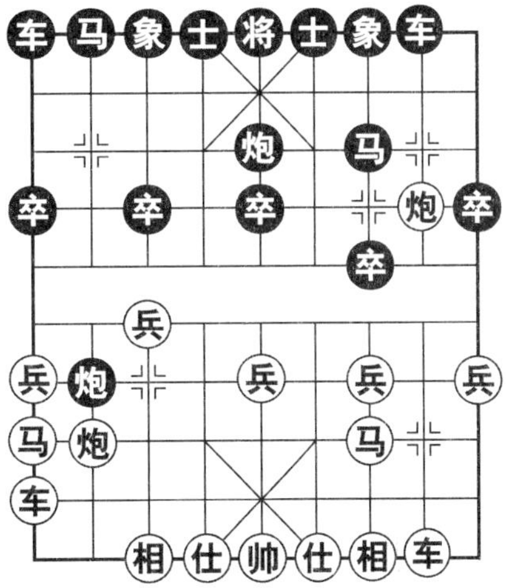

9. ……　　　　车 2 进 4
10. 兵九进一　　车 2 平 6

兑车好棋。红方如兑车，黑顺势马 7 进 6 准备踏中兵，或者马 6 进 4 盘旋进攻。当然此时也可以考虑卒 7 进 1，等红方相五进三后再车 2 平 6 兑车，也是黑方稍优的局面。

图 1

11. 车四平二　　士 4 进 5　　　12. 前车进三　　车 6 进 2
13. 仕四进五　　炮 7 平 5

打兵有些急躁，红方炮二平三后局面不好处理。不如马 7 进 6，炮七进一，车 6 进 2，黑势不错。

14. 炮二平三　　车 6 退 3　　　15. 前车进二　　象 7 进 9
16. 前车进三　　马 7 退 8　　　17. 炮三进二　　马 8 进 6
18. 车二进八　　车 6 平 7　　　19. 马三进二　　……

红方几个回合交换下来后形势大优。

19. ……　　　　车 7 退 1　　　20. 马二进四　　车 7 进 1
21. 炮三退一　　马 1 退 3　　　22. 车二平四　　卒 5 进 1
23. 马四退五　　炮 5 进 4

红方多一大子，形势大优。

24. 炮三平八　　卒 7 进 1　　　25. 兵七进一　　……

冲兵有些心急，此时最优着法是帅五平四准备飞兵，看黑方如何应对。

25. ……　　　　卒 5 进 1　　　26. 马九进八　　马 3 进 5
27. 炮八进二　　象 3 进 1　　　28. 马八进七　　卒 7 平 6
29. 帅五平四　　车 7 平 8　　　30. 相五退三　　……

退相缓着，高估了黑方的攻击力，以致错失良机。应马七进九！黑方只能对攻而车 8 进 6，帅四进一，炮 5 平 6，车四平一，炮 6 平 2，炮八平九，黑方难应，红方胜势。

30. ……　　　炮5平6	31. 车四平一　炮6平3
32. 相七进五　象1进3	33. 马七进六　车8平2
34. 车一退一（图2）……	

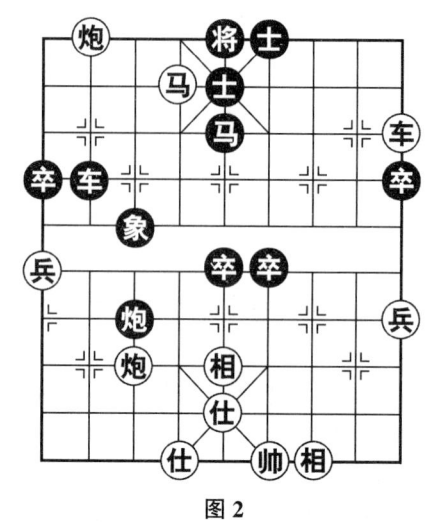

车一退一吃象漏步，不仅错失了胜机，还断送了优势。应炮八平九，马5退3，炮九平四，红方依然胜势。

| 34. ……　　　将5平4 |
| 35. 炮七进三　将4进1 |
| 36. 车一平五　车2退3 |

一番交换后黑方净多双卒，逆转局面达成胜势，并且局面并不复杂，红方不能搅乱局面。

37. 车五退一　车2进4	
38. 炮七退一　炮3平1	
39. 车五平一　炮1进3	
40. 相五退七　车2进3	41. 相三进五　卒5进1
42. 车一平六　士5进4	43. 帅四进一　卒6平5
44. 炮七平八　车3平2	45. 炮八平七　车2平6
46. 仕五进四　车6平8	47. 炮七退三　炮1退1
48. 炮七进一　炮1进1	49. 炮七退一　车8进5
50. 炮七平九　前卒平6	51. 帅四平五　卒6进1
52. 车六平四　车8平4	53. 炮九平六　士4退5

卒5平4直接胜势。

54. 车四平六　士5进4	55. 相七进九　炮1退1
56. 炮六进一　卒5进1	57. 相五进七　炮1平2
58. 兵一进一　炮2退8	59. 炮六退一　炮2进8
60. 炮六进一　士6进5	61. 兵一进一　炮2退8
62. 炮六退一　炮2平5	

图2

以下红如抽将，黑可卒5平4反叫将。红方见无力扭转，遂投子认负。

综观全局，双方对战犬牙交错，你来我往互有优劣，欧阳琦琳在得子情况下没能抓住机遇，把冠军拱手相让，其内在原因不仅只是后中局的娴熟问题，还关乎临近大事的心理素质及时间把控等因素。总之，一场全国冠军的争夺战令人赏心悦目，也伴有几分惋惜。

第10局　聂铁文 负 唐丹

2008年第6届威凯房产杯全国象棋排名赛3月5日在北京交通饭店拉开帷幕。本次参赛资格为：现役男子全国冠军，2008年上半年男子等级分全国冠军以外的前24位棋手，女子等级分前4位棋手，北京棋手1名，共40名棋手。这是第7轮的比赛。

1. 炮八平四　……

6轮后唐丹和聂铁文同积6分分别排在第27、第28名。

1. ……　　　炮2平5　　　2. 马八进七　马2进3
3. 车九平八　马8进7　　　4. 马二进三　卒7进1
5. 车八进五　……

双方以过宫炮对左中炮开局，此时除了车八进五之外，还有车八进四、仕四进五、兵七进一等选择。

5. ……　　　卒5进1　　　6. 炮四平五　马7进5
7. 车一进一　车1进1

也可炮8平7，车一平四，卒7进1，车四进五，卒7平8，双方另有攻守。

8. 车一平四　车9进1　　　9. 车八退一　车1平6
10. 车八平四　将5进1

上将好棋，肋线的占领非常关键。

11. 炮二进四　车6进4　　　12. 车四进三　车9平6
13. 车四进四　将5平6　　　14. 炮二平七　……

兑完四个车后，红方多兵但两个马位置较弱，黑方满意。

14. ……　　　炮8平7　　　15. 相三进一　炮7进4
16. 兵七进一　卒9进1　　　17. 炮七进三　马3进4
18. 仕六进五　卒5进1　　　19. 兵五进一　炮5进3
20. 马三进五　炮5进2　　　21. 相七进五　马4进5
22. 马七进五　炮7平1

兑子后黑方多一卒稍优。

23. 马五进六　将6平5　　　24. 炮七平四　……

败着，忽略马5退6困死红炮，黑方多子胜定。

24. ……　　　马5退6

黑胜定。

第 11 局 唐丹 胜 赵国荣

2008 年第 6 届威凯房产杯全国象棋排名赛。这是比赛的第 10 轮，9 轮后赵国荣与唐丹同积 13 分，分别排在第 12 位和第 18 位。

1. 炮二平五　马 2 进 3　　　　2. 马二进三　卒 7 进 1
3. 车一平二　炮 8 平 6　　　　4. 车二进八　……

双方以中炮对反宫马开局。黑方选择卒 7 进 1，红方如直接兵七进一，黑方马 8 进 7 则还原成正常反宫马布局。但黑方先卒 7 进 1 也让红方多了车二进八的选择。

4. ……　　　士 4 进 5　　　　5. 炮八平六　象 3 进 5
6. 马八进七　炮 2 退 1　　　　7. 车二退二　车 1 平 4
8. 仕六进五　马 8 进 7（图 1）

除马 8 进 7 之外也有马 8 进 9 的选择。马 8 进 9，车九平八，炮 2 平 1，兵七进一，车 9 平 8，车二进三，马 9 退 8，红方稍好，战线漫长。

9. 车九平八　炮 2 平 3

也可以考虑炮 2 平 1。

10. 车二平三　车 9 进 2
11. 兵五进一　车 4 进 6
12. 炮六退二　……

调整阵型的好棋！

12. ……　　　车 4 平 3
13. 兵五进一　卒 5 进 1

如车 3 进 1 吃马，红方兵五进一后攻势强劲，黑方难以抵抗。

14. 马七进五　卒 5 进 1　　　　15. 炮五进二　炮 3 退 1
16. 相七进五　车 3 平 4

也可考虑卒 3 进 1。

17. 仕五进六　……

仕五进六走法非常积极，但送仕牺牲太大。此时不如炮五平九，车 9 平 8，马五进四，车 8 进 5，炮九平五，马 7 退 9，马四进六，红方胜势。

17. ……　　　车 4 进 1　　　　18. 马五进七　车 4 退 2

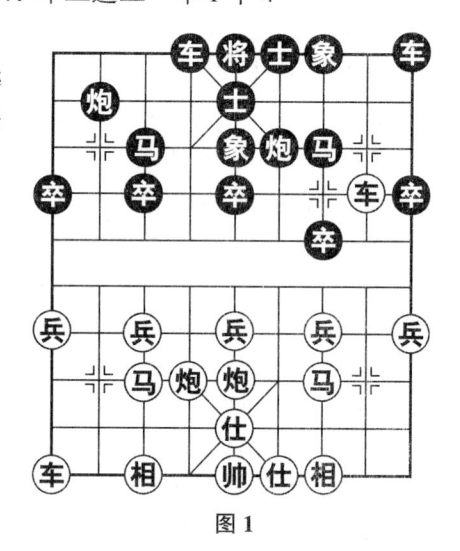

19. 马七进六　炮6退1　　　　20. 炮六平七　炮6平7

应马3退1，车八进九，炮3平4，仕四进五，黑方尚可支撑。

21. 马六进四　将5平4（图2）

出将败着。应炮7平6，炮五进一，将5平4，炮七平六，将4平5，效果优于实战。

22. 炮七平六　士5进4
23. 车八进四　车4进3
24. 炮五平六　炮7平4
25. 前炮进四　将4进1
26. 车八退三　车4退3
27. 车八进六　将4退1
28. 车八平七　……

红方得子胜定。

28. ……　　　　士6进5
29. 马三进五　马7退6　　　　30. 马四退二　车9平8
31. 车七退一　将4平5　　　　32. 炮六平八　炮3平2
33. 马五进七　车4进1　　　　34. 炮八平九　炮2平3
35. 车七平六　车4平7　　　　36. 炮九进六　炮3平4
37. 车六平七　车7平2　　　　38. 马七进八

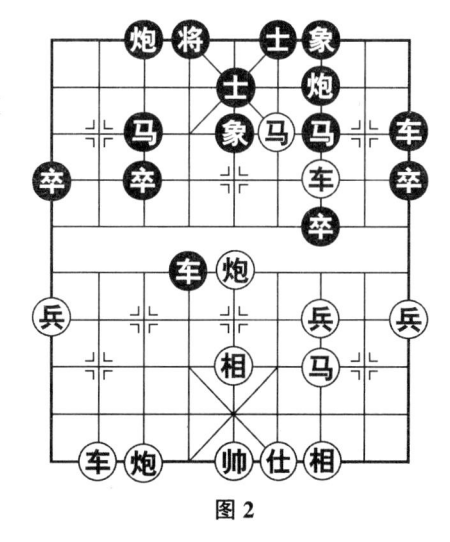

红胜。

图2

第12局　唐丹　胜　陈丽淳

2008年蔡甸杯全国象棋团体锦标赛于4月16日在武汉市蔡甸区江汉假日大酒店拉开帷幕。这是比赛的第3轮，北京队与广东队狭路相逢，唐丹执先对阵陈丽淳。

1. 炮二平五　马8进7　　　　2. 马二进三　车9平8
3. 车一平二　卒7进1　　　　4. 车二进六　马2进3
5. 兵七进一　马7进6　　　　6. 马八进七　车1进1

双方以中炮过河车互进七兵（7卒）对屏风马左马盘河开局。此时黑方除车1进1外还有象3进5、象7进5和卒7进1等选择。

7. 车二退二（图1）　　　　……

退车比较稳健，除此之外还有车九进一、炮八平九、炮八进四、炮八进三、兵五进一和车二平四等选择。

7. ……　　炮 2 退 1

炮 2 退 1 是比较少见的变化，有时能起到出其不意的效果，一般多车 1 平 4 或者马 6 进 7，试举马 6 进 7 变化：马 6 进 7，炮八进一，马 7 进 5，相七进五，车 8 进 1，炮八平七，炮 8 平 7，车二进四，车 1 平 8，马三进四，双方另有攻守。

8. 车九进一　卒 7 进 1
9. 车二进一　马 6 进 7

避抓踩兵先得实惠，也可考虑卒 7 进 1，车二平四，卒 7 进 1，车九平二，炮 2 平 7，车四进二，炮 7 进 8，仕四进五，炮 8 进 5，炮五平二，卒 7 平 8，车二退一，车 1 平 7，黑可战。

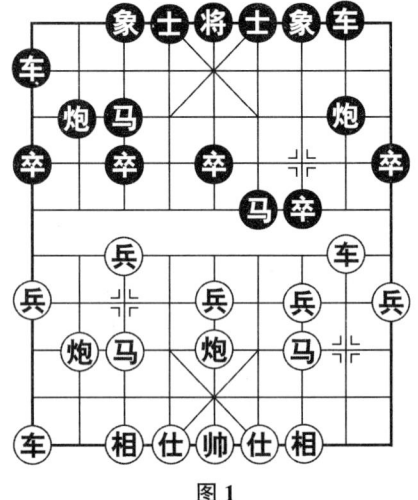

10. 车九平四　……

可考虑炮八进二，炮 2 平 7（不能马 7 进 5，因有炮八平九），炮八平三消灭黑卒。

10. ……　　卒 7 平 6　　　**11. 车二平三　马 7 进 5**
12. 炮八平五　象 7 进 5　　**13. 车三进二　炮 2 平 7**

炮 2 平 7 有帮忙之嫌，不如卒 6 进 1，车四进二，炮 8 进 5 兑子后局势平稳。但不能直接炮 8 进 5，因红可车四平二。

14. 马三进四　……

吃掉黑方过河卒后红方已经明显占优。

14. ……　　炮 8 进 5　　**15. 车四平二　车 8 平 7**
16. 马七退五　炮 7 平 8　　**17. 车二平三　车 7 进 2**
18. 车三进六　车 1 平 6　　**19. 马四进六　……**

以上几个回合黑方不断顿挫腾挪，终于解开车炮被牵的局面，但黑马太弱以至于局面劣势。

19. ……　　马 3 退 1　　**20. 车三平二　前炮平 6**
21. 马五进三　炮 8 平 7　　**22. 仕四进五　车 6 进 3（图 2）**

黑方车 6 进 3 导致双象尽丢，实在是得不偿失。由于黑方子力位置太差，交换后黑方不敢吃仕，因此局面基本已属红棋胜势，仔细分析此时还是应该炮 6 退 1，尚能坚持。

23. 马六进五　　象3进5
24. 车二平五　　士6进5
25. 仕五进四　　车6平7
26. 马三进四　　车7平6
27. 马四退二　　炮7进5
28. 车五退一　　炮7平1
29. 车五平二　　将5平6

出将过于危险，应炮1平8较为顽强。

30. 仕四退五　　……

更为精确的是炮五退一！黑难应付。

30. ……　　　　炮1平8
31. 车二进三　　将6进1
32. 车二退六　　马1进2
33. 炮五平四

红方胜定。

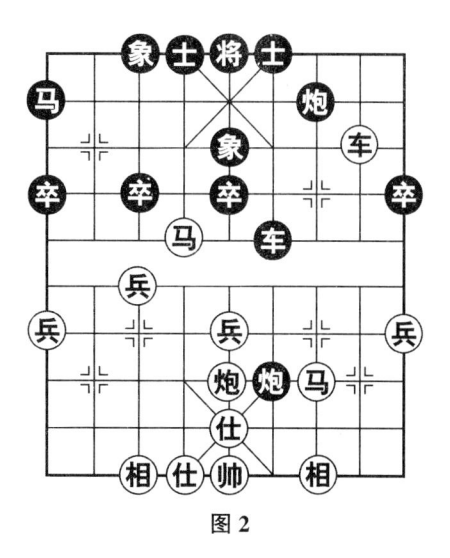

第13局　唐丹 和 谢靖

2008年眉山道泉茶叶杯全国象棋明星赛于7月23日至27日在四川省眉山市东湖饭店隆重举行。这是比赛的第1轮，唐丹与谢靖不期而遇。谢靖于1989年出生，江苏泰州人，是中国第十七位棋王。

1. 炮二平五　　马8进7　　　2. 马二进三　　车9平8
3. 车一平二　　卒7进1　　　4. 车二进六　　马2进3
5. 兵七进一　　士4进5

先补士是战略性考虑，避免了红方急进中兵或者五六炮等变化。

6. 马八进七　　炮8平9　　　7. 车二平三　　炮9退1
8. 炮八平九　　车1平2　　　9. 车九平八　　炮9平7
10. 车三平四　　马7进8　　 11. 车八进六　　……

形成五九炮过河车对屏风马平炮兑车局面。此时红方有多种选择：炮九进四、炮五进四、车四进二、车四退二、车四平三等变化，车八进六是比较积极的走法。

11. ……　　　　卒7进1　　 12. 车四平三　　……

此时也有车四退一的变化：车四退一，卒7进1，马三退五，象7进5，马七进六，双方另有攻守。

12. ……　　马8退7　　**13.** 车三平四　卒7进1
14. 马三退五　象7进5　　**15.** 车八平七　……

此时除了车八平七，还有马七进六的变化，试举一例：马七进六，车8进4，马六进五，炮2平1，车八进三，马3退2，前马退四，车8平6，车四退一，马7进6，炮九进四，卒3进1，兵七进一，象5进3，均势。

15. ……　　炮2进4　　**16.** 兵七进一　炮2平3
17. 兵七平八（图1）　……

平兵八路意图封住黑车。此时还有兵七平六，象5进3，车七退一，马7进8，车四平三，马8进6，车七进二，马6退7，车七退四，象3进5，黑方优势。

17. ……　　象5进3
18. 车七退一　马3进2
19. 炮九平八　象3进5
20. 车七退一　……

退车求稳，另有炮八进七的选择：炮八进七，象5进3，炮五进四，马7进5，车四平五，炮3进3，马五退七，炮7进8，仕四进五，马2退3，车五平八，炮7平9，双方对攻，黑方不弱。

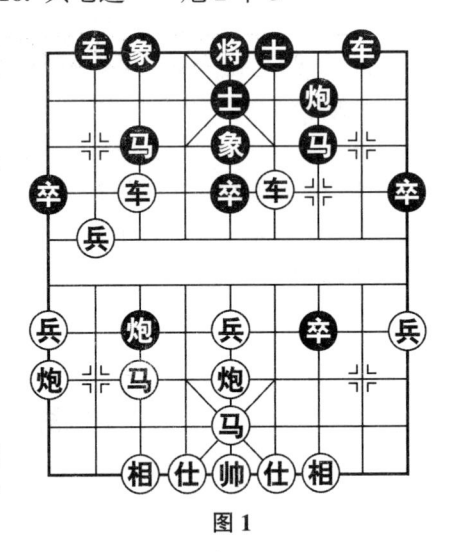

20. ……　　车2平3　　**21.** 车七进五　象5退3
22. 车四退二　车8进4　　**23.** 车四平八　马2退4
24. 炮五平一　卒7平6　　**25.** 相七进九　……

飞边相是为了防止黑炮3进3再炮7进9双杯献酒弃子攻杀。

25. ……　　车8平6　　**26.** 炮一平三　炮7进6
27. 马五进三　卒6平7　　**28.** 马三退五　马7进8
29. 车八退一　车6平3（图2）

车6平3保炮稍有随意之感，过于要求空间压制而车炮也相对不好动弹。应炮3退5，车八进三，马4进2，黑方子力灵活且位置较好。

30. 马七退八　……

好棋！以退为进，足见其深厚功力，不仅解决双马受制问题，还给黑方制造不小的麻烦，一箭双雕。

30. ……　　炮3进2　　**31.** 马五进六　车3退1

32. 马六退七	车 3 进 5
33. 炮八平一	马 8 退 7
34. 车八进三	马 4 退 3
35. 车八退二	……

以上几个回合，红方妙手退马逼得黑方兑子缓解压力，不仅多相的优势慢慢凸显，并且黑方双马也有不小的弱点，细细品味已然达成均势。

35. ……	卒 7 平 8
36. 仕六进五	卒 8 进 1
37. 炮一退一	卒 8 进 1
38. 炮一进一	马 3 进 5
39. 相三进五	卒 5 进 1
40. 马八进七	……

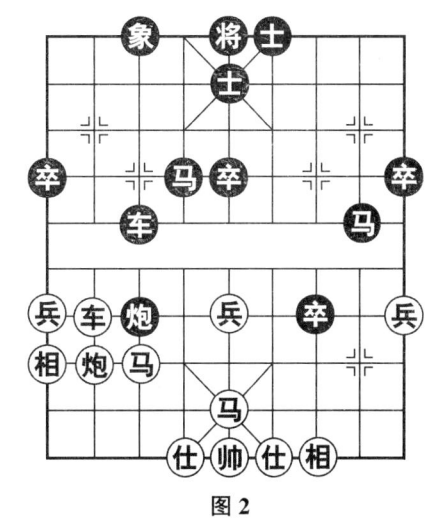

图 2

一番调整之后，红方多相兵种好的优势慢慢显现出来，至此红方稍优。

40. ……	马 5 进 6	41. 车八平四	象 3 进 5
42. 炮一平四	卒 8 平 7	43. 相九退七	卒 1 进 1
44. 马七进八	车 3 退 4	45. 马八退六	车 3 平 2
46. 炮四进三	卒 5 进 1	47. 兵五进一	车 2 平 6
48. 车四平三	车 6 平 7	49. 车三进一	……

以上几个回合，黑方见棋局不利，遂放弃进攻固守河道，经过一番大交换后局面已呈不分伯仲之势，和棋已定。

| 49. …… | 象 5 进 7 | 50. 马六进四 | 象 7 退 5 |
| 51. 兵五进一 | 象 5 退 3 | 52. 兵一进一 | 马 7 退 9 |

至此物质子力不够进攻制胜，和棋已定，双方握手言和。

本盘棋亮点在于红方中局的扭转力。在开局时刻红方已然下风，随着棋局发展进入中局，红方不急不躁、伺机而动，于第 30 回合看准机会妙手退马逼得对方兑子缓解了压力，随后有条不紊地调整好阵型，凸显了其对子力的组织能力，深值读者们学习。

第 14 局 单欣 负 唐丹

2008 年松业杯全国象棋个人锦标赛于 2008 年 11 月 3~9 日在广东佛山如

期举行,这是预赛第3轮。

1. 炮二平五　马8进7　　　　2. 马二进三　车9平8
3. 兵七进一　卒7进1　　　　4. 马八进七　马2进3
5. 车一进一　象3进5　　　　6. 车一平四　炮8平9

双方以横车七路马开局,此时黑方炮8平9是最多见的变化,也有士4进5、炮8进2、炮2进4、马7进8、炮8进4等变化,皆另有攻守体系。

7. 炮八平九　……

炮八平九也是正常变化,但此时走的最多的是炮八进二:炮八进二,马7进8,车四平二,炮2进2,马七进六,士4进5,炮五平六,炮9平8,车二平四,马8进7,相七进五,炮8平7,车四进二(也有车四进五的选择),车8进3,兵五进一,马7退8,马三退一,卒7进1,车四平二,炮2平7,炮八进三,卒7进1,车二退二,车8退3,车九平八,马8退9,车二进八,马9退8,均势。

7. ……　　　炮2进4　　　 8. 车九平八　车1平2

9. 相三进一　……

此时马七进六或兵五进一也是不错的选择。

9. ……　　　车8进6

10. 兵五进一(图1)　……

兵五进一过于随意。黑方吃兵后控制兵林线,红方难以调整不好发展。此时不如马七进六,炮2进1,炮五平七,调整阵型,红方稍优。

10. ……　　　车8平7

11. 兵九进一　车7平3

黑方控制兵林线且多卒,已有反先之势。

图1

12. 车八进二　士4进5　　　 13. 炮九退一　车2平4

缓着。对红方退炮准备打车不必理会,应马7进8进行反击,红如打车,顺势车3平4,红方已无法调整阵型。

14. 仕四进五　车3平7

归来复去违背棋理。应车3退1比较简明,马三进五,炮2平3,相七进九,车3退1,黑方稳控局面。

15. 炮九进二　……

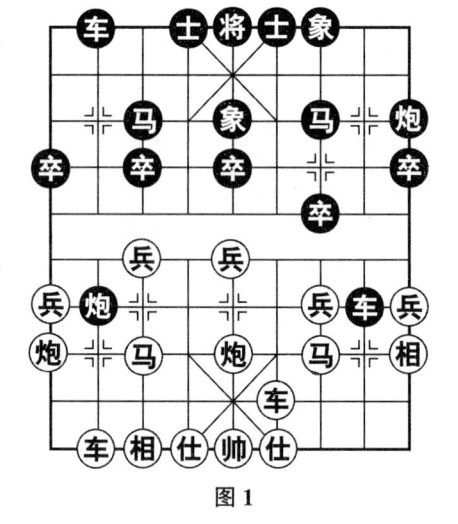

好棋！逼迫兑子后，双马不再受压迫得到解脱，局面逐渐缓解。

15. ……　　　炮 2 平 9

炮 2 平 9 不甚理想，以至于局势扭转。应车 7 进 1，红方如仕五进四，炮 2 平 6，炮五平三，炮 6 进 2，炮三进五，局势仍是黑优。

16. 炮九平一　炮 9 进 4　　17. 马三进一　车 7 平 9
18. 车八进五　车 4 进 2

兑子后黑方双马不如马炮，应属红方稍好。

19. 炮五平三　……

平炮打马有帮忙之感，黑方以下吃相抓炮成为先手。不如马七进八比较好，诱引黑车 9 平 2 以保住边相。

19. ……　　　马 7 进 8　　20. 车四进七　象 7 进 9
21. 马七进八　车 9 进 1　　22. 炮三平九　车 9 平 2
23. 仕五退四　车 9 退 4　　24. 马八进九　马 3 退 4
25. 车八平六　士 5 进 4
26. 炮九平八（图 2）　……

再兑一车后双方局面两分，黑方虽然多卒多象但兵种差，位置也不好。红方炮九平八是好棋！已经无法避免少兵的命运不如发挥车马炮的兵种优势，积极组织子力进攻。

26. ……　　　车 9 平 5
27. 仕四进五　士 4 退 5
28. 炮八进七　象 5 退 3
29. 相七进九　……

飞相保兵稳健。可马九进八积极对攻，车 5 平 3，车四退二，车 3 平 5，车四平一，双方互缠，红方不错。

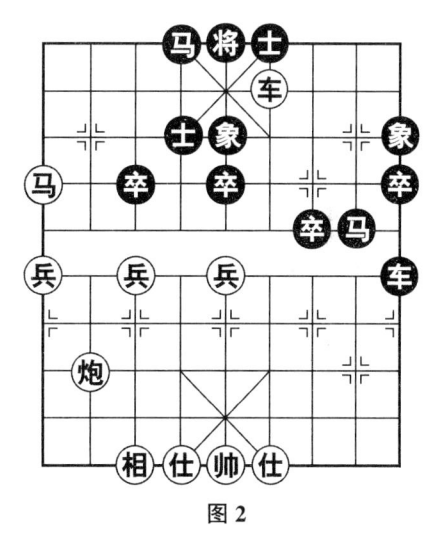

图 2

29. ……　　　车 5 平 4　　30. 马九进八　卒 7 进 1

针对红方的全面进攻，黑方思索再三，发现红后防较为空虚，对攻时机来临，遂冲卒跃马以攻代守。

31. 车四退三　马 8 进 6　　32. 马八退七　车 4 退 3

退车驻守要道，兼顾左右，是瓦解红方攻势的好棋。

33. 炮八退三　马 4 进 3

此时更积极的走法是马 4 进 5！红方不能炮八平五，因有车 4 进 1 的棋。

但因棋形怪异临场走出此着还需超出常人的勇气与见地才行。

34. 炮八平五　将5平4　　　　　　**35.** 炮五退二　马6进5

36. 兵七进一　……

渡兵是想封住黑车，但忽略黑方的攻势，黑方现在已兵临城下，远水已解不了近渴。可相九退七，逼黑马先定位。

36. ……　　　卒7平6　　　　　　**37.** 炮五平七　车4平8

38. 车四平六　将4平5　　　　　　**39.** 仕五进四　马3进5

更为精确的着法是卒6进1！三子围城势不可当。

40. 车六退三　前马退4

黑方双马连环后局势逐渐明朗，红方残相的问题比较明显，黑方大优。

41. 仕六进五　车8进7　　　　　　**42.** 仕五退四　车8退5

43. 马七退九　……

退马边隅不知何意，应该走兵七平六还能坚持。

43. ……　　　卒6进1　　　　　　**44.** 仕四退五　……

此时除了兵七进一外已经别无选择！红兵被吃掉后红方只能被动防守，黑方胜势。

44. ……　　　车8平3　　　　　　**45.** 车六进一　车3平2

46. 炮七退二　卒6平5　　　　　　**47.** 车六平七　马4进3

简明！兑子后黑方多卒且位置好，红方难以防守。

48. 车七进六　士5退4　　　　　　**49.** 车七退七　马5进4

50. 车七进二　马4进6　　　　　　**51.** 仕五进四　……

面对黑方叫杀只得支仕解围，缺相的弱点即将暴露，红方已是四面漏风。

51. ……　　　士6进5　　　　　　**52.** 仕四进五　卒5平4

53. 相九退七　车2平8

放弃压制红马而转移到红方防御空洞的右翼，红已经岌岌可危。

54. 帅五平六　车8进5　　　　　　**55.** 帅六进一　车8退1

56. 帅六退一　车8进1　　　　　　**57.** 帅六进一　车8退1

58. 帅六退一　车8进1　　　　　　**59.** 帅六进一　马6退8

60. 车七平五　马5退6　　　　　　**61.** 相七进九　马6进7

踏雪寻梅，在较好的占位上控制红车位置以便于车卒进攻。

62. 车五平七　马7进8

至此黑势已无法阻挡，红方大势已去。

63. 马九进七　车8退1　　　　　　**64.** 帅六退一　卒4进1

65. 帅六平五　车8进1　　　　　　**66.** 仕五退四　马8进6

绝杀，黑胜。

此盘棋红方布局大意走出随手棋被黑方抓住。红方兵线被控难以发动攻势，而后通过巧妙的兑子解脱困境重获先手，黑方重整旗鼓，拉长战线防守反击，以强大的中局力量和老练的残局逼迫对手走出漏着取得胜利。双方缠斗十分精彩。

第15局　唐丹 胜 何静

2008年松业杯全国象棋个人锦标赛预赛第4轮，唐丹执先对阵何静。何静是2003年全国象棋个人锦标赛第12名，获得大师称号。

1. 炮二平五　炮8平5　　　2. 马二进三　马8进7

3. 车一平二　卒7进1

抢7卒形成顺炮直车对缓开车，也有车9进1、马2进3等走法。

4. 马八进七　……

在此是红方的布局选择点，可以选择兵七进一、马八进七、马八进九等走法，分别形成相应的不同特点的布局。

4. ……　　马2进3　　　5. 兵七进一　车1进1

抬右横车是常见走法，此时也有炮2进4的变化，试举一例：炮2进4，马七进八，炮2平7，车九进一，车9平8，车二进九，炮7进3，仕四进五，马7退8，车九平六，炮5平9，车六进七，马8进7，马三进四，对攻中红持先行之利。

6. 炮八进一（图1）　……

高炮准备平七路针对黑方因右横车而暴露出来3路马较弱的弱点。

6. ……　　象3进1

面对红方针对性的走法，黑方此时进入了布局的选择点，黑方除了象3进1，还有车1平4、车1平6等走法，如车1平4，炮八平七，车4进5，炮七进三，象3进1，车九平八，炮2进4，仕六进五，车9进1，车二进四，车9平2，兵七进一，车4退3，均势。

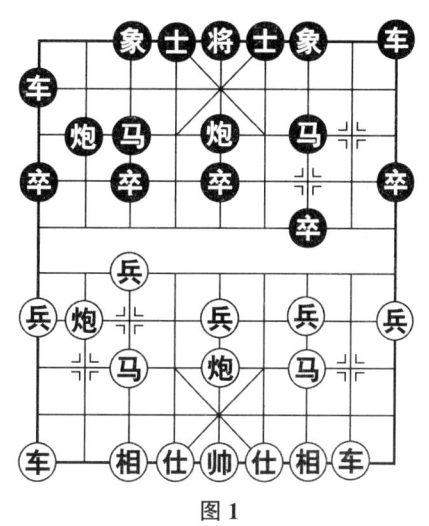

图1

7. 炮八平七　炮2进4　　　**8.** 车九平八　车1平2
9. 仕四进五　车9进1　　　**10.** 车二进六　马7进6
11. 车二平三　马6进4　　　**12.** 炮七平六　炮2平3
13. 车三进三　车9平6　　　**14.** 车三退二　……

以上双方积极对攻，互不相让，此时红方走的比较多的还是车三退四，马4退6，兵三进一，红方稍好点，唐丹是想另辟蹊径避开对方的准备。

14. ……　　　马4退6　　　**15.** 车三平二　……

平车意义不大，还是应车三退二先吃卒得实惠为上策。

15. ……　　　车2平4

平车捉炮看似先手，实则没有发现红方的巧手。应卒3进1，黑方可抗衡。

16. 炮五平四（图2）　……

平炮打车是在复杂纠缠局面下审时度势的好棋，黑方已经处于劣势。

16. ……　　　炮3平5
17. 马七进五　炮5进4
18. 相七进五　马6退5

经过一番交换，红方弱马解脱，反观黑马，被迫回中防守，很不舒服。

19. 炮四进五　车4进5
20. 马三进五　车4平5
21. 炮四平七　象1退3　　　**22.** 车八进九　……

一番交换后红方以弱子换强子，在位置、物质与兵种上皆已明显占优。现车八进九再吃一象是压迫性的好棋。

22. ……　　　马5进7　　　**23.** 车八平七　车5平4
24. 炮七平三　车6平7　　　**25.** 车七退三　……

杀回卒林，黑方现在已是四处漏风，难以抵挡，红方胜定。

25. ……　　　车4平5　　　**26.** 炮三退二　马7退6
27. 车二平五　……

先平车叫将后平炮要杀，次序井然。

27. ……　　　士6进5　　　**28.** 炮三平七　将5平6
29. 车七平八

黑方见无力抵抗，遂投子认负。

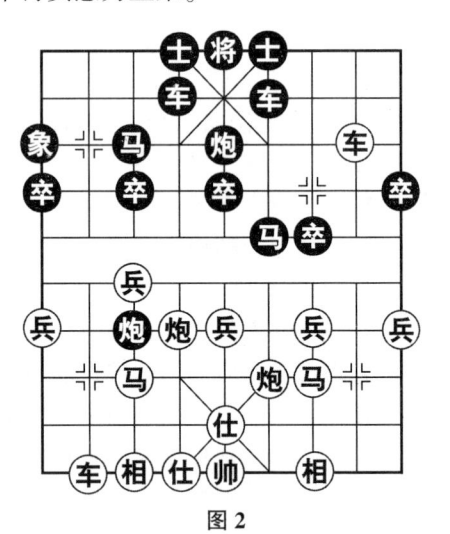

图2

第 16 局　唐丹 负 刘欢

2008年松业杯全国象棋个人锦标赛的四强比赛，唐丹先手对阵刘欢。

1. 兵七进一　炮8平5　　2. 马二进三　马8进7
3. 车一平二　车9平8　　4. 炮二进四　炮2平3

此时黑方也有卒7进1的选择。

5. 炮八平五　……

还中炮是必然走法。若马八进七，卒3进1，马七进六，卒3进1，马六进五，士6进5，黑方足可满意。

5. ……　　士6进5　　6. 马八进七　……

故意引起争端，从而获得黑渡一卒，红铁门栓中有攻势的两分局面。

6. ……　　卒3进1　　7. 马七进六　卒3进1
8. 马六进五　……

也可马六进四，卒7进1，马四进六，马2进1，马六退七，踏雪寻梅吃回一卒，红方稳持小先手。

8. ……　　马7进5　　9. 炮五进四　炮3进2

进炮好棋，为跳正马开辟道路。如马2进1则显得呆板无力，红可从容调形进攻。

10. 相三进五（图1）　……

飞三相有些不妥，不如飞七相实在，原因有二：一则黑3路炮已然瞄相，于棋理应该避开，二则飞七相给九路车多一个平肋车的选择。或者直接走炮五退一未雨绸缪避险地。接下来正常发展黑走马2进3，相七进五，车1平2，仕六进五下步出肋车，局面还是双方都能接受的。

10. ……　　马2进3
11. 炮五平七　……

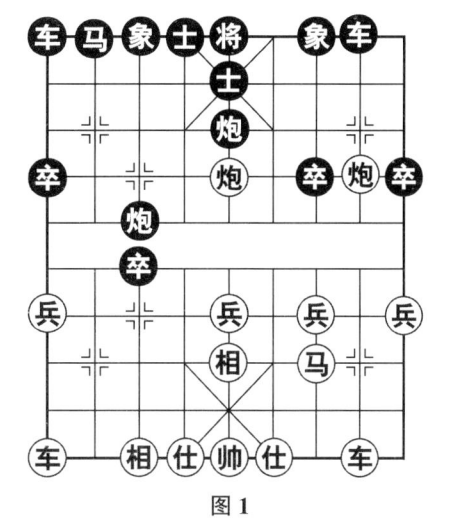

平炮有帮忙之感，应车九平八先出车占领要道，出子车为先的棋理还是颇为实用的。

11. ……　　炮3平7

图1

打马好棋！此举有两大妙处：一是打散红方阵型，二是右马可顺利盘中跳出，通过一箭双雕之谋略获得一个满意的局面。

12. 马三退一   马3进5   **13. 兵三进一   炮7平6**
14. 马一进三   马5进4   **15. 车九平八   车1进2**
16. 车八进九   炮6平3

平炮看似解围妙着，但实际收益不甚理想，红方借机顿挫反抢回先手。不如马4进6以攻代守，鹿死谁手尚难预料。

17. 车八退四   炮3平6   **18. 兵五进一   ……**

更为精确的走法是车八平七，马4退3，炮二平七！红方大优。

18. ……   炮6退4   **19. 车八平六   车1平4**
20. 炮七平六

平炮挡车有些过于强硬，给了黑方炮6进6参战的机会，此时红方若不想兑车仍可考虑车六平七的手段。

20. ……   炮6进6   **21. 车六平四   炮6平2**
22. 仕四进五（图2）……

随手支仕以致黑方有弃炮打相的棋，有败着的意味。应炮六平五，卒7进1，炮五退一，卒7进1，马三进五，尚能对攻。

22. ……   卒7进1

冲卒错失良机！应直接炮5进5打相！红方难应。如相七进五，马4进5，炮六平五，象7进5，红难应；又如帅五平四，炮2进3，炮六平五，士5进6，亦是黑方优势。

23. 车四进一   卒7进1
24. 相五进三   卒3进1
25. 相三退五   ……

落相给了黑方弃子的机会，应炮六平五，局势互缠，双方都有机会。

25. ……   炮2退3

退炮软着，再次错失机会。应炮5进5！相七进五，马4进5，炮六平五，象7进5，红难应；又如帅五平四，车4平7，马三进四，炮5平2，红方九宫四面漏风，亦属黑方优势。

26. 炮六平九   炮2平8   **27. 车二进六   车8进3**

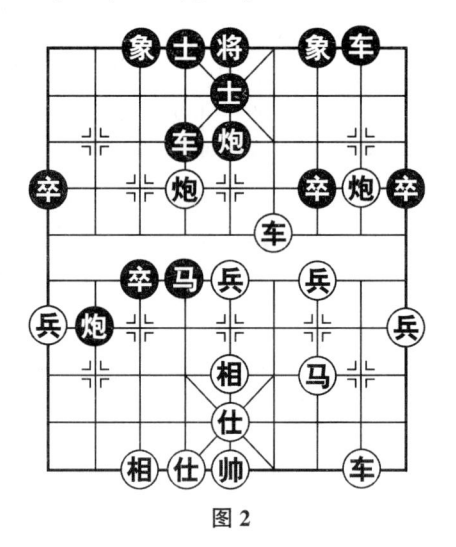

图2

28. 炮九平二　炮 5 平 6

一番交换后黑方攻势尽失，红方反占主动。

29. 相五进七　炮 6 退 2　　　　**30.** 车四平三　车 4 平 8
31. 炮二退二　马 4 进 3　　　　**32.** 车三进三　……

吃掉象后局面应属红方略优。

32. ……　　　卒 3 平 4　　　　**33.** 车三退三　马 3 退 5
34. 马三进五　卒 4 平 5　　　　**35.** 炮二平三　……

应炮二进二封住黑车。红方多兵多相，只待小兵渡河，稳占优势。

35. ……　　　车 8 平 5　　　　**36.** 炮三平二　车 5 平 8
37. 车三退二　象 3 进 5　　　　**38.** 兵五进一　炮 6 平 9
39. 兵五进一　……

继续兵五进一是比较积极的走法，稳健点可炮二平一，兑子后黑难应付红庞大兵团。

39. ……　　　炮 9 进 6　　　　**40.** 兵五进一　炮 9 退 1

此时切记不能车 8 平 5 吃兵，因红方可车三进五再车三退六，黑方要丢子。

41. 车三进五　士 5 退 6　　　　**42.** 炮二平五　士 4 进 5
43. 帅五平四　……

此时御驾亲征是容易节外生枝的选择，黑方车炮卒也是颇有反击力的。应车三退六，车 8 平 5，车三退六，红方残局易走。

43. ……　　　卒 5 平 6　　　　**44.** 车三退三　……

退车败着！想必当时棋局应该进入读秒阶段，红方因时间恐慌才不慎走漏。应兵五进一，将 5 进 1，车三平四，车 8 进 7，帅四进一，卒 6 平 7，车四平三，卒 7 平 6，车三退一，将 5 退 1，车三退四，局面还是红方易走。

44. ……　　　车 8 进 7　　　　**45.** 帅四进一　炮 9 平 6
46. 仕五进四　车 8 退 1　　　　**47.** 帅四退一　卒 6 进 1
48. 帅四平五　卒 6 进 1　　　　**49.** 车三退六　车 8 退 2
50. 炮五进四　将 5 平 4

出将好棋！解杀还杀之着，红方败势已定。

51. 炮五平一　炮 6 平 5　　　　**52.** 兵五平六　车 8 平 5
53. 仕六进五　卒 6 平 5

绝杀，黑胜。

红方在布局随手飞相落为被动后不急不馁，冷静对攻，中局时刻看准时机顿挫反抢先手，其后双方都忽略了黑方弃子攻杀的棋，而在残局攻杀中红方由于时间紧张不慎走漏，黑方车炮卒三子围城，最后红方被绝地反杀实为可惜。

第17局　唐丹 胜 熊学元

2008年第3届杨官璘杯全国象棋公开赛，金松大师折桂，特级大师郑一泓获得第二名，谢岿大师获得第三名，唐丹六胜一和获得第五名，在众多精英云集的比赛中获此佳绩，验证了其"女子第一人"的称号，尽显巾帼不让须眉的魅力。

1. 炮二平五　炮8平5
2. 马二进三　马8进7
3. 车一平二　卒7进1
4. 马八进七　马2进3
5. 兵七进一　车9进1（图1）

车9进1较为少见，更为流行的是车1进1和炮2进4，试举一例：炮2进4，马七进八，炮2平7，车九进一，车9平8，车二进九，炮7进3，仕四进五，马7退8，车九平六，炮5平9，车六进三，马8进7，兵五进一，士4进5，兵五进一，卒5进1，马八进七，象3进5，马七退五，红方较好。

6. 车二进六　车9平4
7. 车二平三　炮5退1
8. 炮八平九　车1平2
9. 车九平八　车4进5
10. 车八进六　炮5平4

平炮好棋，暗伏进炮打双车。红若贸然车八平七，黑则车4退4，兵七进一，炮2进4，红方双车位置尴尬，黑方反夺先机。

11. 车八退二　车4平3
12. 马三退五　炮4进7
13. 车八退三　车3进1

交换是本局黑方溃败的根源所在。交换后，红方紧紧缠住黑方双马差的弱点，又解决了自身的问题，已然优势。

14. 车八平六　车3退2
15. 车六进七　卒3进1
16. 车三退一　士4进5
17. 炮九进四　象7进9
18. 车三进一　车3平6
19. 炮九退二　车6退3
20. 炮九平一　……

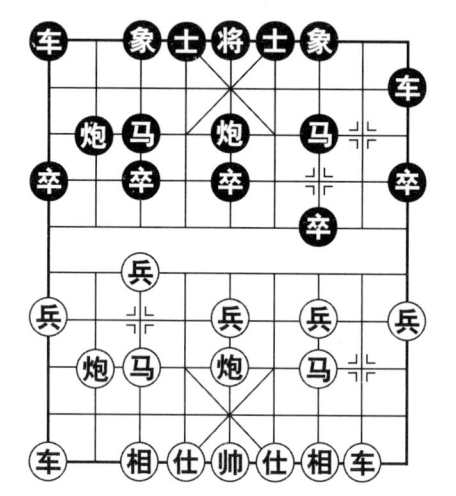

退车是想尽快解决双马被牵制的问题，但是一波未平一波又起，红又瞄准边象，黑方不能象9退7，否则炮五平三局势更加危急。

20. ……　　炮2进1　　21. 炮五进四　马3进5
22. 车三平五　车6平4　　23. 车六退一　马7进5
24. 炮一平五

以下黑方如想救马则必须象3进5，红车六平五必能抽吃得子，胜势已定，黑方见无力回天，遂投子认负。

综观全局，黑方在布局阶段另辟蹊径，选择了一个不常见的走法较量中局，且获得出其不意的效果，但中局时刻没能把握好局势，战术交换致使双马受制，导致全局溃败，是最应该关注的地方。

第18局　黎德志　负　唐丹

2008年第3届杨官璘杯全国象棋公开赛，唐丹与黎德志狭路相逢。

1. 炮二平五　马8进7　　2. 马二进三　车9平8
3. 车一平二　马2进3　　4. 兵三进一　卒3进1
5. 马八进九　卒1进1　　6. 炮八平七　马3进2
7. 车九进一　象3进5

双方形成五七炮互进三兵（3卒）对屏风马边卒右马外盘河——红左横车对黑飞右象，此时红方有车九平六、马三进四和车二进六等变化。

8. 车二进六　……

除车二进六外，还有马三进四与车九平六的变化，试举马三进四的变化：马三进四，士4进5，车九平六，马2进1，炮七退一，炮8进5，车六进五，炮2进4，兵七进一，卒3进1，车六平八，炮2平9，马四进六，双方对攻。

8. ……　　车1进3　　9. 车九平六　炮8平9
10. 车二进三　……

如想保持复杂可车二平三避兑，但风险与利益并存，黑方反弹力也随之增强。

10. ……　　马7退8　　11. 马三进四　士6进5
12. 马四进三　炮9平7　　13. 相三进一　马2进1
14. 炮七退一　卒1进1　　15. 车六进一　马8进9
16. 马三退四　卒5进1　　17. 兵三进一（图1）　……

弃兵打乱黑方阵型，是比较稳健的选择。也可炮五进三，车1平6，马四进六，车6平5，炮五退一，车5进1，兵三进一，炮2平4，马六进七，车5平7，车六进二，车7进2，炮七平八，卒1平2，车六平八，将5平6，局面复杂，各有千秋。

17. ……　　　象5进7
18. 炮五进三　象7退5

此时有象7进5和象7退5两种变化。象7退5意在保证阵型的工整，而象7进5意在通过7路炮的作用给予红方更多的阻力。试演象7进5变化：象7进5，炮五进一，车1平3，车六进三，马1进3，双方互缠。

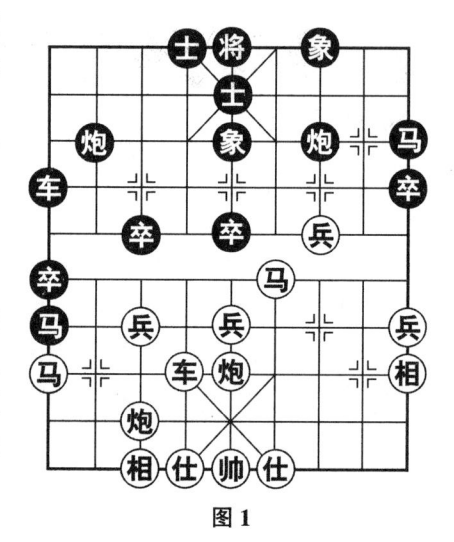

19. 炮七进四　将5平6　　20. 炮七进三　……

探炮准备平八进行天地炮攻击，但并无实际效果，且使红马失根，从全局来看此着是溃败的根源所在。此时红方一般多马四进二，车1平8，炮七平九，炮7平6，仕六进五，双方互缠，局面优于实战。

20. ……　　　车1平6　　21. 马四退五　炮2平3

此时应针对红方中路子力位置不佳而象5退3再反架中炮更为精确。

22. 车六进二　马1进3　　23. 车六平九　马3退5

吃中兵并不是最佳选择，当务之急应该先马9进7活马，兵五进一，马7进8，黑方占优。

24. 仕六进五　马9进7
25. 炮五平二　炮7平8
26. 炮二退三　将6平5
27. 车九平五　马5进7
28. 马九进八　前马退8
29. 炮二平四　象5退3（图2）

落象防患未然，更精确的是直接马8进9吃相获得主动，红方并没有实质性的进攻手段。

30. 炮七平九　炮3平7

至此黑方五子归边，红方阵型较乱且无攻势，局面堪忧。

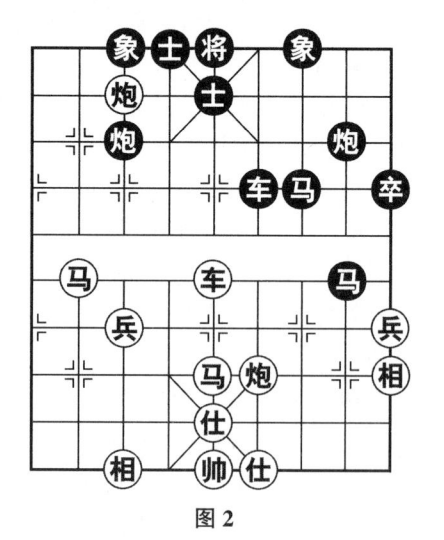

图1

图2

31. 帅五平六　马8进9　　　　32. 炮四平二　车6平4
33. 马五进六　炮7平4　　　　34. 炮二平六　……

此时平炮交换导致红方后防空虚，应帅六平五较实战顽强，炮4进3，炮九退六，马9进8，炮八平六，先弃后取得回失子，局面尚可支撑。

34. ……　　　车4平2　　　　35. 炮六进五　车2进2

一番交换后黑方立体攻势即刻显现，且红炮在虎口，即将面临丢子的局面，黑方胜势已成。

36. 仕五进六　炮8进7　　　　37. 仕四进五　炮8平9
38. 帅六平五　将5平6

御驾亲征！出将捉子兼叫杀，不给红方丝毫喘息的机会。

39. 车五平三　车2平4　　　　40. 车三进二　士5进4
41. 相七进五　车4平6　　　　42. 帅五平六　车6平1
43. 帅六平五　车1进4　　　　44. 仕五退六　车1退8

妙吃一子，红方不能抽吃黑车，因黑可马9进7连将杀，红方见大势已去遂投子认负。

红方在布局阶段随手探炮以致红马实根被迫退回，阵型出现问题，黑方把握时机运子进攻形成了五子归边攻势，红在危急之际未能准确处理局面以致后防空虚落败。

第 19 局　唐丹 胜 刘强

2008 年第 3 届杨官璘杯第 11 轮，唐丹执先对阵来自陕西的刘强大师。

1. 炮二平五　马8进7　　　　2. 马二进三　车9平8
3. 车一平二　马2进3　　　　4. 兵七进一　卒7进1
5. 车二进六　炮8平9　　　　6. 车二平三　炮9退1
7. 马八进七　车1进1（图1）

车1进1是黑方对攻的不二选择。如稳健可士4进5，炮八平九，车1平2，车九平八，炮9平7，车三平四，马7进8，炮五进四，马3进5，车四平五，炮7进5，马三退五，卒7进1，车八进四，马8进6，车五退二，车8进8，炮九退一，车8退1，相三进五，炮7平8，马五退三，车8平7，炮九平八，炮8退1，炮八进六，马6进5，相七进五，炮8平5，兵五进一，车7平5，仕四进五，象3进5，马七进六，车5退2，马六进七，红方稍好。

8. 炮八平九　车1平6　　　　9. 马七进六　……

跃马进攻是以攻代守的好棋,黑不敢炮9平7打车,否则马六进五,炮7进2,马五进四,红方得子。此时红方更为流行的是车三退一,对攻更为复杂,黑方接炮2平1,车三平八,马7进8,车九进一,炮9平7,马七进六,马8进6,车九平四,车6进1,车八进二,车8进2,车四进二,双方对攻。

9. ……　　　　士6进5
10. 车三退一　　车6进1
11. 车九平八　　炮9平7

如炮2平1,兵三进一,炮9平7,车三平六,双方对攻。

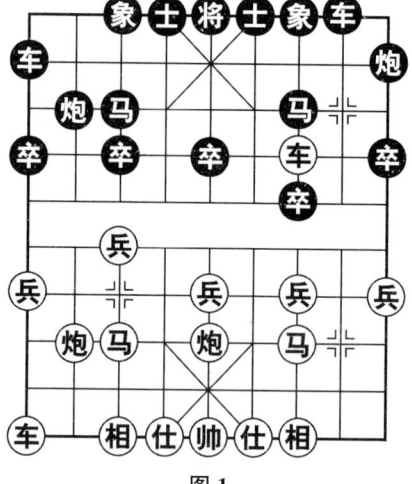

12. 车三平六　　炮2进4　　　　13. 车八进三　　炮7进5
14. 车八进四　　炮7进3　　　　15. 仕四进五　　炮7平9

弃炮造成左翼攻势,红方多子黑方多势,各有利弊。

16. 仕五进四　　车8进9　　　　17. 帅五进一　　车8退1
18. 帅五退一　　车8进1　　　　19. 帅五进一　　车8平4
20. 兵七进一　　……

好棋!弃兵之后,红方可砍马进行交换,保持多子的优势化解了危险。

20. ……　　　　卒3进1　　　　21. 车八平七　　车6平3
22. 炮九平七　　炮9平3　　　　23. 炮七进五　　炮3退7
24. 车六进一　　……

此时红方也可选择马三进四,之后马六进四进行交换,直接胜势。

24. ……　　　　象7进5　　　　25. 马六进四　　车4平7
26. 马四进三　　炮3平7　　　　27. 车六平五　　……

此番交换后,黑方车炮卒足可对攻,双方又需拼斗残局功力。

27. ……　　　　卒3进1　　　　28. 马三进四　　车7退5
29. 车五平六　　……

应该选择车五平七限制黑卒,红方残仕少相如被黑卒入侵,则境地为难。

29. ……　　　　卒3进1　　　　30. 炮五平九　　卒3进1
31. 炮九进四　　车7进1

进车抓马不如平车抓马,红如逃马黑可吃仕对攻。

32. 车六平四　　炮7平6　　　　33. 马四进六　　卒3平4

34. 炮九平五　将5平6	35. 马六退四　车7进3
36. 帅五退一　卒4进1	37. 帅五平四　车7退2
38. 兵五进一　车7平1	39. 炮五退一　车1平9

黑方在无计可施的情况下，连吃两边兵。红方如进攻未成，则陷入败势。

40. 马四进二　车9进1	41. 马二进三　将6进1
42. 马三进二　将6退1	43. 马二退三　将6进1
44. 炮五平四　车9平6	
45. 帅四平五　车6平5	
46. 帅五平四　卒4平5（图2）	

卒4平5做杀失策！断送了大好局势，被红方巧妙做杀。应车5平7解杀还杀，马三进二，则车7退7，炮四进二，车7平8，黑方胜势。

47. 马三进二　将6退1
48. 车四进一　将6平5
49. 炮四平五

红方胜定。

红方布局取得成功，擒获一子，但黑方在中局时刻顽强抵抗，一直保持骚扰威胁，以对攻的态势进入残局，本要反败为胜，但一着不慎满盘皆输，实为可惜。

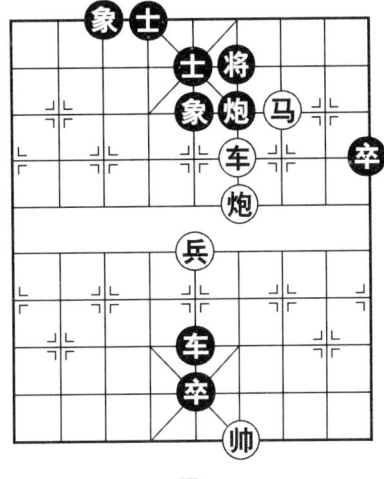

图2

第20局　金波 和 唐丹

2008年天津南开杯环渤海省市象棋精英赛于11月30日至12月2日在天津体育宾馆隆重开幕。

1. 兵七进一　炮2平3　　2. 炮二平五　象3进5
3. 马八进九　……

马八进九的目的是防止卒3进1过河，除此之外红方还有多种选择：马二进三、炮五进四等。

3. ……　　　卒7进1

接下来红方必然走马二进三，先挺7卒是极为有效率的走法。

4. 马二进三　马8进7　　5. 车一平二　车9平8
6. 车二进六　……

此时选择车二进四的比较多，比起车二进六，红方多了一个车二平六的变化。

6. ……　　炮8平9　　　7. 车二进三　马7退8

8. 炮五进四　士4进5

9. 车九平八（图1）……

除车九平八外，另有兵五进一等下法，试举一例：兵五进一，马2进4，炮五平六，马4进2，车九平八，车1平4，炮六平九，车4进6，兵九进一，车4平7，相三进五，卒7进1，炮八平七，炮3进3，相五进七，车7进1，相七进五，车7退1，炮七进四，炮9平8，仕四进五，红方优势。

9. ……　　马8进7

10. 炮五平四　……

炮五平四的走法比较少见，一般多炮五退一，马2进4或者马2进1，另有攻守。

10. ……　　卒1进1

卒1进1，以卒制马，但拖延了出动子力的节奏，不如马7进5活马或炮3进3打兵先得实惠。

11. 兵五进一　……

好棋！阻断了黑方马7进5的道路，也解决了右马位置较差的弱点，至此红方局面稍优。

11. ……　　马2进1　　12. 兵五进一　车1平4

13. 炮八平五　炮3进3　　14. 仕六进五　车4进6

15. 车八进四　……

捉炮稍显多余，应该直接炮四平三，黑方如车4退3，则马三进五进行交换，应属红优。

15. ……　　卒3进1　　16. 炮四平三　车4退3

17. 炮三进三　象5退7　　18. 兵五平六　车4平5

19. 马九进七　象7进5（图2）

象7进5看似能保住炮，但红方弃子后多相且马位好，已然大优。因此黑方飞象应该改为马7进6，兵六平七，炮3平4，兵七平六，炮9平5，炮五进五，车5退1，兵六平五，车5进2，车八平六，车5平3，车六退一，马1进

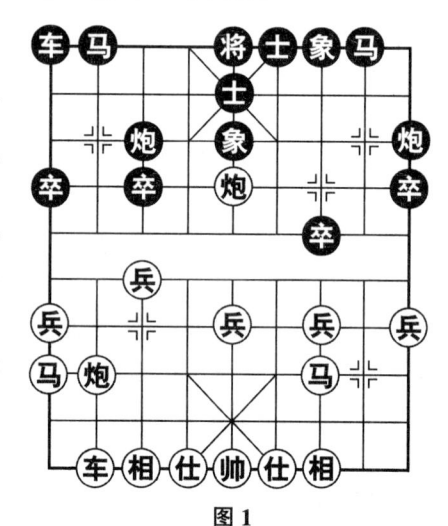

3，黑方虽然少一个象，但是双马位置比较好，形势满意。

20. 兵六平七　　炮 3 进 4
21. 马七进六　　车 5 平 4
22. 马三进五　　炮 9 进 4
23. 车八进三　　……

进车想得回失子，但不知不觉中便走缓了局势。应兵三进一！卒 7 进 1，马五进三，炮 9 退 2，车八进三，红方胜势。

23. ……　　　　炮 9 平 5
24. 马六退五　　车 4 退 1
25. 炮五进五　　将 5 平 4
26. 车八平六　　士 5 进 4
27. 炮五平九　　……

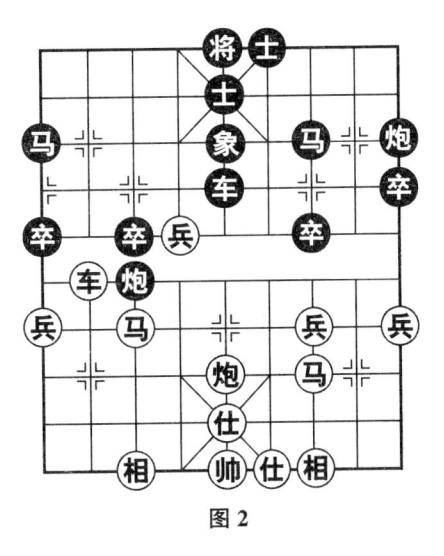

一番交换后，同是马炮三个兵（卒），黑方少双象且阵型不好，仍是红方优势残局，但取胜难度已增加。

27. ……　　　　马 7 进 5　　　　　**28.** 兵七平六　　马 5 进 6
29. 兵六进一　　士 6 进 5　　　　　**30.** 马五进七　　马 6 进 4
31. 帅五平六　　卒 9 进 1　　　　　**32.** 炮九平八　　马 4 退 2
33. 帅六平五　　马 2 进 3　　　　　**34.** 马七退八　　炮 3 平 2
35. 炮八平七　　卒 9 进 1　　　　　**36.** 炮七退四　　将 4 平 5
37. 相三进五　　将 5 平 6　　　　　**38.** 兵六平五　　马 3 退 5
39. 炮七进二　　马 5 退 6　　　　　**40.** 炮七平三　　马 6 进 7
41. 相五退三　　马 7 退 5　　　　　**42.** 炮三平四　　将 6 平 5
43. 马八进七　　马 5 退 3　　　　　**44.** 兵五平六　　卒 1 进 1
45. 兵九进一　　马 3 进 1

黑方的无车残局弈得十分老练，从危险境地积极对攻，趁机交换两个兵后，红方取胜的可能已经很小了，基本和势。

46. 炮四退二　　炮 2 退 8　　　　　**47.** 炮四平五　　将 5 平 6
48. 仕五进四　　马 1 退 3　　　　　**49.** 炮五退二　　马 3 进 5
50. 炮五平四　　将 6 平 5　　　　　**51.** 马七进八　　炮 2 平 4
52. 兵六平七　　马 5 进 4　　　　　**53.** 炮四平六　　将 5 平 4
54. 马八进九　　将 4 平 5　　　　　**55.** 仕四进五　　士 5 退 4
56. 马九进七　　将 5 进 1　　　　　**57.** 马七退八　　炮 4 平 1

图 2

58. 相三进五　马4退2　　　59. 兵七平六　炮1进7
60. 帅五平四　炮1平2　　　61. 马八进七　马2退3
和棋。

此局红方布局阶段另辟蹊径选择一个不常见的变化迷惑对手，从而取得优势，但是中局时刻未能抓住机会一举溃敌，而是选择稳优的马炮残局，但最终被兑掉两兵无法取胜。

第21局　刘智 负 唐丹

2008年天津南开杯环渤海省市象棋精英赛第6轮比赛，北京队遇到天津队，唐丹执后对阵刘智。刘智乃天津名手，在此前不久的智力运动会上获得了业余组团体冠军，此番交战不可轻敌。

1. 炮二平五　马8进7　　　2. 马二进三　车9平8
3. 车一进一　马2进3　　　4. 兵七进一　卒7进1
5. 马八进七　象3进5
6. 马七进六（图1）　……

此时除了马七进六之外还有炮八平九、炮八进二、车一平六等选择。试举炮八进二走法：炮八进二，马7进6，车一平二，车1进1，车九进一，车1平4，炮五平四，车8进1，车二进三，马6进7，马七进六，炮8平7，车九平二，车8进4，车二进三，车4进3，炮四平六，车4平5，马六进七，车5平4，仕四进五，车4进2，车二进二，卒9进1，相三进五，士4进5，红方稍好。

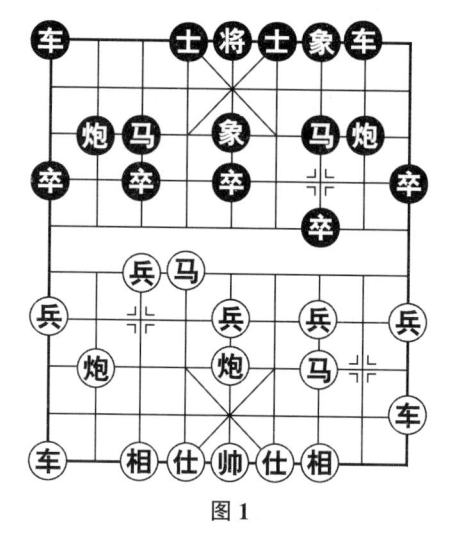

图1

6. ……　　　炮8平9

平炮的走法并不多见，更多的选择是士4进5，车九进一，车1平4，炮八进二，炮8进3，双方另有攻守。

7. 车一平七　……

车一平七目的在于马六进七后有兵七进一的手段，当然也可以考虑炮八平七或者炮五平七。

7. ……　　　士4进5　　　8. 炮八平六　炮2退2

先车 8 进 5 捉马，马六进七，炮 2 退 2，黑方形势不错。

9. 车九平八　炮 2 平 3　　　　**10.** 车七平四　车 8 进 5

也可卒 3 进 1 消除弱点，局势比较简明。

11. 兵三进一　车 8 平 7　　　　**12.** 马三进四　卒 3 进 1
13. 相三进一　车 7 平 8　　　　**14.** 兵七进一　炮 3 进 4
15. 炮五平三　……

炮五平三假棋！实际意义不大，反而给黑方炮 3 平 6 的机会，导致局面恶化，不如直接马四进五兑子较为简明。

15. ……　　炮 3 平 6　　　　　**16.** 马四退六　……

只能退马，如马六进四，马 7 进 6，红方也是难下。

16. ……　　炮 6 平 4　　　　　**17.** 炮三进五　炮 4 进 2
18. 马六进四　炮 4 退 4　　　　**19.** 炮三平六　炮 9 平 4

一番交换后，黑方化解了红方的攻势，稍优。

20. 车八进六　车 1 平 3　　　　**21.** 炮六平五　……

平中炮再次组织攻势，如车八平七，马 3 退 1，兑车后仍是黑优。

21. ……　　炮 4 进 5

进炮打相看似先手，实则不然，应马 3 进 4，车八平六，车 8 平 6，车四进三，马 4 进 6，炮五进四，马 6 进 8，马四退三，卒 7 进 1，马三退四，炮 4 退 2，黑方大优。

22. 车八平七　炮 4 平 9　　　　**23.** 车四平一　炮 9 平 8
24. 车一平二　马 3 退 1　　　　**25.** 车七平九　马 1 进 3
26. 车九平七　马 3 退 1　　　　**27.** 车七平九　马 1 进 3
28. 车九平七　马 3 退 1　　　　**29.** 车七进三　马 1 退 3
30. 炮五进四　……

再换一车后，局面以红方多兵黑方多象的形势进入有车马炮兵类残局，双方各有利弊，还需缠斗。

30. ……　　马 3 进 2　　　　　**31.** 炮五退二　车 8 退 2
32. 车二平八　马 2 退 3　　　　**33.** 车八进八　车 8 平 3
34. 相七进五　炮 8 退 3　　　　**35.** 马四退六　车 3 进 1
36. 炮五进二　将 5 平 4　　　　**37.** 炮五平九　将 4 平 5
38. 炮九平五　将 5 平 4　　　　**39.** 炮五平九　将 4 平 5
40. 炮九平五　将 5 平 4　　　　**41.** 兵五进一（图 2）　……

冲中兵虽防止了黑方吃中兵，但是车 3 平 4 捉马后白丢一仕，使局面难以控制，应炮五平九，将 4 平 5，炮九进三，士 5 退 4，车八退六，红方稍好。

41. ……　　　车 3 平 4
42. 马六进七　车 4 进 3
43. 帅五进一　炮 8 退 3
44. 炮五退一　车 4 退 6
45. 马七退九　车 4 进 5
46. 帅五退一　车 4 退 3
47. 马九进八　……

进马令人费解，忽略黑方车 4 平 2 的手段，大概是时间过紧的缘故吧，如马九退七尚可支撑。

47. ……　　　车 4 平 2
48. 炮五平九　……

平炮丢子只能认负。如马八进六兑车，车 2 平 5，车八平七，将 4 进 1，红方丢相也是输定。

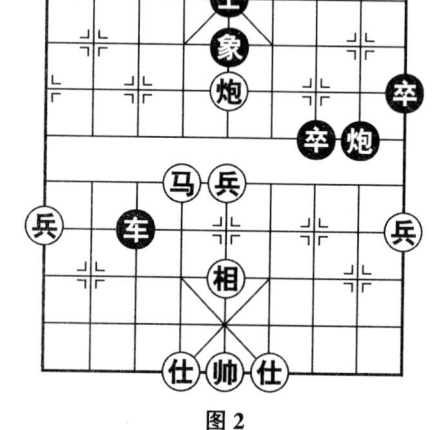

48. ……　　　车 2 退 3

黑方得子胜定。

综观全局，黑方布局阶段中规中矩，站稳阵型等待时机，在中局时刻，抓住红方一点失误，一举瓦解了红方的攻势。

图 2

第 22 局　梅娜　负　唐丹

2009 年第一届全国智力运动会在四川成都隆重开幕。唐丹一路过关斩将，以绝对优势摘得金牌，为她的职业生涯增添了精彩一笔。本局是第 1 轮，唐丹后手对战安徽梅娜大师。

1. 兵七进一　炮 2 平 3　　　2. 炮二平五　象 3 进 5
3. 仕六进五　……

补仕是比较古老的变化，意在不让黑方冲卒渡河。

3. ……　　　卒 7 进 1

此时马 8 进 7、马 2 进 4、士 4 进 5 等变化都是常出现于棋坛上的着法。

4. 马二进三　马 8 进 7　　　5. 车一平二　车 9 平 8
6. 车二进六　……

此时车二进四也是比较常见的走法，试举一例：车二进四，炮 8 平 9，车二进五，马 7 退 8，炮五进四，士 4 进 5，兵五进一，马 2 进 4，炮五平六，马

4 进 2，相七进五，炮 3 平 4，炮六退一，马 2 进 4，兵五进一，马 4 退 6，兵五平四，车 1 平 2，炮八平九，车 2 进 4，马三进五，炮 9 进 4，马八进七，均势。

6. ……　　　马 2 进 4

也可炮 8 平 9 兑车，车二平三，马 2 进 4，炮八平六，车 8 进 5，相七进九，车 1 平 2，马八进七，士 4 进 5，车九平六，车 2 进 6，均势。

7. 炮八平六　车 1 平 2　　　**8. 马八进七　马 7 进 6**
9. 车二退二　……

2006 年全国象棋甲级联赛上，于幼华执先对阵陈富杰时弈至此局面曾走车二平四，马 6 进 7，马七进六，车 8 进 1，马六进五，卒 7 进 1，马五进七，炮 8 平 3，炮五平四，卒 7 平 8，相七进五，均势。

9. ……　　　马 6 进 7　　**10. 炮五平四　……**

平炮想必是梅娜的赛前准备，此时车九平八兑车也是不错的选择，车 2 进 9，马七退八，车 8 进 1，马八进七，车 8 平 7，车二平六，局面应属两分。

10. ……　　车 8 进 1

好棋，抬车既摆脱牵制又策应拐角马，可谓一箭双雕。

11. 相七进五　车 8 平 6
12. 车二平六（图 1）……

车二平六是卸炮补相的后续手段，但略显笨拙，黑方子力位置俱佳很有反弹力，不如炮六进一，炮 8 平 7，炮六平三，炮 7 进 4，车九平六，红方阵型工整，较为易走。

12. ……　　卒 3 进 1
13. 炮六进一　卒 3 进 1
14. 车六平七　炮 3 进 5
15. 炮四平七　炮 8 平 7　　**16. 车七进四　炮 7 退 1**

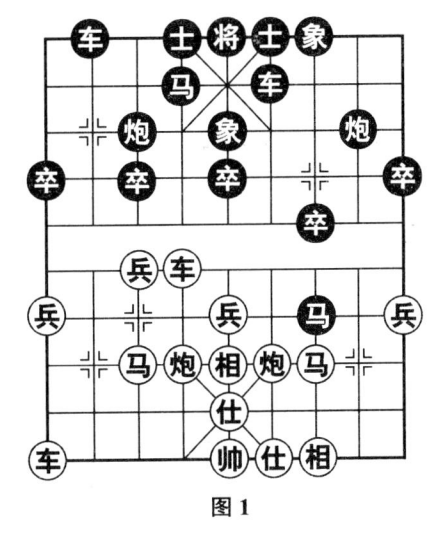

好棋！准备随时摆脱牵制，先为不可胜以待敌之可胜，既然红方丢仕是不情愿的，那么棋局矛盾点就交给红方处理。

17. 车九平六　马 7 退 8　　**18. 炮六平七　……**

平炮给车生根意义不大，反而给了黑方反击的机会，冷静点应车七退四固守河道，对峙局面红方不弱。

18. ……　　车 2 进 7　　**19. 后炮退二　卒 7 进 1**

图 1

20. 车六进七（图2） ……

进车抓象错失良机！应车七平九，黑只能车2退7（如车2平3则前炮进五），马三退一，形成一个互有顾忌的局面。从另一个角度讲，黑方随时能弃马解脱再吃回失子，因此红方并不存在抓象的棋。

20. ……　　　　**车6进7**

好棋！迅速解脱牵制，不再给红方车七平九的机会，一阵大交换后，黑方获得较为易走的局面。

21. 车七平六　士4进5
22. 后车退五　车2平4
23. 车六退六　卒7进1
24. 马三退一 ……

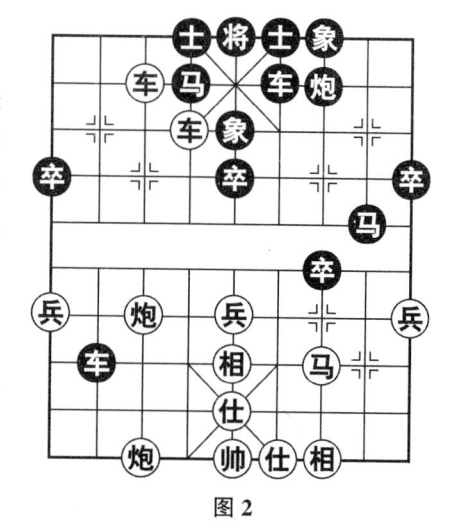

图2

退马意在把黑车引到暗处，然后针对黑方右翼空虚准备车双炮组势对攻，但不如车六进二，卒7进1，车六平三吃回黑卒，双方仍属均势。

24. ……　　　**车6平9**　　　**25. 后炮平八　车9平6**
26. 相三进一　车6退4

黑方借塞象眼打闷宫之机成功退离偏远之地，巧妙地化解了右翼空虚问题。

27. 炮八进九　车6平3　　　**28. 炮七进一　马8进6**
29. 相一进三　炮7平8　　　**30. 帅五平六** ……

出帅以求对攻，没有注意黑方有弃士的手段，更重要的在于其后续手段无法阻挡，应退仕比较顽强。

30. ……　　　**士5进4**

弃士是入局的好棋！红必吃士，黑有马6退4关车的棋。

31. 车六进五　炮8进8　　　**32. 帅六进一　马6退4**
33. 炮八退七　车3平2

平车抓炮有些多此一举，此时黑方可马4进5，胜势。

34. 相五退三　马4进5

黑方见必丢一子，遂投子认负。

综观全局，双方在布局与前中局时攻守有度，可惜进入后中局时红方忽略了车七平九造攻势的强硬手段，随手进车抓象以致局势扭转。双方弈得颇为精彩，值得我们研究学习。

第 23 局　唐丹 胜 谢云

2009 年全国象棋个人锦标赛于 11 月 26 日在云南昆明拉开帷幕，这是比赛的第 10 轮。

1. 炮二平五　马 2 进 3
2. 马二进三　炮 8 平 6
3. 车一平二　马 8 进 7
4. 炮八平六　车 1 进 1（图 1）

除车 1 进 1 之外，也有车 1 平 2、卒 7 进 1 和卒 3 进 1 等走法。

5. 马八进七　车 1 平 4
6. 仕四进五　卒 7 进 1
7. 车九平八　士 6 进 5

士 6 进 5 比较稳健，不如车 4 进 5 积极。

8. 车八进四　马 7 进 6
9. 兵三进一　卒 7 进 1
10. 车八平三　象 7 进 5
11. 兵七进一　……

图 1

兑子后红方阵型工整，局势稍优。

11. ……　　　炮 2 进 4
12. 车二进五　车 4 进 3

车 4 进 3 软着。应炮 2 平 3，马七退八，车 4 进 4，兵五进一，车 4 退 1，局面虽属红优，但黑方仍可对抗。

13. 马三进四　炮 6 进 3
14. 车三平四　炮 2 退 2
15. 炮五平四　车 4 进 3
16. 车二平四　车 4 平 3
17. 前车平八　……

再兑两子，红方兵种好且子力位置俱佳，形势大优。

17. ……　　　卒 3 进 1
18. 车八进二　马 3 进 4
19. 车四平六　马 4 退 6
20. 车六平四　车 9 进 2
21. 车八平七　马 6 进 7
22. 炮四平五　马 7 进 8（图 2）

败着，应将 5 平 6，车七进二，车 9 平 8，双方对攻，黑方可战。红方如车六退四，车 3 退 2，车六平七，卒 3 进 1，车七退三，马 7 进 5，车七平五，马 5 进 7。基本和势。

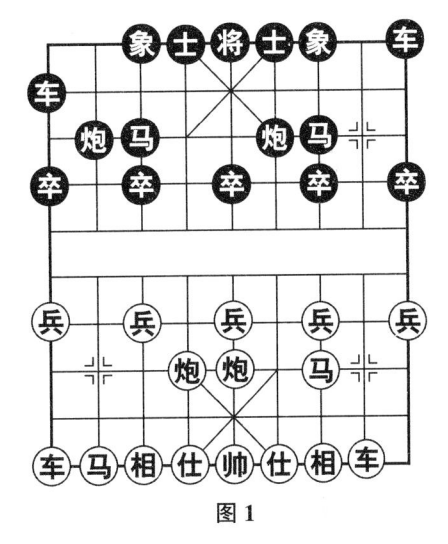

23. 炮五进四　将5平6
24. 炮五进二　……

黑方已无力防守，红胜定。

24. ……　　　　马8进9
25. 炮五平四　士4进5
26. 炮四退七　车9平7
27. 车七进二　将6进1
28. 仕五进四　车7平6
29. 车七平五

红胜。

图2

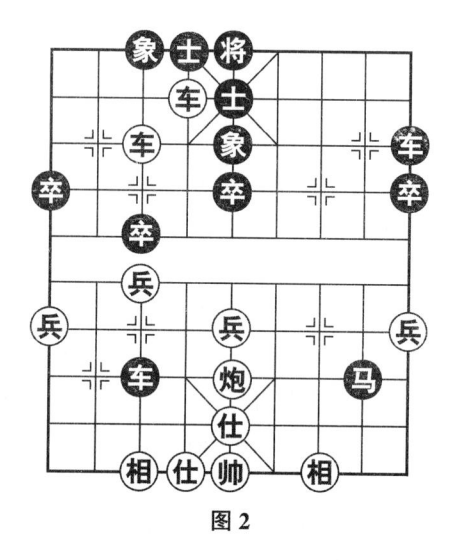

第24局　胡明 负 唐丹

2010年第16届广州亚运会象棋比赛选拔赛于3月10~13日在上海仁和宾馆隆重举行，这是比赛第1轮。

1. 马八进七　卒3进1　　　**2. 炮二平五　炮8平5**

红方选择起马转中炮开局，意图把布局纳入自己熟悉的范围。此时黑方选择比较多的是马8进7或者马2进3，唐丹选择炮8平5应该是反其道而行之，以免落入对手准备。

3. 马二进三　马8进7
4. 车一平二　车9进1
5. 炮八平九（图1）　……

双方还原成正常的顺炮直车对横车，此时比较多的选择是车二进五或兵三进一，炮八平九比较冷门。试举车二进五，车9平3，相七进九，马2进1，兵三进一，炮2平4，车二平六，士4进5，炮八退一，炮4退2，炮八平三，炮5平4，车六平四，象3进5，车九平八，车1平

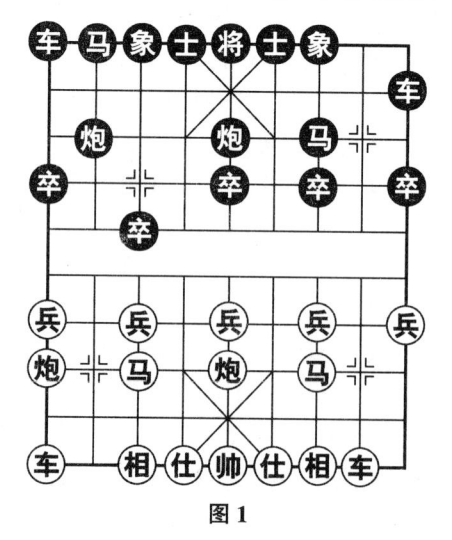

图1

2，车八进九，马1退2，马三进二，红方较好。

5. ……　　　炮2平3　　　6. 车二进五　……

车二进五意义不大，放任黑方冲卒过河。应兵九进一！卒3进1，兵九进一，卒3进1，马七进九，红方马位较好，局势较为明朗。

6. ……　　　卒3进1　　　7. 马七退九　卒3进1

黑方过卒，且逼回红马，形势已满意。

8. 仕六进五　……

补仕意义不大，目前最需要处理的便是把九路车给亮出来，八路线是兵家必争之地。

8. ……　　　车9平2　　　9. 车二平七　车2进5

10. 兵三进一　……

挺三兵意图跃马对攻，但是目前局面的当务之急是要针对黑方过河卒和车马未动的弊端。应炮九平六，车2平1，车九平八，象3进1，车七退一，车1进2，车八进八，双方纠缠，效果优于实战。

10. ……　　　卒3平4　　　11. 马三进四　卒4平5

吃兵逼炮看似必然，实则有些着急了，不如车1进2，马四进六，炮5进4，炮九平七，车2进2，黑方大优。

12. 炮五平二　……

炮五平三更好，更有针对性，后面红炮因没较好的点还需要再平回三路，多走了一步棋，差之毫厘，谬以千里。

12. ……　　　车1进1　　　13. 马四进六　车2退4
14. 炮二平三　炮5退1　　　15. 车七退二　后卒进1

16. 兵三进一　……

不可马六退五去卒，否则卒5进1，马五退六，马7进5，黑方大优。

16. ……　　　车1平4　　　17. 马六退五　卒5进1
18. 马五退四　炮3平5

炮3平5加强中路攻势，也可马7进5，兵三进一，象7进5，准备下步走马5进3，黑方大优。

19. 马四进三　马7进5

至此，黑方集中火力在中路，红方需要谨慎处理，否则局面会瞬间崩塌。

20. 马三进四　马5进7　　　21. 炮九平七　象3进1
22. 相七进五　车4进3

逼着红方交换，虽然多物质稳优，但是攻击力也随之减小，因此这步棋可以考虑前炮进2继续缠斗，做出什么样的选择就要看选手是什么样的棋风了。

23. 马四进五　象7进5　　　　24. 马九进八　车4平2

此时黑方应卒5进1，准备下着吃相，红如炮七平八则卒5平4，红方难应。

25. 炮三进一　马7进8　　　　26. 炮七退一　后车平4
27. 车九平六　车4进7　　　　28. 帅五平六　卒5进1
29. 炮三退二　马2进4　　　　30. 炮七平八　车2平4
31. 帅六平五　卒5平4　　　　32. 车七进一　马4进5
33. 炮三平二（图2）　象1退3

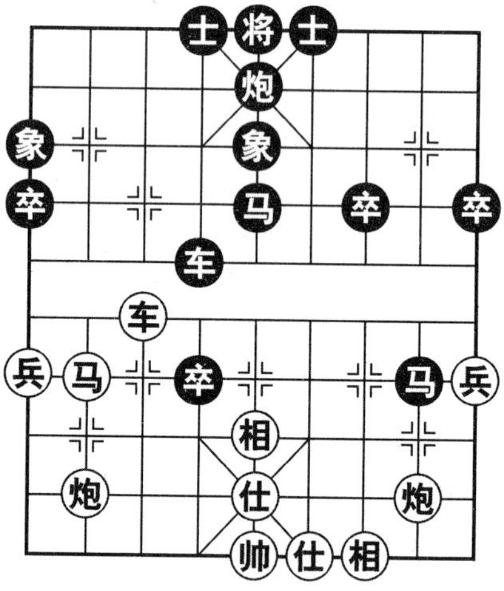

黑方调整好阵型后，净多两卒且位置俱佳，这等局面已胜定。

34. 炮二进一　卒4平5
35. 马八退六　车4平2
36. 炮八进三　卒5平4
37. 马六退七　马5进7
38. 相五进三　车2平4
39. 相三进五　卒4平5
40. 车七退一　卒5平4
41. 车七进一　象5进3
42. 炮八退二　炮5进1
43. 车七平八　卒4平3
44. 炮八平六　卒3进1

图2

以下如车八退一，卒3平4，车八平二，马7进5！红方难以应对。

第25局　唐丹 胜 张国凤

2010年第16届广州亚运会象棋比赛选拔赛3轮之后，唐丹执先对阵张国凤。

1. 炮二平五　马8进7　　　　2. 马二进三　车9平8
3. 车一平二　卒7进1　　　　4. 车二进六　马2进3
5. 兵七进一　炮8平9　　　　6. 车二平三　炮9退1
7. 炮八平六（图1）　车8进5

双方以五六炮七兵过河车对屏风马平炮兑车开局，此时黑方除了车8进5之外还有车1平2、马3退5和士4进5等走法。

8. 马八进七　车8平3
9. 车九平八　车1平2
10. 车八进三　士4进5
11. 兵五进一　炮9平7
12. 车三平四　炮2平1
13. 车八平六　马7进8
14. 车四平二　马8进7
15. 车六平四　卒7进1
16. 兵五进一　……

如车二平三，卒7平6，车四平六，马7进5，相三进五，炮1退1，黑方占优。

16. ……　　　卒5进1

吃卒太贪，走车3平6，车四进一，卒7平6，兵五进一，车2进6，黑方满意。

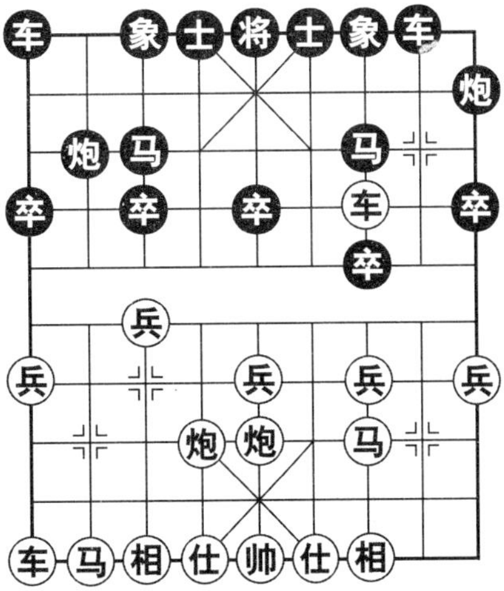

17. 车二平四　象3进5

如车3退1，炮六进三，黑方难应。

19. 前车退二　卒7平6
20. 车四平三　卒5进1
21. 马五进七　……

红方虽然多一大子，但是黑方有两个过河卒，也算有所补偿，双方均可战。

21. ……　　　卒3进1
22. 前马进五　炮7进3

进炮软着，可以考虑炮1退1，红方子力不好调整，黑方阵型厚实，局势不差。

23. 马七进六　……

借机跳马，好棋！红方已占据主动。

23. ……　　　车2进5　　24. 马六进七　炮1平2
25. 仕四进五　炮7平8　　26. 马五进三　车2退2
27. 炮六平七　卒3进1　　28. 马三进四　象5进3
29. 马七退五　马3进5　　30. 车三进三　炮2平6
31. 车三平二　……

简明点走马五退七吃卒，红方已胜势。

31. ……　　　卒5进1　　32. 炮五平三　卒3进1
33. 炮七平四　炮8进5　　34. 车二退六　……

18. 马三进五　车3平6

图1

应相三进五，黑方败势！

34. ……　　　马5退6
35. 炮四进五　士5进6
36. 马五进四（图2）……

交换后红方再吃一士，胜定！

36. ……　　　车2平6
37. 马四退二　车6平7
38. 炮三平一　车7进3
39. 兵一进一　马6进7
40. 马二进三　马7退6
41. 马三退二　马6进7
42. 马二进三　马7退6
43. 马三退四　卒3平4
44. 车二进八　马6进5
45. 车二平八　马5退3
46. 马四进六　将5平4
47. 炮一进四

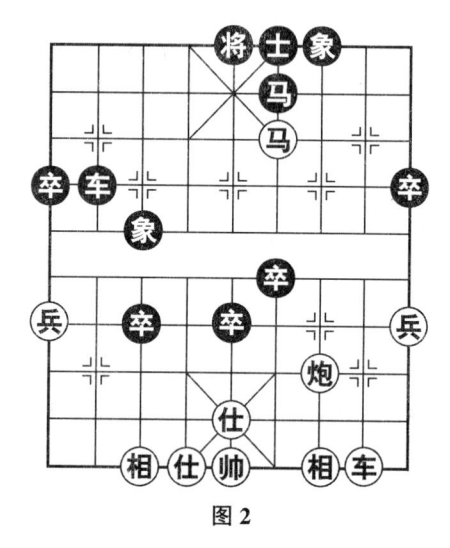

红胜。

图2

第26局　伍霞 负 唐丹

2010年第16届广州亚运会象棋比赛选拔赛第3轮，唐丹遭遇伍霞。伍霞是继胡明、高懿屏、王琳娜之后，第四位集全国、亚洲、世界冠军于一身的棋后，实力不俗。

1. 炮二平五　马8进7
2. 马二进三　车9平8
3. 兵七进一　卒7进1
4. 马八进七　马2进3
5. 炮八进二　……

巡河炮阵势，阵型工整，以化解自身弊端的进攻方式稳步推进。

5. ……　　　象3进5
6. 车一平二　车1平3

双方以中炮七兵巡河炮对屏风马3象开局，巡河炮也是伍霞的拿手布局，此时唐丹选择的车1平3是当前局面下选择最多的变化，除此之外还有炮2进2、卒3进1、士4进5和炮8进4等选择。

7. 车九进二　炮2退1
8. 兵三进一　……

兵三进一也属于常见的走法，另外更多的选择是车二进六，炮8平9，车二平三，车8进2，马七进六，炮2平7，车三平四，炮7平4，双方另有攻守。

8. ……　　炮 2 平 7　　　9. 马三进四　……

除了马三进四之外，还有兵三进一和相三进一的变化，皆可选择。

9. ……　　卒 7 进 1　　　10. 马四进六　炮 8 进 2

11. 相三进一　……

也可考虑马六进四，炮 7 平 8，车二平一，卒 7 进 1，炮八退一，车 3 进 1，炮八平三，双方纠缠。

11. ……　　卒 7 进 1　　　12. 马六进四　……

跳马略为急躁，不如先马七进六后再考虑马六进四。

12. ……　　车 3 进 1　　　13. 炮八进五　象 5 退 3

14. 车九平八　炮 8 进 2

进炮瞄准中兵顺势封住红车，但冷静分析不如直接走炮 7 平 8，红如车二平三，车 3 平 6，马四退二，马 7 进 8，黑方优势。

15. 车八进五　炮 7 平 9

平边炮再瞄边兵，不如炮 7 平 6，下着可炮 6 进 1，阵型比较工整。

16. 马四进三（图1）　……

马四进三好棋，直接打开局面，同时也反映出了黑方应该选择炮 7 平 6。

16. ……　　车 3 平 7

17. 车八平七　炮 9 进 5

18. 仕四进五　……

补仕比较稳健，如选择兵五进一则更有针对性。

18. ……　　车 7 平 2

19. 车七平三　……

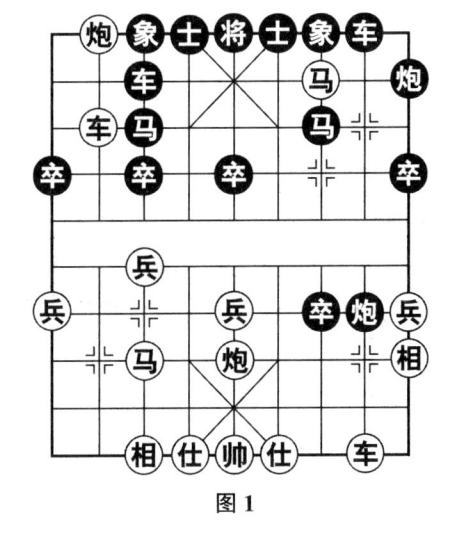

图1

兑子后黑方过河卒的优势就显现出来了，因此应炮八平九保持变化，黑方必然丢象，局面还是各有顾忌的。

19. ……　　车 2 退 1　　　20. 车三退一　卒 9 进 1

21. 马七进六　象 7 进 5　　　22. 马六进四　士 4 进 5

23. 马四退三　……

红方虽消灭掉了过河卒，但黑方车明炮凶，对红方右翼造成不小的压力，局面应属黑方稍优。

23. ……　　车 2 进 4　　　24. 车二进二　卒 9 进 1

25. 马三退二　车2平8　　　**26.** 马二进四　炮8平6

兑子后局面简明，也可选择卒9平8保持变化，局面仍是黑优。

27. 车二进三　车8进4　　　**28.** 车三退三　车8进5

29. 相一退三　……

退相忽略黑方下底炮后有炮6进3打仕的手段，为全局溃败的根源所在。应马四退三，虽属黑方较好，但是红方也可周旋。

29. ……　　炮9进3　　　**30.** 仕五退四　炮6进3

31. 炮五进四　……

打兵有些急躁，导致局面恶化。应车三平二，黑方只能车8退3兑车，兑车后红方虽然少一个仕，但是兵种优于黑方，还是可战的。

31. ……　　车8退6　　　**32.** 炮五平九　卒3进1

33. 炮九进三　士5退4　　　**34.** 兵七进一　象5进3

35. 炮九退五　士4进5　　　**36.** 车三退二　……

退车软着。应兵五进一打边卒，牵制黑方。

36. ……　　炮6平4　　　**37.** 相三进五　炮4退2

38. 马四进三　车8进6　　　**39.** 帅五进一　卒9进1

40. 马三进四　炮4退6　　　**41.** 车三进四　……

经过几个回合的调整，红方目前子力位置俱佳，形势不错，此时也可车三进六。

41. ……　　车8退6　　　**42.** 炮九平五　象3退5

43. 马四退三　车8进5　　　**44.** 帅五退一　车8进1

45. 帅五进一　车8退1　　　**46.** 帅五退一　卒9进1

47. 车三平七　象3进1　　　**48.** 车七平八　象1退3

49. 车八平七　象3进1　　　**50.** 车七平八　象1退3

51. 车八平七　象3进1　　　**52.** 车七平八　车8平3

53. 车八平六　……

平车错失良机。应马三进五，下着准备打中象，黑方难应。

53. ……　　车3退7　　　**54.** 马三进四　……

还是应马三进五，马三进四攻击点不如马三进五精确。

54. ……　　卒9进1　　　**55.** 炮五平六　车3进2

56. 车六进三（图2）　……

车六进三吃炮败着！应该选择炮六进四，车3平6，车六退四，车6平9，车六平三，下着有炮六退七打卒或炮六退八兑炮的手段，基本和势。

56. ……　　车3平6

57. 炮六平五　卒9平8

此番交换后黑方车炮卒逼近九宫，已胜定。

58. 车六退三　车6进5

59. 车六平一　卒8进1

60. 车一退五　卒8平9

红方消灭不了黑的底卒，残局不能守和，大势已去。

综观全局，双方在布局阶段中规中矩，皆无过错。中局阶段，红方利用黑方一个小的软手强行兑子扩大了先手，但几经波折，双方皆有缓手出现，残局红棋反被动为主动，本可正确兑子成和，可惜选择错误，导致败势，实为可惜。

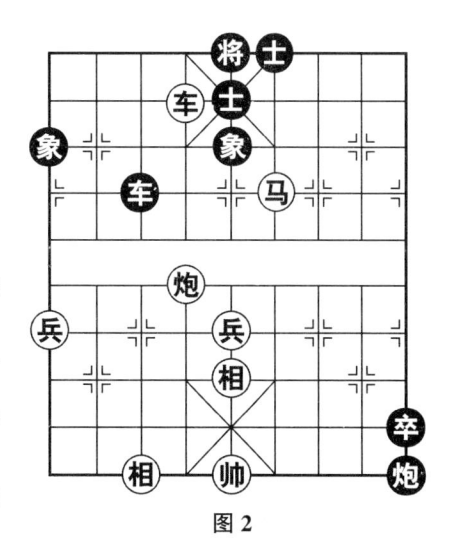

图2

第27局　唐丹　胜　金波

2010年北武当山杯全国象棋精英赛4月15日拉开帷幕。本局是第8轮，唐丹先手遇见金波，金波曾是绿林中的好汉，后杀入专业队，曾两度获得全国象棋个人锦标赛第四名，一次第五，中残棋力大无穷，被誉为"大力神"，而当时唐丹已经是全国冠军。

1. 兵七进一　炮2平3　　　**2.** 炮二平五　象3进5

3. 马八进九　……

跳边马也是常见变化，其意图在于不想让黑方卒3进1过河，此变化相对比较稳健。

3. ……　　卒7进1　　　**4.** 马二进三　马8进7

5. 车九平八　……

先车九平八比较少见，一般多车一平二，车9平8，红方车二进四或车二进六。

5. ……　　车9平8　　　**6.** 炮八平六　士4进5

也可选择马2进4，试举一例：马2进4，车一进一，士4进5，车一平四，卒3进1，兵七进一，象5进3，车四进三，车1平2，车八进九，马4退2，仕六进五，象7进5，均势。

7. 车一平二　马2进1
9. 车二进五　马7退8
11. 炮五平六（图1）……

好棋！封住黑方肋车出路减缓黑方反击。

11. ……　　车1平2

兑车略显急躁，不如马8进7，看红方表态再作打算。红很可能兵五进一，马7进8，兵五进一，马8进7，相七进五，车1平2，车八进九，马1退2，黑方可战。

12. 车八进九　马1退2
13. 相七进五　马8进7
14. 马九进七　马7进6
15. 马七进五　炮9平7

8. 车二进四　炮8平9
10. 炮五进四　卒1进1

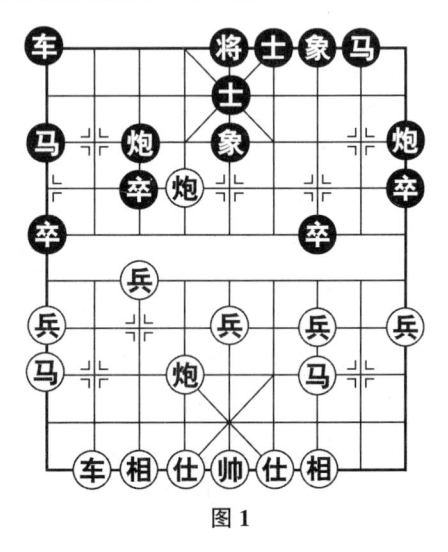

图1

金波大师好战，棋风凶悍不甘平庸，在当下局面还是应马6退4，马五进六，马2进1，局面虽属红方略优，但黑可对抗。

16. 马五进四　炮3退1
18. 兵五进一　炮7平6
20. 兵五平四（图2）……

简明兑子后，红方无论是物质上还是子力位置上都明显占据优势。

20. ……　　炮6退2
21. 炮一平五　马2进1
22. 马三进五　马1进2
23. 马五进六　炮6平8
24. 兵四平三　……

以上几个回合红方先跃马到前线进攻再兵四平三吃卒，正所谓死子不急吃，棋理清晰取舍有度。

24. ……　　马2进1
25. 仕六进五　马1进3
26. 炮五退二　卒1进1
28. 兵三进一　炮3平4

17. 前炮平一　炮7进4
19. 兵五进一　炮6退3

图2

27. 兵三进一　卒1进1
29. 马六进四　炮8平9

这几回合红方连续下兵，现在已经兵临城下，正可谓兵贵神速，黑方已被牢牢牵制住，局面已经岌岌可危。

30. 炮六进三　马3进1　　　　**31.** 炮五退一　……

退炮细腻，暗中限制黑方马1退2的棋。

31. ……　　　卒1平2　　　　**32.** 兵一进一　卒2平3
33. 兵一进一　前卒平4　　　　**34.** 炮五平三　马1退3
35. 兵一进一　……

以上几个回合，黑方双炮被困施展不开，红方胜势。

35. ……　　　炮9平8　　　　**36.** 兵一平二　炮8平9
37. 兵二平一　炮9平8　　　　**38.** 炮六平三　……

好棋！双杯献酒是突破点，黑方只有支士，红接走前炮平五必然得象。

38. ……　　　士5进4　　　　**39.** 前炮平五　士6进5
40. 炮三进六　马3退4　　　　**41.** 炮五退一　炮8进4
42. 炮三平二

红方下步兵三进一直捣黄龙，黑方见大势已去无法挽回便投子认负。

第28局　卜凤波 负 唐丹

2010年北武当山杯全国象棋精英赛，本轮唐丹后手迎战来自沈阳队的卜凤波大师。

1. 兵七进一　炮2平3
2. 炮二平五　象3进5
3. 马八进九　车9进1

车9进1是最为流行的变化，除此之外，还有马8进7、卒7进1、马2进4等变化可选择。

4. 车九平八　车9平4
5. 炮五进四（图1）　……

炮打中卒先得实惠，更多的选择是马二进三，士4进5，车一平二，马8进9，仕六进五，车4进4，炮八进二，车4平3，炮八平九，马2进1，炮九进三，车1进2，车八进九，士5退4，炮五进四，士6进5，相三进五，车3平4，

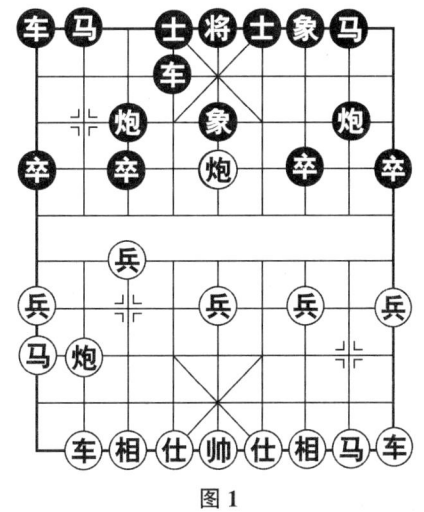

图1

马九进七，炮 3 进 4，车二进七，红方较好。

5. …… 士 4 进 5　　　　　6. 炮五平一　车 4 进 3
7. 马二进三　车 4 平 9　　8. 炮一平二　马 8 进 7
9. 相三进五　马 2 进 4　　10. 炮八平六　……

2011 年句容茅山·碧桂园杯全国象棋个人锦标赛上，汪洋和孙勇征曾弈到相同局面，当时汪洋选择的是仕四进五，车 9 平 8，炮二平一，车 1 平 2，车一平四，炮 8 平 9，炮一退二，卒 3 进 1，兵七进一，马 7 进 5，兵七进一，马 4 进 3，兵三进一，卒 7 进 1，炮八进四，马 5 进 3，车四进六，后马进 5，兵三进一，车 8 平 7，炮一平八，车 2 平 4，双方均势。

10. …… 车 9 平 8　　　　11. 炮二平一　炮 8 平 9
12. 炮一退二　马 4 进 5　　13. 仕四进五　卒 3 进 1
14. 兵七进一　……

兑兵稳健，也可选择马九进七对攻，卒 3 进 1，马七进五，卒 3 平 4，马五进四，双方可战。

14. …… 马 5 进 3　　　　15. 兵九进一　马 7 进 5
16. 车一平四　车 8 进 2　　17. 炮一平七　……

兑炮虽能限制黑马，使其位置不佳，但是红马同样被压制，应选择兵三进一看黑方动向再做决定。

17. …… 炮 3 进 3　　　　18. 相五进七　车 8 平 7
19. 相七进五　卒 7 进 1　　20. 马九进七　卒 7 进 1
21. 马七进五　卒 7 平 6　　22. 马五进七　象 5 进 3

以上双方皆知兵贵神速，遂一个直扑边马作战，一个直冲 7 卒封锁，交换后，黑方虽少一卒，但位置较好，已反夺先手。

23. 车八进六　炮 9 平 6
24. 车八平五　炮 6 进 7
25. 马三退四（图 2）　……

一车换二子已是形势所迫，交换后可胜可和，稳中求胜。如车四平三（不可车四平二，否则马 5 进 7），则马 5 进 4，车八平四，卒 6 进 1，黑方占有进攻主动权。

25. …… 车 7 平 9
26. 炮六平九　……

图 2

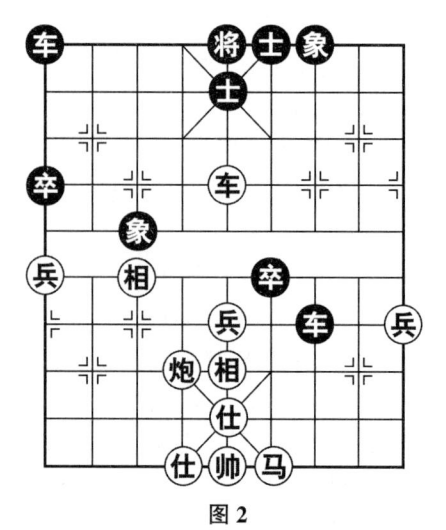

如车五平四，卒6进1，炮六进一，卒1进1，双方立刻成和。红方想要继续周旋一下看是否有机会。

26. ……　　　车1平2　　　27. 车五平三　　象3退5
28. 马四进三　车9进3　　　29. 仕五退四　卒6进1
30. 马三进二　卒6平5　　　31. 马二进四　车2进6
32. 马四进二　车2平4

双方均有意对攻，遂把和棋甚浓的中局弈成了对攻的残局，可见大师们的求胜欲望是很强的。

33. 相五退七　车9退2　　　34. 炮九平三　车4退2
35. 仕六进五　卒5平4　　　36. 炮三进二　将5平4
37. 车三平九　象5退3　　　38. 马二进三　象7进5
39. 车九进三　车9平7　　　40. 马三退四　……

丢子漏着！应该马三退五，仍是对攻的局面。由此黑方白得一子，直接获得胜利。

40. ……　　　车4平6　　　41. 车九退四　象5进3
42. 炮三平一　车6退1　　　43. 车九平七　车6平4
44. 炮一进五　车7退7　　　45. 炮一退四　象3进5
46. 车七平八　车7进5　　　47. 相七退九　车7平5
48. 炮一平六　士5进4　　　49. 炮六平一　卒4进1
50. 炮一退四　卒4进1　　　51. 车八进四　将4进1
52. 炮一平六　车4进5

黑胜。

第29局　申鹏　和　唐丹

2010年伊泰杯全国象棋精英赛于5月5日至9日在内蒙古鄂尔多斯市的东胜区巨力国际大酒店隆重开幕。第5轮，唐丹对阵申鹏大师。

1. 炮二平五　马8进7　　　2. 马二进三　车9平8
3. 车一平二　马2进3　　　4. 兵三进一　卒3进1
5. 马八进九　卒1进1

除了卒1进1外，另有象3进5、象7进5、车1进1等走法，均属正常变化，各有其攻守。

6. 车九进一（图1）　……

车九进一脱离流行变化，其意图是把局面纳入自己熟悉的轨道，迅速抬起横车出动子力，看形势平四或平六，使左右翼共同发展。正常可选择炮八平七或炮八平六。2014年苏湖杯·决战名山全国象棋冠军挑战赛上，赵国荣对阵许银川曾弈至此局面，当时赵国荣选择的是炮八平六，炮8进2，兵五进一，士4进5，马九退七，象3进5，仕四进五，车1平2，车九平八，炮2进3，马七进六，炮8进2，马三进四，车2进4，相七进九，炮2平6，车八平五，马3进2，马六进四，炮8退1，马四进三，炮8平5，车二进九，马7退8，均势。

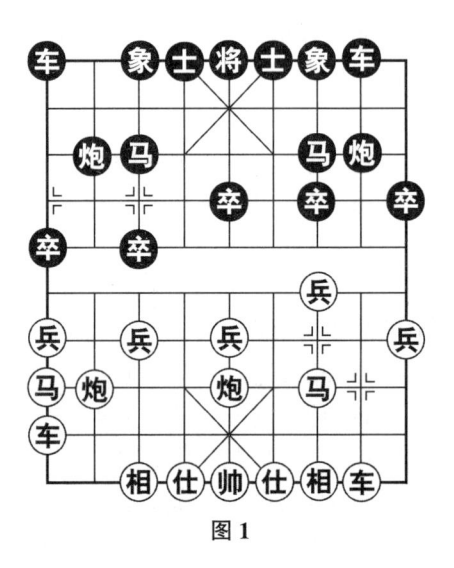

图1

6. ……　　卒1进1　　　　7. 兵九进一　车1进5

8. 炮八平七　……

炮八平七是较为流行的下法，除此之外，车九平六的变化也风行一时，以下卒7进1，兵三进一，车1平7，炮八平七，车7退1，马三进四，车7平6，车六进三，象7进5，炮五平四，车6平7，相七进五，士6进5，车二进六，炮8平9，车二进三，马7退8，兵七进一，卒3进1，车六平七，马3进2，马四进五，车7平5，车七平五，车5进1，兵五进一，炮9进4，双方均势。

8. ……　　车1平7　　　　9. 车九平八　马3进4

10. 车二进三　炮2平5　　　11. 相三进一　车7平4

12. 车八进三　车4进2

进车抓炮避兑正着，如车4平2，马九进八，卒3进1，马八进九！卒3进1，炮七进七，士4进5，车二进二，红方大优。

13. 炮七退一　炮8进2　　　14. 车二进一　炮8平5

15. 车二平六　车4退2　　　16. 车八平六　前炮进3

17. 相七进五　车8进4　　　18. 兵七进一　炮5平4

19. 车六平五　象3进5　　　20. 兵七进一　象5进3

21. 炮七平八　象3退5　　　22. 相一退三　……

一番交换后，黑方以多一卒的微弱优势反夺先手，但红方子力位置俱佳，并无大碍。

22. ……　　　车 8 平 6　　　　**23.** 车五平七　炮 4 平 2
24. 车七平六　炮 2 平 4　　　**25.** 马三进二　车 6 平 8
26. 车六平七　炮 4 平 2　　　**27.** 炮八平二　车 8 平 7
28. 炮二平九　马 4 进 5

双方在河道上互不相让，形成对峙局面，此时黑方再吃一兵，红方如不采取行动定然落入败势。

29. 车七平八　炮 2 平 4　　　**30.** 马九进七　车 7 平 1
31. 炮九平五　马 5 退 4

黑方有意成和，选择兑子简化局面，如想对攻则可马 5 进 3，红方不可马二进一，否则车 1 进 5 大优，黑棋还是占有一定优势的。

32. 马七进六　车 1 平 4　　　**33.** 马二进一

交换后简明和棋。

第 30 局　唐丹 胜 张强

2010 年伊泰杯全国象棋精英赛第 7 轮，唐丹执先对阵北京总教练张强。

1. 炮二平五　马 8 进 7　　　**2.** 马二进三　车 9 平 8
3. 车一平二　马 2 进 3　　　**4.** 兵七进一　卒 7 进 1
5. 车二进六　炮 8 平 9　　　**6.** 车二平三　炮 9 退 1
7. 马八进七　士 4 进 5　　　**8.** 炮八平九　……

双方轻车熟路，形成五九炮对屏风马平炮兑车的布局阵式，此布局源远流长，一直被擅长攻杀的人所喜爱。

8. ……　　　车 1 平 2　　　**9.** 车九平八　炮 9 平 7
10. 车三平四　马 7 进 8

形成五九炮对屏风马平炮兑车最正统的变化，此时红方有多种选择：炮五进四、炮九进四、车八进六、车四进二等，都各有其攻守体系。

11. 车四平三　马 8 退 7　　　**12.** 车三平四　马 7 进 8
13. 车四平三　马 8 退 7　　　**14.** 车三平四　炮 2 进 4

在特级大师面前想要简简单单不变作和是不可能的，黑方强变显现出了特级大师不愿简单成和的魄力。

15. 兵五进一（图 1）　　　……

兵五进一是常见走法，此时也有车四进二的选择，车四进二，炮 2 退 5，车四退二，象 3 进 5，车八进七，车 2 平 3，马七进八，炮 2 进 4，车四进二，炮7平8，车八退三，马7进8，车八进三，马8进7，炮九进四，马7进5，相七进五，红方占优。

15. ……　　　　象7进5

16. 马三进五　　车8进5

车8进5的选择太过冒险，可以考虑马7进8，兵五进一，卒7进1，车四平三，炮7退1，兵五进一，马8进6，车三退二，马3进5，黑可接受。

17. 炮九退一　……

退炮好棋！此时也有兵五进一的选择，兵五进一，卒5进1，马五进六，马3退4，车四平七，红方优势。

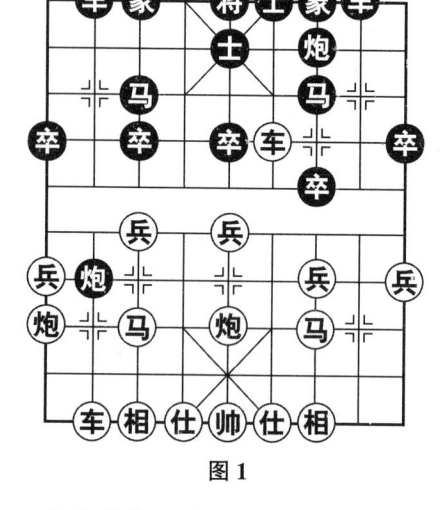

图1

17. ……　　　　炮2平7　　　　**18. 车八进九　马3退2**

19. 兵五进一　卒5进1　　　　　**20. 炮五进三　马2进3**

应马2进1死守3卒，不能让红车杀穿卒林。

21. 炮九平五　……

平炮好棋！若急于走车四平七，则马7进5，红方难办。

21. ……　　　　马3进5

同样是跳马应走马7进5，红如马五进六，车8平5，马七进五，车5平4，可以形成一个对峙局面。

22. 前炮平八　……

平炮准备沉炮叫将形成立体攻势，此时可考虑马五进六，卒7进1，马六进五，象3进5，后炮进五，马7进5，炮五进二，将5平4，车四平五，红方优势明显。

22. ……　　　　车8平6　　　　**23. 车四平二　车6进1**

24. 炮八进四　……

好棋！平炮的后续手段，打乱了黑方阵型，立体攻势已成。

24. ……　　　　象3进1　　　　**25. 马五进六　士5进4**

26. 相七进五　……

飞相好棋！如马六进五，后炮平5，红方得不偿失。

26. ……　　　　后炮平5　　　　**27. 炮八退二　象1退3**

28. 炮八进二　象3进1　　　　　**29. 炮八退二　象1退3**

30. 炮八进二　象3进1　　　　　**31. 马六进八（图2）　……**

进马扑槽看似很有威胁但黑方站位良好，防守并不困难，此时最准确的走法为炮八退三！卒3进1，兵七进一，黑方难应。

31. ……　　　车6平3

32. 马七进五　车3平4

这两步走得很有力量，只在几回合间攻守之势异也，颇显特级大师实力，黑方已经在对峙中获得满意局势。

33. 兵九进一　……

对攻时候挺边兵太缓了，想必是红方不敢轻易乱动但在时间告急时静观其变的着法，此时细细分析我们可知，红方应马八进七，将5平4，马七退五，双方均可战。

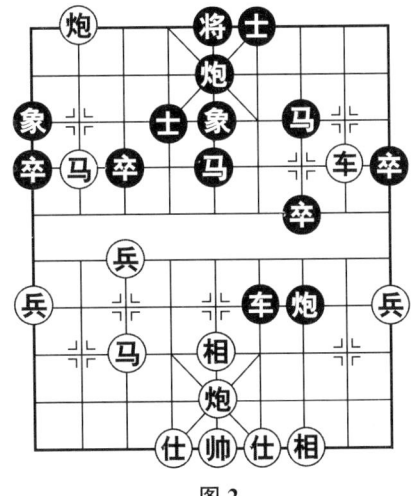

33. ……　　　炮5平4　　　**34. 马五进六**　车4退2

吃马看似必然但实为错失良机！较为准确的走法应是马5退3，兵七进一，卒3进1，炮五平八，马3进4，黑好下。

35. 炮五进五　将5平4　　　**36. 仕四进五**　炮7平5

37. 帅五平四　车4退1

在时间告急的情况下黑方不慎走漏，应炮4平6仍是黑方好下。

38. 炮五平七　炮5平2　　　**39. 马八进九**

以下黑方只能将4平5，红车二平六得车胜定，黑方见抵抗无济于事遂投子认负。

综观全局，双方以得心应手的五九炮对屏风马平炮兑车的布局阵势进行对杀，黑方不愿简单成和强变对攻，依靠强大的中局力量扭转局势，但由于时间紧迫，不慎走漏以致全局溃败。

第31局　唐丹 和 赵冠芳

2010年第2届句容茅山杯全国象棋冠军邀请赛于6月8日至11日在江苏省句容市曙光国际大酒店隆重举行。

1. 炮二平五　马8进7　　　**2. 马二进三**　车9平8

3. 车一平二　卒7进1　　　**4. 车二进六**　马2进3

5. 兵七进一　炮 8 平 9　　　6. 车二平三　炮 9 退 1
7. 马八进七　士 4 进 5　　　8. 炮八平九　车 1 平 2
9. 车九平八　炮 9 平 7　　　10. 车三平四　马 7 进 8
11. 炮五进四（图 1）　……

形成五九炮过河车对屏风马平炮兑车局面，此时红方除车八进六外有多种选择：炮九进四、炮五进四、车四进二、车四退二、车四平三等变化，而相对来说炮五进四是比较实惠的走法。

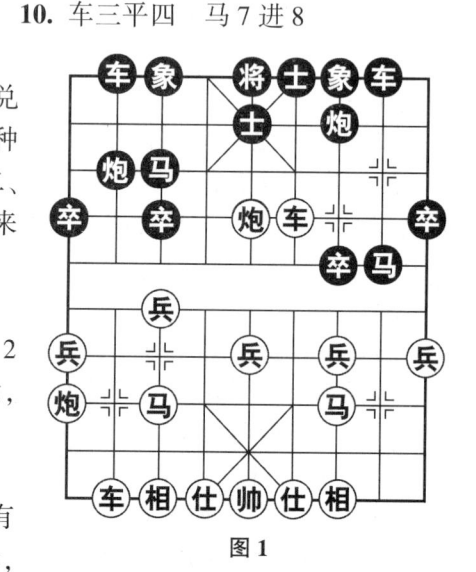

11. ……　　　　马 3 进 5

此时不可象 3 进 5，炮五平九，炮 2 平 1，车八进九，马 3 退 2，车四平七，红方多兵占优。

12. 车四平五　炮 7 进 5

此时炮 7 进 5 是最常见的走法，也有炮 2 进 5、炮 2 进 6、卒 7 进 1 等选择，都有不同攻守。

13. 相三进五　……

飞相是常见走法，但更多是马三退五，可以保持复杂变化。马三退五，卒 7 进 1，车八进四，马 8 进 6，车五退二，车 8 进 8，炮九退一，车 8 退 1，相三进五，炮 7 平 8，马五退三，车 8 平 7，炮九平八，炮 8 退 1，炮八进六，马 6 进 5，相七进五，炮 8 平 5，兵五进一，车 7 平 5，仕四进五，红方易走。

图 1

13. ……　　　卒 7 进 1　　　14. 相五进三　马 8 进 6

此时也有炮 2 进 6 的选择，炮 2 进 6，马七退五，象 3 进 5，车五平七，车 2 进 7，炮九进四，马 8 进 6，车七平四，马 6 进 7，马五进三，车 8 进 8，相三退五，车 8 平 7，马三退五，车 7 平 6，车四平三，炮 7 平 8，黑方有攻势。

15. 车五退二　马 6 进 7　　　16. 炮九平三　车 8 进 7
17. 马七退五　炮 2 进 4　　　18. 车五平六　……

直接走车五平六是比较少有的变化，一般多相三退五，象 3 进 5，炮三退二，车 2 平 4，马五进七，局势两分。

18. ……　　　象 7 进 5　　　19. 炮三平六　车 8 平 6

平车是防止红方调整阵型的好棋。

20. 马五退三 ……

退马以至于丢中兵损失有点大，不如走马五进七，下步相七进五阵型稳固。

20. ……　　车 6 退 1　　　**21. 车六平五** ……

平车保兵并不能解决问题，反而连丢两个兵后残局过于难下，不如走马三进二，车 6 平 5，仕四进五，炮 7 平 8，车六平四，不至于亏损太多。

21. ……　　炮 7 平 5　　　**22. 炮六进一**　　炮 5 平 9

23. 炮六平一　　车 6 平 9

连续吃掉红方两个兵，至此黑方优势。

24. 相三退五　　车 2 进 4
25. 马三进二　　车 9 平 8
26. 马二退四　　车 8 平 4（图 2）

车 8 平 4 好棋！防止红方车五退一兑车，黑方已经牢牢把控局势。

27. 车八进二　　车 2 平 6
28. 马四进二　　车 4 平 8
29. 仕六进五　　卒 9 进 1
30. 马二退三　　车 6 平 4
31. 马三进一　　车 8 平 7
32. 马一进三　　车 4 进 2　　　**33. 车五平三**　　车 7 平 6
34. 车三平四　　车 6 平 7　　　**35. 车四平三**　　卒 9 进 1

36. 车三退一 ……

兑掉一车后局势有所缓和，但仍属黑方小优势的残局。

36. ……　　炮 2 平 7　　　**37. 车八平六**　　车 4 平 6
38. 车六进二　　炮 7 平 1　　　**39. 车六平一**　　炮 1 进 3
40. 仕五退六　　车 6 进 1　　　**41. 马三进四**　　炮 1 退 4

退炮有些随意，给了红方调整的机会。应车 6 退 1，待红马四进三时，车 6 平 5，还是黑方占优。

42. 马四退六 ……

退马是解围的好棋，局面越来越向和棋发展。

42. ……　　车 6 退 1　　　**43. 兵七进一**　　卒 1 进 1

如改走炮 1 退 1，马六进八，卒 3 进 1，马八进九，车 6 退 3，马九退七，也是和棋。

44. 马六进五　　车 6 平 5　　　**45. 马五进七**　　炮 1 进 4

46. 车一退二	卒1进1	47. 兵七平八	卒1进1
48. 仕四进五	卒1进1	49. 相五进七	……

扬相好棋！至此黑方已经难以取胜。

49. ……	卒1进1	50. 车一平七	车5平2
51. 相七退五	车2退2	52. 马七退六	车2退1
53. 车七进二	车2进2	54. 车七退三	卒1平2
55. 车七进一	车2退4	56. 车七进四	车2进2
57. 车七退二	车2进2	58. 车七退二	车2退5
59. 车七平九	炮1平2	60. 马六退七	卒2平3
61. 车九退一	炮2退1	62. 马七进九	

大局已定，双方握手言和。

第32局　陆伟韬 和 唐丹

2010年第7届威凯杯全国象棋冠军赛暨象棋一级棋士赛于2010年7月25~30日在中国棋院成功举行。唐丹此次参加男子组，最终以四胜四和一负的战绩获得第四名。第3轮，唐丹执后对阵河北大师陆伟韬，其进攻凶狠，杀法凌厉，擅长弃子搏杀，白刃战中擒获敌将。

1. 炮二平五	马8进7	2. 马二进三	车9平8
3. 车一平二	马2进3	4. 兵三进一	卒3进1

5. 炮八平七（图1）　……

先平七路炮有欺骗的意图，诱使黑方马3进2，如此，红可马三进四攻击黑方薄弱的中路，以下象3进5，马四进五，炮8平9，车二进九，马7退8，马五退七，马2进3，马七退五，马3退2，炮五平三，士4进5，相七进五，车1平4，炮七进二，炮9进4，马八进七，马8进9，炮七进二，红方先手。

5. ……　士4进5

补士是最正确的解招，除此之外黑方还有卒1进1、象3进5、马3进4等下法，但结果皆是红方较好，此布局体

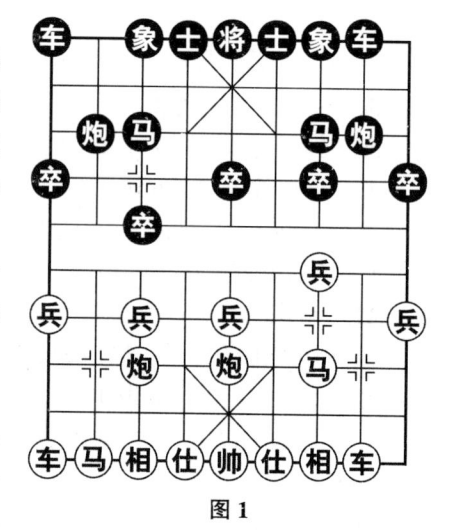

图1

系最先见于特级大师张强的《布局骗招与对策》，其中有详尽的叙述演示此变化的由来和发展。

6. 车九进一　象3进5　　　　**7.** 车二进六　……

如选择车九平六，马3进2，马八进九，炮8进4，则还原正常，以下红方可选择对攻的马三进四或者稳健的车六进五，皆是双方可战的变化。

7. ……　　车1平4　　　　**8.** 车九平八　车4平2

9. 车八平六　炮2进5

探炮好棋！针对红方右翼子力缓慢的问题，一针见血。

10. 马八进九　炮2平5　　　**11.** 相三进五　车2进7

进车威胁红炮是必走之着，否则红方车六进五后黑再进车，红炮便可退一步轻松化解。

12. 车六进一　马3进2　　　**13.** 仕六进五　炮8平9

14. 车二平三　车8进7　　　**15.** 马三进四　车8退3

黑方此着退车大有摆空城计之意，一匹黑马的代价实在是大，红方会像司马懿那样起疑心吗？

16. 炮七退一　……

退炮兑车是稳健的选择，但此时红棋是可以吃掉黑马的！黑如炮9进4，则炮七退一，车2平4，仕五进六，车8平6（如炮9平7，则兵三进一），马四退三，红方大优。

16. ……　　车2平4　　　　**17.** 仕五进六　车8平6

18. 马四退三　车6进3　　　**19.** 马三退一　……

退马意在躲避黑车继续给红马施加压力，但不如马三进二，车6平8，马二进一，保持多兵的态势，红方优势。

19. ……　　炮9进4

弃子有些草率，应车6退5，兵三进一，象5进7，炮七平三，车6进6，马一进二，马7退9，虽属红好但黑方还能周旋。

20. 车三进一　车6退1　　　**21.** 车三退一　炮9平5

22. 仕四进五　炮5平1　　　**23.** 车三平五　马2进3

24. 车五平九　马3进1　　　**25.** 相七进九　……

由此双方结束中局战斗而进入残局，黑方少一大子处于劣势，且看黑方如何与之周旋。

25. ……　　卒9进1　　　　**26.** 炮七平六　士5退4

落士带有诱惑之意，红目前可车九平六抓士兼兑车，黑方看似必败实则不然，车九平六后，黑方士6进5，车六退三，车6平4，炮六进二，卒9进1，马一进三，炮1退1，炮六进一，炮1平2，红棋怕被兑掉兵，所以大子无法动弹，巧妙和棋。

27. 车九平五	士6进5	28. 车五平一	车6平5
29. 车一退一	车5进1		

黑方见无法防守，索性破相对攻。

30. 车一退二	炮1退1	31. 马一退三	车5退2
32. 马三进四	车5平6	33. 车一平三	炮1退1
34. 炮六平七	车6平1	35. 车三平五	车1进2
36. 马四进五	车1平3	37. 马五进六	……

可选择先车五平七，再马五进六更为精确。

37. ……	士5进4	38. 马六进四	将5平6
39. 炮七平六	车3进2		
40. 炮六退一（图2）……			

退炮随手，导致黑方有了对攻的机会，应仕五退六！黑如车3退1，车五平四！将6进1，马四退二，将6平5，车四平九，炮1平2，车九进五，将5退1，帅五平四！红方胜势。

40. ……	炮1进5
41. 车五平九	卒3进1
42. 马四退二	卒3进1
43. 车九进二	卒3平4
44. 车九平四	将6平5
45. 马二进四	……

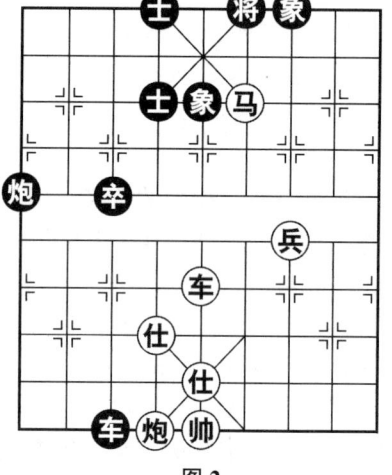

图2

选错了进攻路线，应马二进三，将5进1，车四平六！黑方不能抽车，因红方有暗保的手段，又如逃卒则车六进二撕毁黑方防线。

45. ……	将5进1	46. 车四平九	将5平6
47. 马四进二	将6平5	48. 车九退二	卒4进1
49. 仕五进六	……		

以炮换卒已是无奈之举，黑方通过顽强的防守进攻，解除掉了少子的危险，至此局面大体和势。

49. ……	炮1平4	50. 马二退四	将5平6
51. 车九平五	炮4退1	52. 帅五进一	车3平6
53. 马四进二	车6退1	54. 帅五退一	车6进1

55. 帅五进一　车6退1　　　　56. 帅五退一　将6平5

双方议和。

综观全局，黑方出师不利，布局未几便丢一子，但通过强大的中残力量顽强防守反击，关键时刻车炮卒联手进攻，逼和对手，展现了在劣势情况下完美的应对，值得我们学习。

第33局　唐丹　胜　陈幸琳

2010年藏谷私藏杯全国象棋个人锦标赛于10月16～26日在河北省石家庄市颐园宾馆拉开帷幕。这是第3轮，唐丹执先对阵陈幸琳。

1. 炮二平五　马8进7　　　　2. 马二进三　车9平8
3. 车一平二　马2进3　　　　4. 兵七进一　卒7进1
5. 车二进六　象3进5

双方轻车熟路，形成中炮过河车互进七兵（7卒）对屏风马飞3象的布局阵式。

6. 马八进七　炮8平9　　　　7. 车二平三　……

平车压马保持变化。亦可车二进三，马7退8，车九进一，红方占先。

7. ……　　　车8进2

由此转成中炮过河车七兵对屏风马高车保马，此时红方除马七进六外还有车九进一的选择，试举一例以供读者参阅：车九进一，炮2进1，马七进六，士4进5，马六进七，车1平4，炮八平七，车4进6，车九平八，马3退1，车八进一，红方先手。

8. 马七进六　车1进1
9. 炮八平六　炮2进4
10. 马六进四　车1平6
11. 车九平八　炮2平4（图1）

此时黑方有炮2平3与炮2平4两种选择，各有利弊，炮2平4的优势在于红车八进三，车6进3，车八平六交换后，黑方可以直接走炮9退1。如走炮2平3后不能走炮9退1，但炮2平4交换后红车占肋道随时有车六进四的骚扰手段。

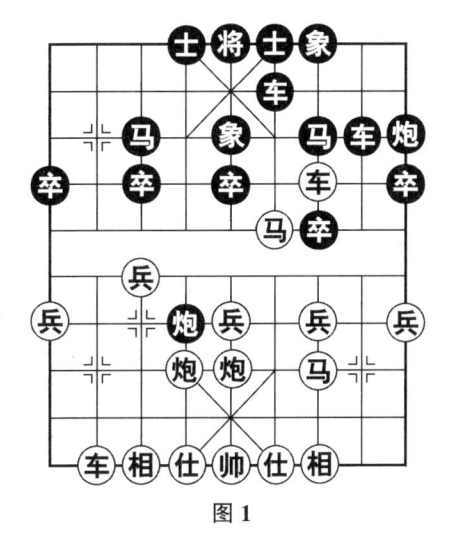

图1

12. 车八进三　车6进3	13. 车八平六　炮9退1
14. 车六进四　炮9平7	15. 车三平一　车8进4

先高车，逼红车定位，是抢先的好手段。

16. 车一进三　马3退1

此时也有马3退2的选择，马3退2，仕六进五（不可炮六进七，因黑车8平7，仕六进五，车7进1，帅五平六，车7退2，炮六平四时黑炮7平4红不能吃炮），车8平7，车一平二！下步车二退一仍是红占先机。

17. 炮六进七　马1退3	18. 车六退五　车8平7

19. 仕六进五　……

弃马对攻，强烈的求胜欲望使得局面颇为复杂危险。

19. ……　　　　车7进1	20. 帅五平六　马3进2
21. 车六进五　车7退2	

此时可再马2退3形成循环看红方如何应对。

22. 炮六平四　炮7平4

必要的过门！如直接车6退4，则红方可车六进二叫将抽车。

23. 车六平八　车7平4	24. 帅六平五　车6退4
25. 车八进二　炮4退1	26. 炮五平九　车6进6

27. 炮九平六（图2）……

准备兑子简化有些保守。应炮九进四，黑方多子少士而红方有攻势，局面还属复杂形势。

27. ……　　　　车6平5

兑炮后红车八退一仍有很强的攻势，不如走车4平3或炮4平3，仍是纠缠局面。

28. 炮六进七　车4退5
29. 车八退一　车5平6
30. 车八平三　车6退4

太过保守，应走车4进8！红如车三退一则将5平4，黑胜，又如相三进五则将5平4，因此红方不能吃马，只能走车三平八。

31. 车一平二　马7进6

此时黑方虽多子多卒，但红方两车位置较好威胁很大，局面应该是互有牵制，黑方太想赢才走马7进6，如想求和的话应是车4进1，车三平六，马7

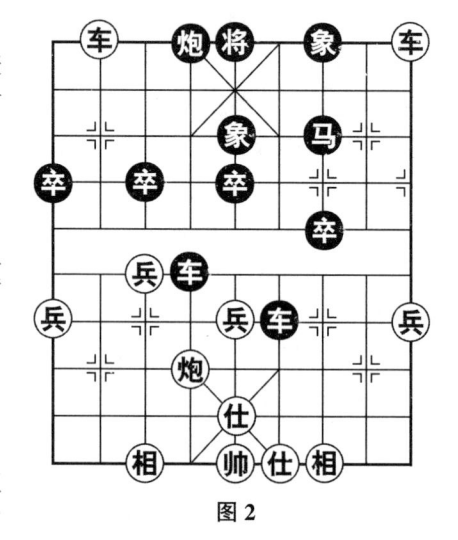

图2

退 8，车六平二，车 6 平 9，和势。

32. 车二退一　马 6 进 4

跳马过于轻率，忽视了红方的攻击力，应先走将 5 平 6，红方如车三平五，则马 6 退 4，可战。

33. 车三平五　将 5 平 6　　34. 车二平三　……

妙手绝杀！

34. ……　　象 7 进 9　　35. 车三平二　象 5 退 7

36. 车五平三

红方胜。

第 34 局　唐丹 胜 赵玮

2011 年广西北流市新圩镇第五届大地杯象棋公开赛第 11 轮，唐丹遭遇大师赵玮。

1. 炮二平四　炮 2 平 5　　2. 马八进七　马 2 进 3
3. 马二进三　马 8 进 9　　4. 车一平二　车 9 平 8
5. 车九平八　车 1 平 2　　6. 炮八进四　……

炮八进四是最为流行的弈法，此时红方还有炮八进六、兵七进一、炮四进五等，各有其攻守。

6. ……　　卒 3 进 1　　7. 车二进五　……

进车骑河加强控制，也可选择兵三进一活马，以下炮 8 进 2，相七进五，卒 9 进 1，炮八平七，车 2 进 9，马七退八，士 4 进 5，车二进三，炮 5 平 8，车二平四，象 3 进 5，马三进四，前炮平 6，马四进六，炮 6 进 3，车四退一，双方均势。

7. ……　　卒 7 进 1　　8. 车二平三　炮 5 平 6
9. 炮四平六　……

以上几个回合，黑方弃卒抢先，准备飞象攻击红方右马，红方察觉后，平炮调形，又给红车让出了平四的道路，可以一举两得。

9. ……　　象 3 进 5　　10. 车三平四　士 4 进 5
11. 兵三进一　炮 8 平 7　　12. 相七进五　炮 7 退 1
13. 炮八进一　炮 6 平 7（图 1）

炮 6 平 7 打马，准备待红跃马后，一炮换双相展开攻势，但红方子力位置俱佳，控制了盘面，黑方无后续手段。因此，可选择车 2 平 4，仕四进五，车

8进7，马三退四（如马三进四，则车8进2），车8退1，双方均势。

14. 马三进四　前炮进7
15. 相五退三　炮7进8
16. 仕四进五　炮7平9
17. 帅五平四　车8进9
18. 帅四进一　车8退1
19. 帅四退一　车8退1
20. 帅四进一　马9进7
21. 兵三进一　马7进9
22. 兵三平二　马9进8
23. 马四退二　车8退3

图1

一番交换后红方多子胜势，黑方急需打破封锁，往前线运输子力。

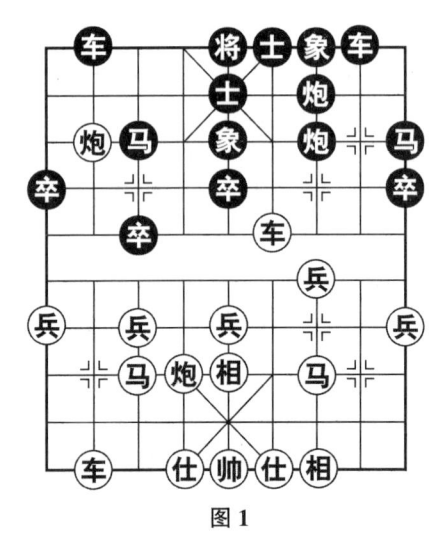

24. 车八进四　炮9退2　　　25. 炮六进二　卒5进1

挺中卒给了红方炮六进二的机会，但除此之外别无其他好的选择。

26. 炮六进二　卒5进1

再次弃卒想要抓紧时间压制红马，却被红方将计就计，且看红棋有什么隐蔽的手段。

27. 兵五进一　车8平3　　　28. 炮八平五　……

平地惊雷！黑方防守看似固若金汤，但被红方巧妙地先弃后取简化局势，黑方后悔为时已晚，唯有无奈与叹息。

28. ……　　　象7进5　　　29. 炮六平五

黑如将5平4，则车八平六；又如马3进5，车八进五，士5退4，车四进四，将5进1，车8退1，绝杀。

综观全局，双方以工整的布局展开，但黑方求胜心切，急于弃子对攻，但后续子力跟不上队伍陷入劣势，之后谋划压制红马，红方察觉后将计就计直接反攻，获取胜利，战术手段值得学习。

第35局　唐丹　胜　陈丽淳

2012年大连西岗杯全国象棋团体锦标赛于4月在大连市如期举行。经过5轮激烈的角逐后，广东队豪取5连胜积10分排名第一，河北队积7分位居第二，北京队积 7 分，因小分低紧随其后，能不能把冠军的悬念留到最后一轮，本局的胜负至关重要，因为此轮广东队只要打平即可提前一轮夺冠，一场攻守之战在此背景下展开。

1. 兵七进一　象 3 进 5　　2. 马二进一　……

马二进一这个变化比较少见，此番布局应该是唐丹为避开陈丽淳的赛前准备而策划的。

2. ……　　卒 7 进 1

此时黑方应法较多，经大数据显示，除卒 7 进 1 以外，马 8 进 7、马 2 进 4、卒 9 进 1 常出现于棋坛。

3. 炮二平三　马 8 进 7　　4. 车一平二　车 9 平 8

双方布局变化莫测，此刻又转换成对兵局中兵底炮对黑飞 3 象的变化。

5. 炮八平五　炮 8 进 4

另有马 2 进 4 和炮 2 平 4 的变化，如炮 2 平 4，则形成五七炮进三兵对反宫马 3 卒的变化。炮 8 进 4 是比较积极的应法，此时广东队 5 连胜势头正猛，陈丽淳底气十足，选择变化肯定是比较积极的。

6. 马八进七　马 2 进 4

也可考虑先炮 2 平 4 再跳正马，阵型比较稳固。

7. 车九进一　士 4 进 5

补士稳健，也可卒 3 进 1，强行打开局面，试演如下：卒 3 进 1，车九平六，马 4 进 6，炮五进四，士 4 进 5，兵七进一，车 1 平 3，车六进三，车 3 进 4，均势。

8. 车九平六　车 1 平 4（图 1）

此时黑不可车 1 进 1 再炮 2 退 2，因红有炮五平四的手段，况且随时都可弃三兵。

9. 兵三进一　……

弃兵好棋！强行打开局面，是此局面下常用的手段。也可车六进三，马 4 退 2，车六平四，车 4 进 8，双方互缠。

9. ……　　卒 7 进 1

10. 车六进三　卒 7 进 1

此时黑方不可炮 8 平 7，试演如下：炮 8 平 7，车二进九，炮 7 进 3，仕四进五，马 7 退 8，炮五平六，卒 7 进 1，炮三平五，炮 7 退 2，马一进三，红方位

图 1

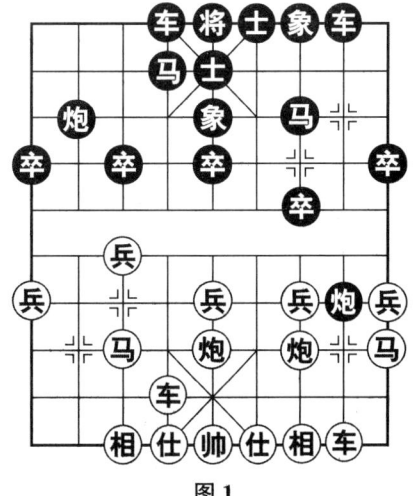

置较好,将形成多兵的残局。

| 11. 炮三进五 炮2平7 | 12. 炮五平六 炮7平8 |

黑方选择弃子对攻,也显示了黑方心里底气十足,如稳健可炮8进1,炮六进六,卒7平8再卒8平9吃回失子,局面两分。

| 13. 车六平二 马4进2 | 14. 炮六进二 前炮平5 |
| 15. 前车进三 车8进2 | 16. 车二进七 炮5平3(图2) |

炮5平3压马瞄象兼捉炮,看似一着多用的好棋实则有些勉强,因为这是以弃子为代价的,从全局上看,此着是棋局溃败的根源所在。不如炮5退2先保留空头炮再作打算,红方还是有所顾忌的。

17. 车二退三 卒3进1

应先打相再考虑卒3进1,弃子应该在物质上有尽可能多的补偿。

18. 相七进五 卒7平6
19. 车二平四 卒3进1
20. 相五进七 卒9进1
21. 车四退一 ……

简明交换后,红方多子胜势。

| 21. …… 车4进5 | 22. 车四平七 卒9进1 |

23. 车七平八 ……

好棋!通过弃一相获得一卒,从而获得确保胜利的物质条件。

| 23. …… 车4平3 | 24. 马七进五 车3平5 |
| 25. 马一进三 车5退1 | 26. 兵一进一 …… |

马三进四更为精确。

26. …… 马2进3	27. 车八平七 车5平7
28. 马五进七 车7平4	29. 相三进五 车4平1
30. 仕六进五 车4退1	31. 车七平五 车4平1
32. 兵一进一 车4平6	33. 马七退六 士5退4
34. 马六进五 马3进5	35. 车五进一 车6进1
36. 马三进二 车6平1	37. 马二进四 车1平7
38. 相五进三 车7平6	39. 车五进二 士6进5

40. 车五平九 ……

以上数十回合双方大斗残局功力,最终红方因局面占优而获得车马兵对车士象全的必胜残局。余着不再评述。

40. ……	车 6 退 2	41. 兵一平二	将 5 平 6
42. 车九平六	象 5 退 3	43. 相三退五	象 3 进 1
44. 马四进三	车 6 退 2	45. 兵二进一	车 6 平 7
46. 车六平四	车 7 平 6	47. 车四平三	象 1 退 3
48. 马三退四	象 7 进 9	49. 马四退五	将 6 平 5
50. 兵二平一	车 6 平 4	51. 马五进四	车 4 平 6
52. 兵一进一	士 5 退 6	53. 车三平一	士 4 进 5
54. 兵一平二	士 5 退 4	55. 兵二进一	士 4 进 5
56. 车一平三	将 5 平 4	57. 马四退三	车 6 平 7
58. 车三平七	象 3 进 1	59. 马三进四	车 2 平 6
60. 相五进三	士 5 进 4	61. 车七平六	士 6 进 5
62. 兵二平三	将 4 平 5	63. 车六平八	士 5 退 4
64. 马四进六	车 6 平 4	65. 车八平五	士 4 进 5
66. 兵三平四			

红胜。

凭借唐丹的胜利，北京队 3 比 1 战胜广东队，冠军的定夺因此也被推延到最后一轮。综观全局，双方借机布势严阵以待，中局缠斗紧张激烈，弈得颇有胆识章法，但黑方不慎走松弃子取势未果，以少子多兵进入残局，最终形成车马兵对单车士象全的必胜残局，黑方虽顽强抵抗到最后，但因棋局所致不得不签字认负，颇为精彩。

第 36 局　唐丹 和 金海英

2011 年第 3 届句容茅山·碧桂园杯全国象棋冠军邀请赛于 4 月 10～13 日在江苏省句容曙光大酒店举行。这是比赛的第 2 轮，唐丹执先对阵金海英。

1. 炮二平五	马 8 进 7	2. 马二进三	车 9 平 8
3. 车一平二	卒 7 进 1	4. 车二进六	马 2 进 3
5. 兵七进一	马 7 进 6		

左马盘河是金海英比较喜欢的弈法，也是屏风马中最流行的套路，它的要义在于不让红车压马，进而借力打力冲 7 卒对攻。

6. 马八进七　车 1 进 1

高横车是求战的应法，其发展一般是非常激烈的厮杀，除了车 1 进 1 外，还有象3进5和象7进5的应法。

7. 车二平四 ……

红方平车捉马，避开险地比较稳健，此时也有车九进一、炮八进四、炮八进三、兵五进一、车二退二等弈法，而兵五进一最激烈，以下卒7进1，车二平四，卒7进1，兵五进一，卒7进1，兵五进一，士4进5，车四退一，车1平4，双方对攻。

7. ……   马6进7
8. 马七进六（图1）……

跃马意在取黑中卒，也可炮八进一，卒7进1，车四平三，车8进1，车三退二，马7进5，相七进五，车1平7，车三进四，车8平7，马三进四，车7进3，炮八平七，车7平6，马四退三，马3退5，仕六进五，炮2平7，车九平六，双方均势。

8. ……   马7进5

直接换炮是比较简明的弈法，也可以车1平4或者卒7进1，都无可厚非。

9. 相七进五 车1平4

进车抓炮打乱红方阵型，并且随时有卒7进1的威胁手段，此时也有炮8平7的弈法，仕六进五，士4进5，车四平三，炮7平6，车三退一，象7进5，车三退一，车4进5，红方先手。

10. 马六进七 车4进6

11. 炮八进二 象7进5

象7进5比较少见，一般多炮8平7，车四平三，车8进6，仕六进五，车4退4，兵七进一，车8平7，炮八退二，双方另有攻守。

12. 车四平二 炮2退1
13. 兵七进一 象5进3
14. 仕六进五 车4退2（图2）

退车抓炮并无太大作用，应车4退4，炮八平七，卒7进1，相五进三，炮2平7，车二平三（如相三退一或相三退五，则炮8平7），炮7平3，均势。

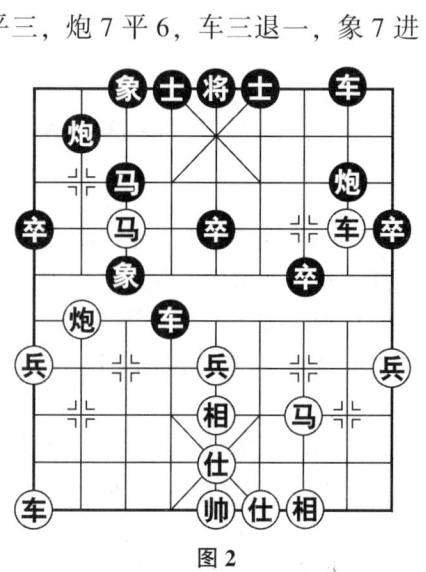

图1

图2

15. 炮八平七　炮 2 平 7

摆脱牵制的好棋！

16. 车二平三　炮 7 平 3
17. 车九平六　车 4 进 4
18. 仕五退六　炮 8 平 6
19. 马三进四　炮 3 进 2
20. 炮七进二　象 3 进 5
21. 车三平一　……

经过一番大交换后，红方略优，但基本已成和势。

21. ……　　士 4 进 5
22. 仕四进五　车 8 进 5
23. 马四进五　车 8 进 1
24. 马五进三　车 8 平 5
25. 炮七平二　象 5 退 7
26. 炮二进三　车 5 退 3

兑车后双方皆难赢棋，遂停战议和。

第 37 局　王琳娜 负 唐丹

2011 年第 3 届句容茅山·碧桂园杯全国象棋冠军邀请赛的第 3 轮，唐丹执黑对阵王琳娜。

1. 炮二平五　马 8 进 7
2. 马二进三　车 9 平 8
3. 车一平二　马 2 进 3
4. 兵三进一　卒 3 进 1
5. 马八进九　卒 1 进 1
6. 炮八平七　马 3 进 2
7. 车九进一　象 3 进 5
8. 马三进四　……

双方轻车熟路，以五七炮互进三兵（3 卒）对屏风马边卒右马外盘河、红左横车对黑飞右象开局，此时马三进四是比较积极的选择，此外还有车九平六、车二进六或车二进四等变化，另有不同的攻守。

8. ……　　士 4 进 5

也有车 1 进 3，车九平四，车 1 平 4，炮七进三，炮 8 退 1，马四进三，炮 8 平 3，车二进九，马 7 退 8，车四进三，马 8 进 7，炮五平三，车 4 进 5，炮七退一，马 2 进 1，相三进五，均势。

9. 车九平六　马 2 进 1

先踩边兵正确，让红方表态。如果待红车长起来之后，红方便多了炮七平六的选择。

10. 炮七退一　……

此时有炮七平八的选择，黑方卒 3 进 1 或炮 2 进 4，另有复杂变化。

10. ……　　炮 8 进 3（图 1）

炮 8 进 3 是黑方胜率很高的选择，先炮 8 进 3 再炮 8 进 2，红方便没有了马踩中兵的机会，红方如马四进五，马7进5，炮五进四，车1进3，炮五退一，卒7进1！黑方有反先之势。这回合的进炮另有炮8进5的变化，试演如下：炮8进5，车六进五，车1平4，车六进三，将5平4，车二进一，局势两分。

11. 马四进三　炮8进2
12. 车六进三　车1平4
13. 车六平八　……

平车避兑以保持局面复杂，如车六进五兑子，则将5平4，车二进一，炮2进4，黑方略优。

13. ……　　　炮2平3
14. 车二进一　卒1进1

抢先的好棋！红方如车八平九吃卒，黑则炮8平1吃子兑车，黑方多子胜势。

15. 车八退一　车4进5

进车比较稳健，一来可兑死车，二来可车4平7吃兵捉马，也可以考虑炮8平1，车二进九，炮1进2，车二退二，车4进9，帅五进一，炮1退1，炮七进一，马1进2，炮七退一，马2退3，炮七进一，车4平3，黑方攻势强劲。

16. 炮五进四（图2）　……

打中兵急躁，应兵三进一，象5进7，车八退二，炮3平5，马三进五，兑子后局势平稳。

16. ……　　　马7进5
17. 马三进四　车8进6
18. 马四退五　车4退2
19. 马五退四　车8平5
20. 马四退五　……

退马是担心如仕四进五，将5平4，相三进五，炮8平1，相七进九，车5退1，丢相难应。

20. ……　　　炮8退1
21. 车八进六　士5退4
22. 仕四进五　车5平4
23. 车八平九　炮8平5
24. 帅五平四　后车进2

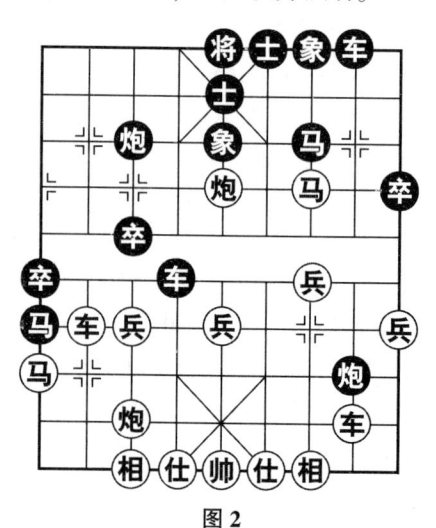

图1

图2

25. 炮七平八　马1进3

好棋！红方所有子力都受到牵制，不好动弹，如后车平2，炮八进二，车2进1，马九退七，黑反而麻烦。

至此，黑方胜势已成。

26. 炮八进二　前车进2　　　　**27.** 炮八平五　马3退5
28. 车二进二　后车平5　　　　**29.** 车二平四　士6进5
30. 车九退三　马5进3　　　　**31.** 车九平八　……

应车九平三保兵，卒1进1，马九退七，尚可坚持。

31. ……　　　车5平7　　　　**32.** 相三进一　车7进2
33. 马五进三　卒1进1　　　　**34.** 马九退八　马3进5

弃马踩仕凶悍，是入局的好棋！至此红方已经无力抵抗。

35. 仕六进五　车4平5　　　　**36.** 车八平六　象5退3

黑胜定。

黑方全盘不断积小优为大优，中局控制力堪称强悍有力，值得学习。

第38局　唐丹 胜 程龙

本局是2011年第8届威凯杯冠军赛暨一级棋士赛的第4轮，唐丹执先与程龙对阵。

1. 炮二平五　马2进3　　　　**2.** 马二进三　炮8平6
3. 车一平二　马8进7　　　　**4.** 兵七进一　车9进1

偏冷门的选择。一般多卒7进1或炮2平1，双方攻守复杂。

5. 炮八进四　……

还有炮八平七、兵三进一等选择，皆有不同的攻守体系。

5. ……　　　炮6平5

此时黑方多车9平4的变化，徐天红与洪智两位前辈在2011年第一届重庆黔江杯全国象棋冠军争霸赛上曾弈至此局面，当时洪智后手曾应车9平4，以下炮八平五，马3进5，炮五进四，卒3进1，相七进五，卒3进1，相五进七，卒7进1，炮五退二，车4进2，车九进一，马7进6，双方可战。

6. 马八进七　车9平4　　　　**7.** 兵三进一　……

活马好棋，如若让黑方冲起7卒，局面会很被动。

7. ……　　　车4进3　　　　**8.** 马三进四　车4平6
9. 炮八退二　车1进1　　　　**10.** 车二进六　……

也可以考虑炮五平四，车6平2，车九平八，炮2进3，车八进四，车2进1，马七进八，车1平4（不能炮5进4，因红可马四进六），马八退七，红方阵型不错，发展前景较好。

10. ……	卒3进1	11. 炮五平四	……

先打车好棋，顺势调整阵型。

11. ……	车6平9	12. 兵七进一	车9平3
13. 相七进五	炮5平4	14. 仕六进五	马3进4
15. 车二退一	炮2进2		
16. 炮八平五	象3进5		
17. 马四进五（图1）	……		

先弃后取是打开局面的好棋！至此红方占优。

17. ……	马7进5
18. 车二平五	士4进5
19. 车五进一	马4进3
20. 车九平八	马3退5
21. 兵五进一	炮2退3
22. 马七进五	车3进2
23. 马五进七	炮2进5
24. 车五平六	……

图1

抢先占住要道，也可车五平三吃卒先得实惠。

24. ……	炮4平2
25. 车八平六	后炮平4
26. 后车平八	炮4平2
27. 车八平六	后炮平4
28. 后车平八	炮4平2
29. 车八平六	后炮平4
30. 后车平八	车1平2
31. 马七进八	炮4退2
32. 炮四进三（图2）	……

炮四进三好棋！准备大摆铁门栓之势，此招一出，胜利的曙光立即显现。

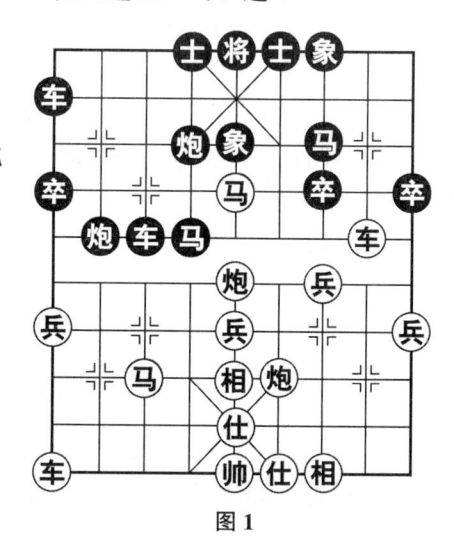

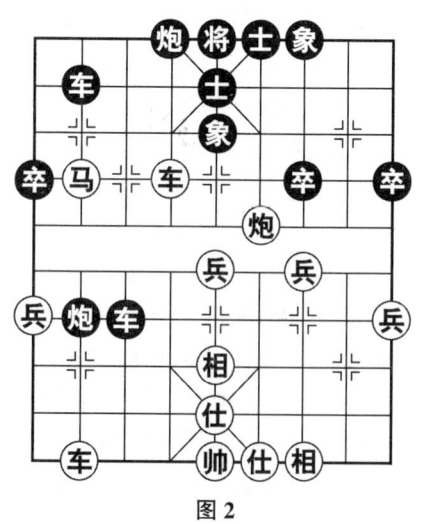

32. ……	炮4平2	33. 马八退六	车3平4

图2

34. 车八平六　车 4 平 6

避兑败着！不如车 4 进 3，仕五退六，后炮平 4，尚可支撑。

35. 炮四平五　前炮进 3　　　　**36.** 后车进二　车 2 平 3

37. 马六进八　……

好棋！敏锐的棋感使红方在对攻中看得十分清楚，至此黑方无法解救红棋的绝杀之势。

37. ……　　车 3 进 8　　　　**38.** 仕五退六　……

后车退二更好。

38. ……　　车 3 退 9　　　　**39.** 相五退七

以下红可连将杀，黑方见大势已去遂投子认负。

红方布局时刻步步为营、稳扎稳打，过渡中局阶段先弃后取，强行在中路打开局面，随后占领要道，一记铁门栓使黑方危机四伏，黑方为保持子力位置避换子力，以至于红方形成强烈攻势无可阻挡，最终落败实为可惜。综观全局双方班攻墨守各不相让，其中精彩之处可摘取出来进行学习研究。

第 39 局　严俊 和 唐丹

2011 年第 8 届威凯杯冠军赛暨一级棋士赛于 2011 年 7 月 20 日在中国棋院拉开帷幕，唐丹执后手对阵严俊。

1. 炮二平五　马 8 进 7　　　　**2.** 马二进三　车 9 平 8

3. 车一平二　马 2 进 3　　　　**4.** 兵三进一　卒 3 进 1

5. 马八进九　卒 1 进 1

冲边卒制马，此时也有车 1 进 1、象 3 进 5、象 7 进 5 和炮 8 进 4 等变化，各有其攻守体系。

6. 炮八平七　……

由此形成五七炮三兵的基本框架，红方此时还有车九进一、炮八进四、炮八平六、车二进六、车二进四等变化。

6. ……　　马 3 进 2　　　　**7.** 车九进一　象 3 进 5

8. 车二进六　车 1 进 3（图 1）

车 1 进 3 意在先保中卒，准备下步炮 8 平 9 兑车。此外也有卒 1 进 1 和士 6 进 5 的选择。如卒 1 进 1 比较激烈：卒 1 进 1，兵九进一，车 1 进 5，车九平四，车 1 平 7，马三进四，士 4 进 5，马四进五，炮 8 平 9，车二进三，马 7 退 8，相三进一，车 7 平 8，马五退四，卒 7 进 1，双方可战。

9. 车九平六　炮8平9

除平炮兑车之外，也有马2进1和士6进5的变化。

10. 车二进三　……

双方轻车熟路形成三兵五七炮对屏风马平炮兑车3象的开局，此时红方也有车二平三的选择，试举一例：车二平三，炮9退1，车三平四，车8进4，炮七退一，士6进5，马三进四，炮9进5，车六平三，象7进9，兵三进一，车8平7，车三进四，象9进7，炮七平二，炮9平7，炮二进六，局面复杂。

图1

10. ……　　　马7退8

11. 马三进四　……

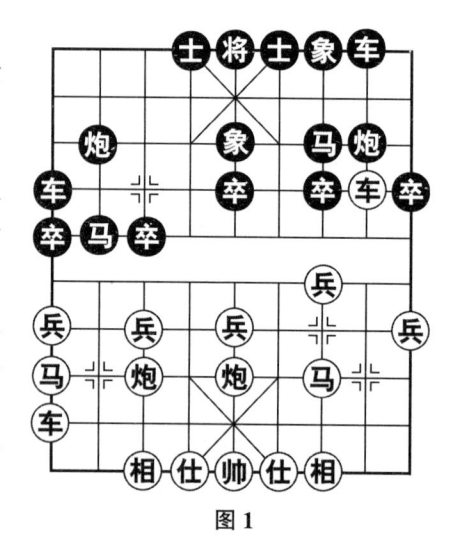

跃马是最常见的变化，也可选择稳健的兵五进一和待敌的炮七退一，接着黑方可以动制静，在卒1进1、士4进5、士6进5、马8进7等变化中选择。试举炮七退一的变化：炮七退一，士4进5，兵五进一，马2进1，车六进二，双方对峙，局势两分。

| **11. ……　　　士6进5** | **12. 马四进三　炮9平7** |
| **13. 相三进一　马2进1** | **14. 炮七退一　马8进9** |

15. 马三退四　……

公认进三兵的定式至此告一段落，双方均势。

15. ……　　　马1退2　　16. 马四进五　……

吃中卒先得实惠，若想稳健可车六进三，卒1进1，炮七平二，卒1进1，马九退七，双方可战。

16. ……　　　卒1进1

冲卒对攻，此时也可先炮7平6躲一着。

17. 马五进三　炮2平7	**18. 炮七平九　卒1进1**
19. 车六平八　马2退3	**20. 车八进三　炮7平8**
21. 仕六进五　卒9进1	**22. 炮五平六　……**

卸炮调形，在多兵后力求稳健。

| **22. ……　　　炮8进4** | **23. 相一退三　马9进7** |

24. 兵三进一（图2）　……

此时弃兵的弈法比较稳健，如果想纠缠的话可炮六平三，马7进8，炮三平二，马8退7，相七进五，纠缠中红方略优。

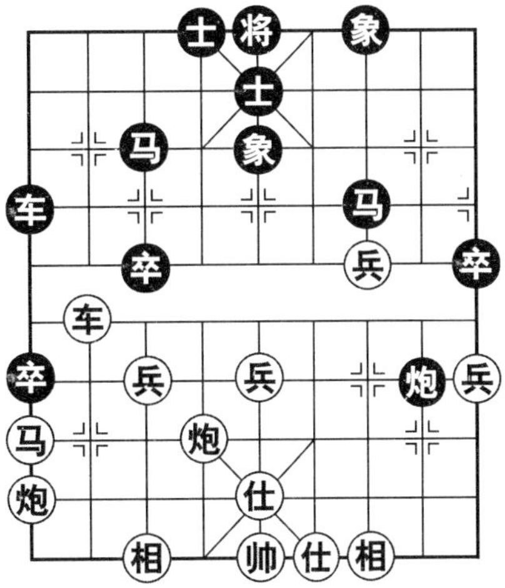

24. ……　　　　象5进7
25. 车八平二　　炮8平6
26. 车二退一　　炮6退4
27. 车二进三　　象7退5
28. 炮九进二　　车1进3
29. 车二平三　　……

兑子后由于红马太弱，局面基本和势。

29. ……　　　　马3进4
30. 炮六进一　　车1退1
31. 车三退三　　炮6进1
32. 相三进五　　炮6平2
33. 车三进三　　炮2平1

如想与红方纠缠可炮2进5。

34. 车三退二　　车1平7
35. 相五进三　　马4进5
36. 相三退五　　马5进7
37. 炮六进三

双方议和。

图2

第40局　唐丹　胜　胡明

2011年第一届重庆黔江杯全国象棋冠军争霸赛于9月26日在重庆市黔江区玫瑰月光大酒店举行。这是比赛第2轮，唐丹执先对阵胡明大师。

1. 炮二平五　　马2进3　　　2. 马二进三　　炮8平6
3. 车一平二　　马8进7　　　4. 兵七进一　　车9进1

反宫马是胡明后手喜爱的布局，此时车9进1是偏冷门的选择，一般多卒7进1，双方攻守复杂。

5. 炮八进四　　……

此外还有炮八平七、兵三进一等选择，皆有不同的攻守体系。

5. ……　　　　车9平4　　　6. 车二进四（图1）　　……

此时红方也有炮八平五的变化，马3进5，炮五进四，炮2进3，马八进七，炮6平3，炮五退一，车4进3，交换后红方多兵，黑方兵种优势，均可接受。

6. ……　　　　士4进5
7. 马八进七　车4进3

略为保守，不如车4进5，红方如马七进六，象3进5，仕四进五，车1平4，马六进五，前车平2，马五进七，炮6平3，炮八平三，车4进3，黑方满意。

8. 车二平六　车4平2
9. 炮八平五　马3进5
10. 炮五进四　炮6平5

略显笨拙，不如象3进5灵活，黑方担子炮阵型稳固，可以满意。

11. 炮五退二　马7进5
12. 炮五进三　……

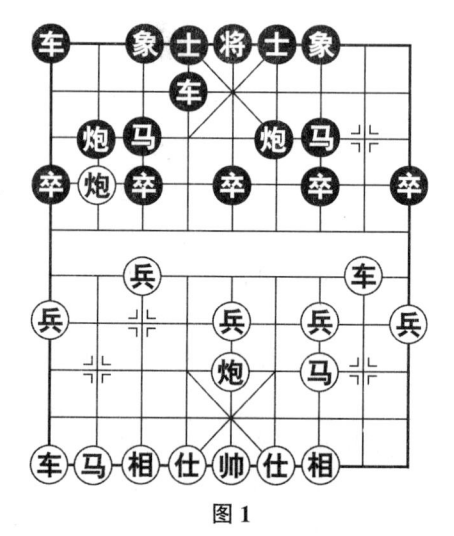

同样是交换，红方不如车六进二，炮5进3，兵五进一，马5进7，马三进五，马7进5，车六平五，马5退7，车五平三，黑方兵种好而红方多兵，双方基本均势。

12. ……　　　象3进5　　　13. 车六平五　马5退3

退马有些保守，此时可考虑马5进7，车五平四，马7进8！车九进一，车2进3，车四退二，炮2进4，黑方足可满意。

14. 兵三进一　车1平4　　　15. 马三进四　车4进3

高车保卒是比较稳健的选择，积极点可车4进4，马四进三，炮2进1，马三退四，卒3进1，兑卒活马，黑方可以满意。

16. 仕六进五　炮2平1　　　17. 相七进五　卒3进1

兑卒活马好棋！至此红方多兵而黑方兵种好，局势两分。

18. 车九平七　炮1退2

不如直接车4平6，准备下步马3进4更为简明。

19. 车五平六　车4平6　　　20. 马四退六　炮1平3

平炮是想保持复杂变化，也可以考虑卒3进1，车六平七，马3进4，兵五进一，车6进3，马六进五，马4进3，双方互缠。

21. 兵七进一　车2平3　　　22. 马七进八　车3进5
23. 相五退七　炮3平1　　　24. 兵五进一　炮1进6
25. 兵一进一　……

兑车后黑方再吃一兵，双方兵卒的物质力量是一样多的，但红方是中兵，黑方是边卒，而黑方兵种较好，所以此时是均势局面。

25. ……　　车 6 平 2

可以考虑先马 3 进 2，车六进一，车 6 平 2，下步炮 1 退 2，再顺势兑掉 7 卒。

26. 兵五进一　炮 1 退 1　　**27.** 马八退九　卒 1 进 1
28. 相三进五　车 2 进 3
29. 马六退七　车 2 退 2（图 2）

以上几个回合红方试图寻找机会，不想马六进四兑子，而与此同时黑方忽略了一步好棋，应车 2 平 5！红方如马七进六，则马 3 进 2，红方车六进一捉马，则炮 1 平 9 打边兵，不怕兑子；如果红方不马七进六而兵五平四，则马 3 进 5，车六平七，马 5 进 3，形成象间马，黑方阵型满意。

30. 车六平五　卒 7 进 1
31. 兵五进一　……

冲中兵稍急，还是应该先兵三进一保持中兵优势。

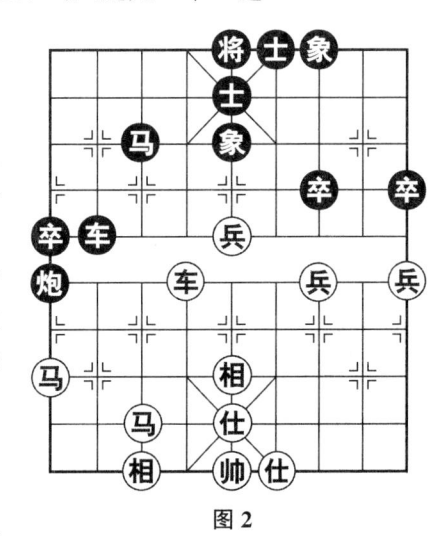

图 2

31. ……　　卒 7 进 1　　**32.** 兵五进一　象 7 进 5
33. 车五进三　马 3 进 4　　**34.** 车五退三　卒 7 进 1
35. 马七进六　马 4 退 6

退马是调整阵型的好棋！只此一着足显功力。

36. 车五进二　马 6 进 8　　**37.** 车五平一　卒 7 平 6
38. 车一平七　炮 1 平 4　　**39.** 车七退二　炮 4 退 5
40. 车七平五　马 8 退 7

此时也可马 8 退 6，车五平四，卒 6 平 5，局面还可支撑。

41. 马九进七　车 2 退 1

有些随手，巡河线不该丢！

42. 马六进五　车 2 平 5　　**43.** 兵一进一　士 5 进 4
44. 马七进八　士 6 进 5

连士不如马 7 进 6，马八进九，马 6 退 8，马九退七，马 8 退 6，兑掉马后基本和棋。

45. 马八进九　马 7 进 6　　**46.** 马九退七　马 6 退 8
47. 车五平七　卒 6 平 5　　**48.** 相五退三　马 8 退 6
49. 马五退三　卒 5 平 4　　**50.** 马七进八　马 6 进 7

51. 相三进五　卒4平5　　　52. 马八进六　士5退4
53. 车七进一　马7退6　　　54. 车七平九　……

兑掉一子后，红方又吃掉一卒，红方多相进入优势残局，局面的天平已经开始倾斜。

54. ……　　　卒5进1　　　55. 相七进五　车5退4
56. 车九平四　车5平2　　　57. 帅五平六　马6进4
58. 车四平七　……

此时稳健些也可以车四平二，车2进2，帅六进一，马4进3，车二进四，将5进1，马三进四，将5平4，车二退一，士4进5，车二平五，将4退1，车五退六，红方胜势。

58. ……　　　车2进2　　　59. 帅六进一　车2退1
60. 帅六退一　车2进1　　　61. 帅六进一　车2退5
62. 车七进一　马4退6　　　63. 马三进四　士4退5
64. 兵一进一　车2进4　　　65. 帅六退一　车2退1
66. 帅六进一　车2退1　　　67. 帅六退一　车2退1
68. 帅六进一　车2退5　　　69. 仕五进六　车6退4
70. 帅六退一　车2进1　　　71. 帅六进一　车2平6
72. 兵一进一　车6退1　　　73. 帅六退一　车6退1
74. 仕六退五　车6退1　　　75. 帅六平五　车6平4
76. 车七退二　车4平6　　　77. 马四退六　马6退4
78. 车七进二　马4进6　　　79. 马六进八　马6进4
80. 车七平六　马4进2　　　81. 车六平七　马2退4
82. 车七平六　马4进2　　　83. 车六平七　马2退4
84. 车七平三　将5平6　　　85. 兵一平二　马4退2
86. 车三进三　将6进1　　　87. 车三退一　将6退1
88. 车三进一　将6进1　　　89. 车三退七　马2进3
90. 帅五平六　车6平4　　　91. 仕五进六　车4退3

退车抓马败着！应该将6退1，因黑方对红方也有牵制，红棋并不好赢。

92. 马八进七　……

红方锐利的双眼瞬间看见胜机，胜势。

92. ……　　　车4退2　　　93. 车三平四　士5进6
94. 车四平一　车4进5　　　95. 兵二平三

黑方认负。

第41局　陈丽淳 负 唐丹

2011年第一届重庆黔江杯全国象棋冠军争霸赛于9月26~28日在重庆市黔江区玫瑰月光大酒店拉开战幕。这是预赛的第1轮，唐丹执后手对阵陈丽淳。

1. 炮二平五　马8进7
2. 马二进三　车9平8
3. 车一平二　马2进3
4. 兵三进一　卒3进1
5. 马八进九　卒1进1

冲边卒制马，此时也有车1进1、象3进5、象7进5和炮8进4等变化，各有其攻守体系。

6. 炮八平七　马3进2
7. 车九进一　象3进5
8. 车二进六　车1进3
9. 车九平六　炮8平9
10. 车二进三　……

双方轻车熟路形成三兵五七炮对屏风马平炮兑车3象的开局，相隔两年后，双方在2013~2014年的全国象棋女子甲级联赛上又弈成此局面，皆能融会贯通颇显得心应手之感。此时红方也有车二平三的选择，试举一例：车二平三，炮9退1，车三平四，车8进4，炮七退一，士6进5，马三进四，炮9进5，车六平三，象7进9，兵三进一，车8平7，车三进四，象9进7，炮七平二，炮9平7，炮二进六，局面复杂。

10. ……　　　马7退8
11. 兵五进一　马2进1
12. 炮七退一　士4进5

此时也有士6进5和卒1进1等变化，另有各自的攻防体系。

13. 马三进四　马1退2

马1退2准备为黑卒腾路，一般多炮9进4，试举一例：炮9进4，车六进二，炮9退1，马四进三，炮9平5，炮七平五，炮5进3，马三进四，马8进7，仕四进五，马7进6，车六平四，马6进4，炮五进五，将5平4，车四平六，车1平4，炮五平二，卒5进1，炮二退三，炮2平4，各有利弊。

14. 马四进三（图1）　　　……

此时红方一般多车六进四，卒1进1，兵七进一，马2退3，车六平二，卒3进1，车二进四，卒1进1，炮七平九，红方仍持先手，车六进四的胜率较高，相隔两年后，双方在2013~2014年的全国象棋女子甲级联赛上又弈成此局面，陈丽淳改进着法在第14回合走车六进二，以下走法为：卒1进1，炮七平三，卒1进1，马九退七，车1进2，炮五平三，炮9平7，马七进五，马2退3，车六进三，炮2进4，双方可战。

14. ……　　　炮9平7
15. 炮七平八　　……

兑炮别出心裁，笔者不敢怠慢，在资料中查阅一番，未发现有此弈者，应该是陈丽淳独特的研究，其效果如何当以实践后方知是否可行。

15. ……　　　炮2平3
16. 相三进一　　卒1进1
17. 马九进八　　……

进马邀兑过于求稳，应走炮八平九，卒3进1，兵七进一，炮7进7，仕六进五，车1平3，兵七进一，车3进1，车六平七，兑车后双方都可下。

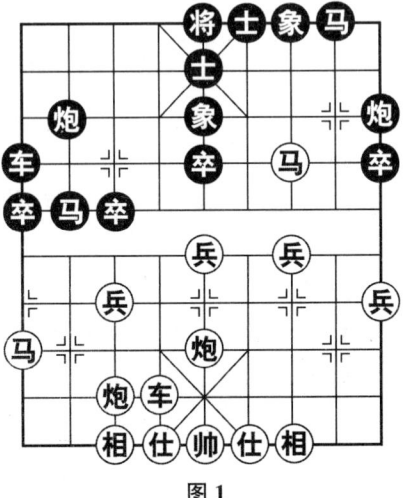

17. ……　　　卒1平2　　**18. 炮八进四　　卒3进1**
19. 兵七进一　　……

弃相代价太大，红方底线随即出现险情，应走兵五进一，卒3进1，仕六进五，炮3进7，兵五进一，双方对攻。

19. ……　　　炮3进7　　**20. 仕六进五　　炮3退2**
21. 车六进一　　炮3平5　　**22. 车六平五　　卒2平3**

简明交换以后，黑方多象易走，根据以下棋局发展来看，也可马8进9，黑方优势。

23. 车五平二　　车1进1　　**24. 炮八进一　　车1平2**
25. 炮八平六　　马8进9　　**26. 车二进五　　炮7平6**

平炮准备弃子对攻！如想稳健防守的话可以走炮7退1，马三进二，卒9进1，车二平一，车2平8，黑先弃后取不丢子。

27. 马三进二　　炮6进4　　**28. 车二平一　　炮6平5**
29. 仕五进四　　卒3平4　　**30. 车一平二　　卒4进1**
31. 帅五进一　（图2）　……

帅五进一是红方防守期间出现的败着！无论如何也应车二退四，黑不能卒4进1，车二平五吃炮，卒4进1，仕四进五，黑不能立即将死，局势还很难说。

31. ……　　　卒4进1

32. 帅五平四　　卒 4 平 5
33. 车二退四　　车 2 平 6

好棋！由此藩篱尽毁，黑方车炮卒攻势已成，棋局胜定。

34. 炮六退四　　炮 5 平 6
35. 仕四退五　　炮 6 进 3
36. 仕五进四　　炮 6 退 2
37. 兵三进一　　象 5 进 7
38. 炮六进一　　炮 6 平 8

红棋见局面无法解救，遂投子认负。

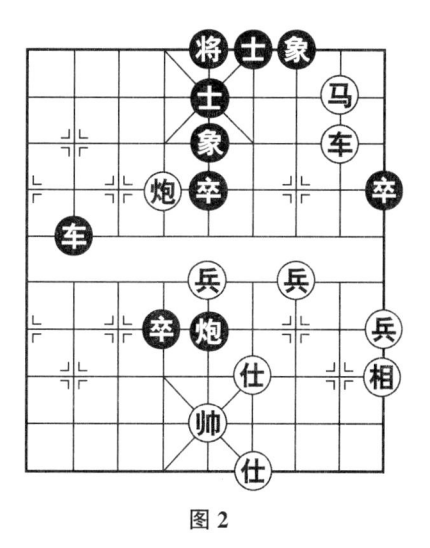

图 2

第 42 局　党国蕾 负 唐丹

2011 年第一届重庆黔江杯全国象棋冠军争霸赛预赛的最后一轮，唐丹执后手对阵党国蕾。

1. 炮二平五　　马 8 进 7
2. 马二进三　　车 9 平 8
3. 车一平二　　马 2 进 3
4. 兵三进一　　卒 3 进 1
5. 马八进九　　卒 1 进 1
6. 炮八平七　　马 3 进 2
7. 车九进一　　……

至此形成五七炮进三兵对屏风马的布局定式，此时黑方有四个变化体系，象 3 进 5、象 7 进 5、卒 1 进 1、马 2 进 1，这四种变化在进三兵布局里面最为常见。实战黑方选择的象 3 进 5 变化是局势更为复杂对攻性更强的变化。

7. ……　　　　象 3 进 5
8. 车九平六　　车 1 进 3
9. 马三进四　　……

常见的走法是车二进六的变化，局势更加复杂，以下炮 8 平 9，车二进三，马 7 退 8，马三进四，士 6 进 5，马四进三，炮 9 平 7，相三进一，马 8 进 9，马三退四，马 2 进 1，炮七退一，马 1 退 2（以下红方另有车六进三、马四进五、兵三进一的变化），红方先手。

9. ……　　　　马 2 进 1

马踩边兵另辟蹊径，此时黑方多走士 4 进 5 或者士 6 进 5 的变化，试举士

6进5，马四进六，炮8进1，炮七平六，马2进1，车六平四，炮2进2，车二进五，车8进1，车四平二，炮8进5，车二进三，炮2平4，车二退七，卒3进1，黑方反先。

10. 车二进六 ……

进车压制空间是抢先之着，如果走炮七平八躲炮则相对较缓。

10. …… **士6进5**

黑方不能马1进3，否则红方马九进八，车1平2，马八退七先弃后取，黑无便宜可占。

11. 炮七平八 炮8平9 **12. 车二平三 炮9退1**

退炮准备反击，同样是对攻也可以选择车8进9或者炮9进4。

13. 兵三进一（图1） ……

把兵弃回以避免黑方反击风暴，这是进三兵中常用的手段，但此时局面走马四进五更为精准，黑只能炮9平7，车三进一，炮2平7，炮八进七，象5退3，马五进三，黑难应。

13. …… **炮9平7**
14. 车三平四 炮7进3
15. 车六进七 车8进8
16. 车四平三 车8平2
17. 炮八平六 ……

因红方的赛前目标必须要赢，因此平炮不如走马四进六弃子攻杀拼搏一番或许有些机会，黑如车2退1，马六进四，炮7平6，马四进三，炮6退3，车三平四，将5平6，炮五平四，红方弃子有攻势。

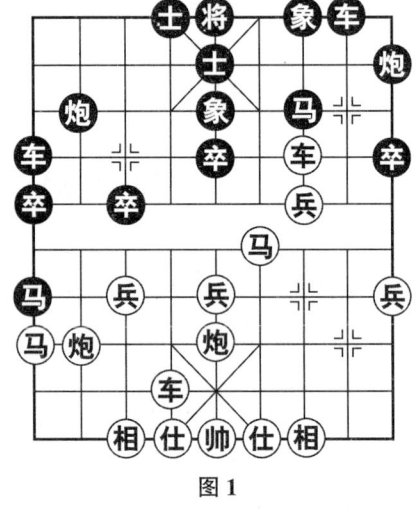

17. …… **炮7平6** **18. 车三平四 炮2平4**

黑方两炮牵制红方两车，至此已获得反先之势。

19. 仕四进五 车2退3 **20. 马四进六** ……

红方求胜心切，稳健点可走马四进二，马7进8，车四退一，马8退7，车四退二，黑方稍好，但红可下。由于赛前战略的因素逼迫红方走得如此积极，实际上并不是最理想的选择。

20. …… **车2平4（图2）**

平车抓马想要化解红方攻势略为保守，主要原因是忽略了红方有弃马踩士的棋，积极些应走炮4进5，仕五进六，车2平7，相三进一，车7进2，红难下，当然，只要和棋即可获得冠军，保守些是合情合理的。

21. 马六进七　车 1 平 3
22. 马七进六　……

好棋！先弃后取谋得一士，也是黑方始料未及的。

22. ……　　　士 5 退 4
23. 炮六进五　士 4 进 5
24. 炮六退二　卒 3 进 1
25. 兵五进一　车 3 进 1

车 3 进 1 嫌软，应走车 4 平 5，黑虽少士但红方子力分散，一时半会儿难以发挥作用，黑势不错。

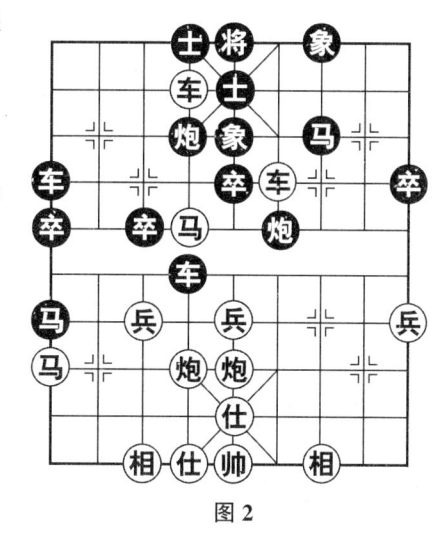

26. 兵五进一　……

好棋！红方在谋得一士之后伺机而动对黑方中路发起猛攻。

26. ……　　　炮 6 平 4　**27.** 兵五平六　……

兑子后简化了局面，既然红方目标是赢棋，就应该走兵七进一保持局面的复杂性，黑如马 1 退 3，则车四进二保持攻势仍有很多机会。

27. ……　　　车 4 退 1　**28.** 车六退三　车 3 平 4
29. 兵七进一　车 4 平 7　**30.** 相三进一　马 1 退 3

一场大交换后，黑方以多兵位置好的优势反占先机。

31. 车四退三　车 7 进 3　**32.** 马九进七　车 7 平 9

吃掉红相后，黑方进入优势残局，红势已岌岌可危。

33. 炮五平六　马 7 进 8　**34.** 相七进五　车 9 进 2
35. 仕五退四　马 3 退 5

好棋！解马之围并顺势踩车逼其离开要道，黑方可顺势兑子再吃一兵确保胜利。

36. 车四进二　车 9 退 3　**37.** 马七进六　……

最后的漏着，随手跃马导致失子，红方大势已去。

37. ……　　　车 9 平 4　**38.** 马六进八　马 8 进 7

黑得子胜定。

图 2

第43局 刘欢 负 唐丹

2011年句容茅山·碧桂园杯全国象棋个人锦标赛于10月15~25日在句容市高级中学体育馆如期举行。这是第10轮，唐丹执后手对阵队友刘欢。

1. 炮二平五　马8进7　　2. 马二进三　车9平8
3. 车一平二　马2进3　　4. 兵三进一　卒3进1
5. 炮八进四　象7进5
6. 马八进七　马3进4（图1）

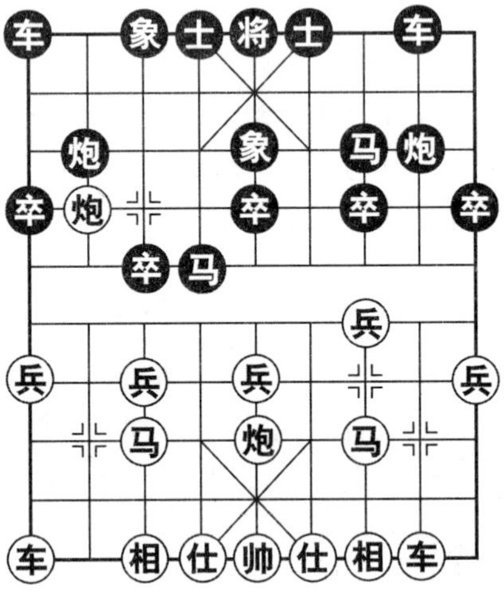

双方以五八炮互进三兵（3卒）对屏风马红跳正马开局，此时黑方有马3进4和马3进2及卒1进1三种选择，试举马3进2的变化：马3进2，马三进四，车1进1，马四进五，马7进5，炮五进四，士6进5，炮八平三，车1平4，车二进六，车4进6，车九进二，双方可战。

7. 炮八平三　车1进1
8. 车九平八　炮2平3
9. 车二进五　马4进3
10. 炮五平四　……

图1

此时除了炮五平四外还有炮五平六的变化，试演如下：炮五平六，车1平4，仕六进五，车4进4，相七进五，卒3进1，车八进六，炮3进2，另有攻守。

10. ……　　车1平6　　11. 仕六进五　炮8平9
12. 车二进四　马7退8　　13. 车八进四　车6进5

车6进5是比较积极的走法，当然也可马3退4，试演如下：马3退4，相七进五，炮9平7，车八平六，车6进3，马七进八，卒3进1，车六平七，马8进9，马三进二，卒1进1，车七平六，马4进2，车六平八，车6平8，兵三进一，车8平7，炮三平四，基本和势。

14. 相七进五　士6进5　　15. 兵三进一　……

也可以考虑先走马三进二，车6平8，兵三进一，多了一种选择，使局面更复杂一点。

15. ……　　象5进7　　16. 马三进四　马8进7
17. 炮三平九　象3进5　　18. 炮九平七　……

此时应走炮九平六！黑如车 6 平 9，车八进三，炮 3 退 2，炮六平七，车 9 退 1，炮七退三，炮 3 进 6，马四进六，还是红方易走。

18. ……　　卒 3 进 1　　　　19. 车八进三　马 7 进 6
20. 马四进六　炮 3 退 2　　　21. 车八退五　……

退车过于保守，现黑卒已经过河，红方应寻找机会消灭黑卒，不如走车八进一，黑方如马 6 进 4 则车八平七，问题并不是很严重。

21. ……　　卒 3 平 4　　　　22. 马六进八　炮 9 平 6

应该炮 9 退 1 防患未然，不然红方马跳卧槽可能制造出一些事端。

23. 炮七平一　……

应走马八进七，将 5 平 6，车八进四，局面呈纠缠之势。

23. ……　　马 6 退 7

回马金枪好棋！简化后以优势稳控局面。

24. 炮四进五（图 2）　……

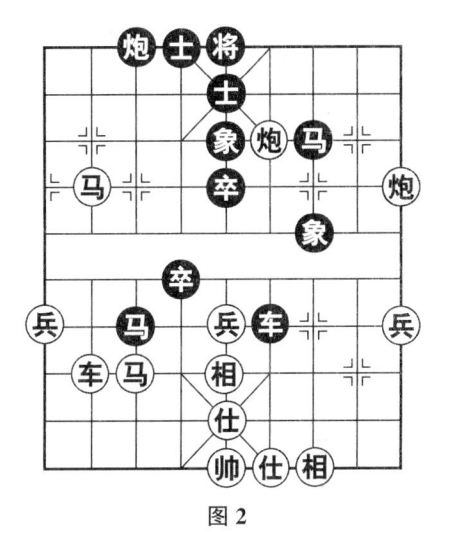

比较顽强的走法是炮一平二，黑如炮 6 进 5，仕五进四，车 6 进 1，仕四进五，车 6 平 8，炮二平四，红卧槽马对黑方会有一些牵制。

24. ……　　马 7 进 9
25. 炮四平二　车 6 平 8

捉死红炮，黑胜势已成。

26. 车八进一　卒 4 进 1　　　27. 马八进七　将 5 平 6
28. 车八进一　车 8 退 4　　　29. 车八平六　马 3 退 2

红方见大势已去，遂含笑认负。

图 2

第 44 局　唐丹　胜　陈青婷

2012 年大连西岗杯全国象棋团体锦标赛于 3 月 28 日至 4 月 3 日在大连市付家庄滨海西路青旅假日酒店如期举行。这是比赛的首轮，唐丹与陈青婷不期而遇。

1. 炮二平五　马 8 进 7　　　　2. 马二进三　车 9 平 8
3. 车一平二　马 2 进 3　　　　4. 兵七进一　卒 7 进 1
5. 车二进六　马 7 进 6　　　　6. 马八进七　象 7 进 5

双方以中炮过河车互进七兵（7 卒）对屏风马左马盘河开局，此布局皆为双方的看家本领，使用起来更是得心应手，此时黑方有多种选择：车 1 进 1、象 3 进 5、象 7 进 5、卒 7 进 1 等均有复杂变化。

7. 兵五进一 ……

兵五进一是对攻性极强的走法，此时也有车九进一、车二退二、炮八进一等比较稳健的走法，各自具有另外的攻防体系。

7. ……　　卒 7 进 1　　**8. 车二平四** ……

车二平四是较为正确的走法，如走车二退一，则马 6 进 7，兵五进一，卒 5 进 1，马三进五，卒 5 进 1，马五进三，车 8 平 7，车二退一，炮 8 平 7，炮八进二，士 4 进 5，黑方满意。

8. ……　　马 6 进 7　　**9. 马三进五　炮 8 进 7**

10. 车九进一 ……

高横车支援右翼是比较常见的下法，也有炮八进一的走法试举如下：炮八进一，马 7 进 5，相七进五，炮 2 进 1，车四进二，士 4 进 5，马五进三，卒 3 进 1，兵七进一，象 5 进 3，仕六进五，象 3 进 5，车九平六，红方稳持先手。

10. ……　　炮 8 平 9

准备下步车 8 进 9 形成三子归边之势攻击红方右翼。

11. 兵五进一　车 8 进 9　　**12. 车九平三　炮 9 平 7**
13. 帅五进一　车 1 进 1　　**14. 马五进六　车 1 平 8**

对攻心切！如稳健些也可以走卒 5 进 1，红如马六进七，则车 1 平 3，后马进五，卒 5 进 1，马五进三，马 7 进 5，相七进五，炮 7 退 4，双方均可接受。

15. 炮五平三 ……

面对黑方的五子攻城，平炮则有些偏重于防守了，如对攻的话可以考虑走兵五进一，黑方士 4 进 5，兵五进一，炮 2 平 5，帅五平六，局面乱战，胜负难料。

15. ……　　前车退 1　　**16. 车四退五　前车平 7**
17. 车四平三　炮 7 平 9　　**18. 炮三进二　卒 5 进 1**
19. 马六进七　马 7 退 5

退马缓着，应走车 8 进 5！红车没出路，局面仍是纠缠。

20. 炮三进二　马 5 退 7　　**21. 后马进六** ……

简明点可以走炮三平五强行兑子，黑马 7 退 5，马七退五，红方多子易走。

21. ……　　车 8 进 5

精确的走法应为车 8 进 4！红方如炮八进二，士 6 进 5，下步车 8 平 5，红方麻烦。

22. 炮三平四　车 8 平 5　　**23. 帅五平四　马 7 进 5**

进马以求对攻，但被红方中炮叫将牵制，不如改走卒 5 进 1，车三进四，车 5 平 6，帅四平五，车 6 退 3，红方双马较为尴尬，黑可战。

24. 炮四平五　士 4 进 5　25. 车三进五（图 1）……

车三进五是冒进之着，给了黑方反击的余地，精准走法应为马七进五，车 5 平 6，帅四平五，士 6 进 5，车三进七，车 6 退 6，车三平四，兑车后再马六进七，红方占优。稳健些走车三进三也是可行的选择。

25. ……　　　车 5 平 6

平车叫将不是最佳走法，有些随手之感，应走车 5 平 9，炮五退二，卒 5 进 1，马六进七，胜负难料。

26. 帅四平五　车 6 平 5
27. 炮八平五　……

还是走帅五平四较为精确。

27. ……　　　车 5 平 8

同样的平车叫杀，应走车 5 平 1，红如后炮平二，则车 1 进 2，帅五进一，车 1 平 8，互缠；红又如后炮进三，则马 5 进 7，马六退七，车 1 平 6，对攻态势。

28. 后炮进三　马 5 进 7
29. 帅五平六　……

出帅有些草率，应马六退四，黑方难以组成攻势，仍是红优。

29. ……　　　炮 9 退 1
30. 前炮平一　马 7 进 8（图 2）

进马叫将看似好棋实则错失良机！应该走炮 2 进 1，红只能车三退三（如炮五进一则卒 3 进 1，红方要丢子），车 8 平 7，炮一平九，车 7 平 4，帅六平五，车 4 退 1，黑方有车杀无车，较为易走。

31. 炮一退五　车 8 平 4
32. 帅六平五　车 4 平 5
33. 马六退五　车 5 退 2
35. 帅五退一　……

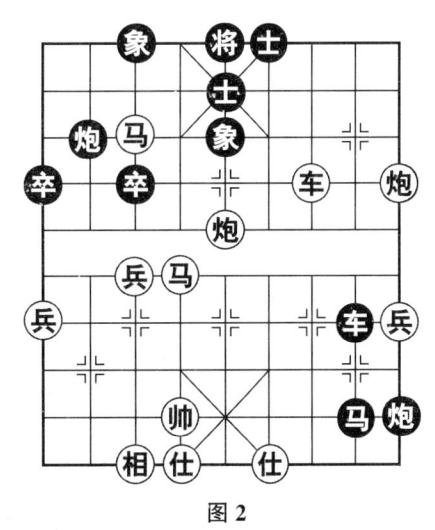

图 1

图 2

34. 车三退五　车 5 平 8

经过双方几个回合的攻守，红方已经多子并化解了黑方攻势，胜利即将到来。

| 35. ……   车 8 进 2 | 36. 马七退五   炮 2 进 2 |
| 37. 前马退四   炮 2 平 5 | 38. 仕四进五   车 8 平 6 |

不如直接走车 8 退 4，保留马 8 退 9 或马 8 退 7 的机会，或许还能造成一些威胁。

| 39. 马四进三   车 6 退 3 | 40. 马三进一   马 8 退 9 |
| 41. 车三进二   象 5 退 7 | 42. 车三进六   …… |

也可走车三平一更为简明。

42. …… 将 5 平 4	43. 车三退三 车 6 退 1
44. 车三平六 士 5 进 4	45. 马一退三 炮 5 平 2
46. 马三退五 车 6 进 2	47. 车六进一 将 4 平 5
48. 前马进四 将 5 进 1	49. 马四退六 车 6 平 4
50. 车六平一 车 4 退 1	51. 车一退四 ……

经过一番交换后红方已然胜定。

51. …… 炮 5 退 4	52. 车一平四 车 4 平 8
53. 炮一平四 车 8 进 6	54. 炮四退一 车 8 退 4
55. 车四平五 车 8 平 3	56. 马五进三 车 3 进 1
57. 马三进四 车 3 平 1	58. 车五进三 车 1 平 3
59. 炮四进二	

黑方见大势已去，遂投子认负。

第 45 局 唐丹 负 时凤兰

2013 年新疆棋协杯全国象棋团体锦标赛第 3 轮，唐丹对阵时凤兰。

1. 炮二平五 马 8 进 7	2. 兵七进一 卒 7 进 1
3. 马二进三 车 9 平 8	4. 马八进七 炮 8 平 9
5. 车一进一 炮 2 平 5	

黑方选择炮 2 平 5 形成中炮对左三步虎转列炮布局，此时也有车 8 进 5、马 2 进 3、象 3 进 5 和士 4 进 5 等变化可选择。

6. 车一平六   ……

红方也有车一平四和马七进六的选择，试演车一平四的变化：车一平四，马 2 进 3，车九平八，车 1 平 2，炮八进四，车 8 进 6，车四进五，车 8 平 7，马三退五，炮 5 平 4，车四平三，象 7 进 5，双方各有利弊。

6. ……　　　马 2 进 3　　　**7. 车六进四　　……**

也可以考虑车九平八，车 1 平 2，车六进五，车 2 进 6，车六平七，炮 5 退 1，炮八平九，车 2 平 3，车八进二，双方另有攻守。

7. ……　　　车 1 平 2

黑方车 1 平 2 是抢先的好棋！此时如改走车 8 进 4 保卒，则马七进八封车，红方好下。

8. 车九平八　车 2 进 6　　　**9. 炮八平九　　……**

此时红方以往皆走车六平三，马 7 进 8，炮五平四，车 2 平 3，相七进五，炮 5 进 4，马七进五，车 3 平 5，双方均势。红方选择先兑车应是寻求陌生局面里进行中局较量。

9. ……　　　车 2 平 3　　　**10. 车六退三　　……**

进而复退乃兵家大忌，应车八进二保马，局面仍为红先手。

10. ……　　　马 7 进 6

11. 炮五退一　马 6 进 5

吃中兵简明占先，更凌厉的走法是车 8 进 7！试演如下：车 8 进 7，车八进五，马 6 进 5，马三进五，车 8 平 4，炮九平六，车 3 平 5，炮六平一，车 5 平 7，相七进五，炮 9 平 8，黑方多卒占优。

12. 马三进五　车 3 平 5　　　**13. 车八进六　车 5 平 7**

14. 相七进五　炮 9 平 7

15. 车八平七　车 7 平 6（图 1）

平车好棋！平车看似平淡无奇实则凶狠无比，针对红方阵型的弱点，黑方至此优势已很明显。

16. 车六进三　　……

进车有些放松，从根本上没有意识到黑方的威力，此时只能炮九退一先进行防守。

16. ……　　　车 8 进 8

瞄准问题一针见血，可谓妙手连珠！由此可见时凤兰大师棋风很是凶悍。

17. 车六平三　车 8 平 6

18. 炮五平六　前车进 1

图 1

黑方双车夺仕使红帅处于危险地带，胜利曙光即在眼前。此时也可先走炮 7 平 6 化解一下红方的攻击更为精确。

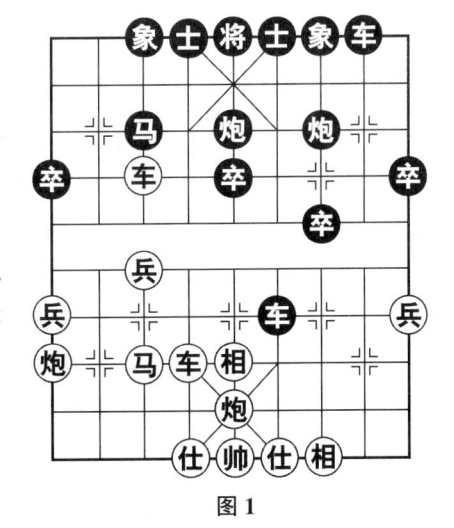

19. 帅五进一　后车平 3

20. 炮九退二　车6退3　　　　21. 车三进二　车3进1
22. 车七进一　车6平4

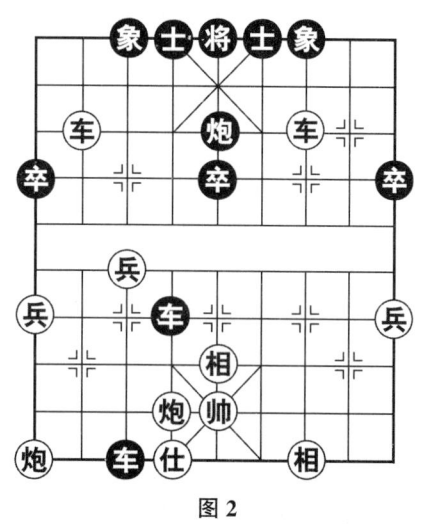

选点很好，着着不离要害。

23. 车七平八　车3进2（图2）

进车进攻是审时度势的好棋，但进攻点选取有些失误，应走车3进1直接获得胜利。

24. 炮九进六　车3平4

还是应该走车3退1，现在红方车八退六保炮后黑方取胜还有些漫长。

25. 车八退六　后车平6
26. 炮九平六　车4平6
27. 前炮平一　……

图2

黑方连续走了几步效率不高的棋之后大大增加了赢棋难度，到目前为止，红方几乎已经守住了黑方攻势，但这步打卒实在是过于随意，应该先走后炮平七，待黑士4进5后再炮六平一。

27. ……　　　前车平4

平车好棋！红方现在已无力抵抗，如果上个回合先进行了炮六平七，士4进5的一手交换，再炮六平一时就不怕黑方车6平4了，因为红方可以走炮一平二再退底炮打车。

28. 炮六平七　车6进3　　　　29. 车三退六　车6平5

局面至此黑方胜利已然在握，红方已不能抵御遂投子认负。综观全局，黑方抓住红开局一着随手棋后反客为主，在中局时段冷静分析问题后凶狠攻杀，精妙却又不失凌厉。

第46局　梁妍婷 负 唐丹

2013年新疆棋协杯全国象棋团体锦标赛第4轮，北京与成都两队不期而遇，唐丹执后手对阵女子大师梁妍婷。

1. 炮二平五　马8进7　　　　2. 马二进三　车9平8
3. 车一平二　马2进3　　　　4. 兵三进一　卒3进1
5. 马八进九　卒1进1　　　　6. 车九进一　……

双方以中炮三兵对屏风马3卒布局，此时车九进一也属于正常变化，其用意在于把棋局的形势发展引入自己熟悉的领域，如走炮八平七则转换成流行布局五七炮，双方另有攻守。

6. ……　　卒 1 进 1（图 1）

卒 1 进 1 是黑方最常见的变化，简明打开局面，也有选择象 3 进 5 的变化，试举一例：象 3 进 5，兵七进一，卒 3 进 1，车九平七，马 3 进 4，车七进三，炮 2 平 4，车二进六，车 1 平 2，炮八平七，炮 8 退 1，炮七退一，车 2 进 6，车七进二，红方稍好。

7. 兵九进一　车 1 进 5
8. 炮八平七　……

炮八平七保持局面复杂，如想简明一点可走车九平六，黑方卒 7 进 1，兵三进一，车 1 平 7，兵三进一，车 7 退 2，马三进四，基本均势。

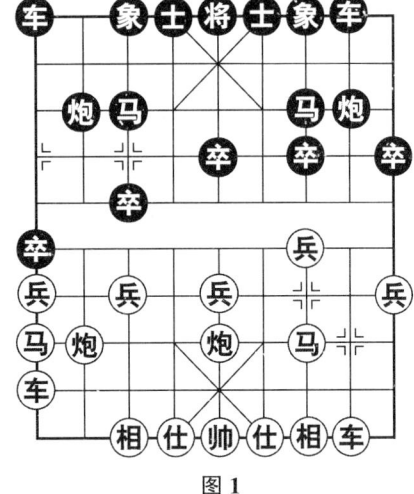

8. ……　　炮 2 平 1

平炮瞄准红方的边路牵制红车马，此时也有车 1 平 7 吃兵的走法，红方接走车九平八，马 3 进 4，车二进三，以下黑方有炮 2 平 3、卒 7 进 1、士 4 进 5 等变化可选择，具体变化不再赘述。

9. 车九平六　象 7 进 5　　10. 兵七进一　……

献七兵另辟蹊径，更多的是兵五进一，车 1 平 5，车二进六，车 5 平 7，马三进五，车 7 退 1，马九进八，黑方多卒，红方双马位置较好，应是红方稍好的局面。

10. ……　　车 1 平 3　　11. 炮七退一　……

此时不可炮七进一，因黑可走马 3 进 2！红如炮五平七打车，黑马 2 进 3 得子。

11. ……　　炮 8 平 9

炮 8 平 9 是一箭双雕的好棋！黑方在白吃一兵后立即兑车，既为 3 路马生根，又为下步车 3 平 7 吃兵做好铺垫，简明反夺主动。如果此时走马 3 进 2，红方则兵五进一，下步马三进五，黑方反而难办。

12. 车二进九　马 7 退 8　　13. 车六平二　车 3 平 7

平车吃兵是简明占优的好棋，如马 8 进 7，则车二进六，象 5 退 7，兵五进一，黑方增加不必要的烦恼。

14. 车二进一　……

棋王唐丹
经典百局

进车保马不如炮七进一用炮保马，虽处劣势，但子力位置尚好，战线还是很长的，但此时不可车二进八吃马交换，否则黑方车7进2吃马交换后红方少兵且要丢相。

14. ……　　　炮9平7

再架一炮强行交换，但黑方3路马也在虎口，会受到一定的牵制。此时更为精确的走法是马8进6，试演如下：马8进6，炮七平三，车7平4，车二进六，炮9平7，车二平四，炮7进5，黑方占优。

15. 炮七进六　炮7平3　　　16. 炮五进四　士4进5
17. 相三进五　车7退1　　　18. 车二进七　车7进3

一番交换后黑方多卒稍好，但红方兵种较好子力位置也不错，战线还很漫长。

19. 炮五平一　车7退1　　　20. 兵一进一　将5平4
21. 炮一进三　将4进1　　　22. 炮一退一　将4退1
23. 马九进八（图2）……

马九进八？败着！把底线暴露给敌人，黑方把握时机弈出一连串先手扩大优势，红方已经无法抵抗。进马不如走炮一进一，待黑将4进1后再车二退五，局面尚无大碍。

23. ……　　　车7平5
24. 仕四进五　车5进1
25. 相七进九　卒3进1
26. 炮一进一　将4进1
27. 马八进七　车5平1

图2

黑方偷袭营寨，斩杀两员大将，获得双象的优势后给予红方的压力倍增，黑方基本胜势。

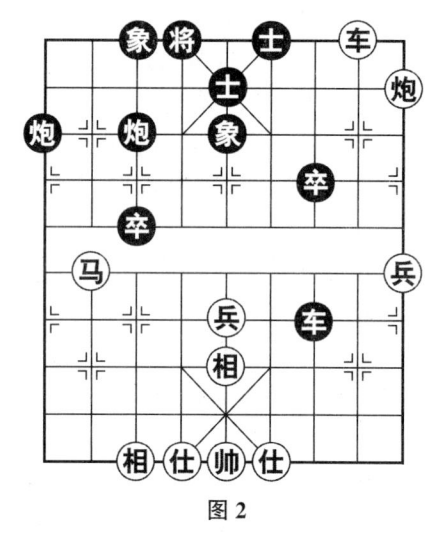

28. 车二退五　车1平3　　　29. 帅五平四　车3退1
30. 马七退五　象5进3

扬象保卒好棋，延阻了红方的反击，给双炮让出了道路，此着一出，大局已定。

31. 炮一平七　车3平5　　　32. 马五退七　车5平6

顿挫有致，先捉马后将军，摧毁红方藩篱，红方告急。

33. 仕五进四　车6进1　　　34. 帅四平五　车6平5
35. 仕六进五　炮3平5　　　36. 车二平六　炮1平4

·102·

37. 帅五平四　车 5 进 1　　　　　38. 车六进二　车 5 退 3
39. 马七进九　……

红方已然守不住，发起最后的反击，希望能寻找到一些机会。

39. ……　　　　车 5 平 6　　　　40. 帅四平五　车 6 平 5
41. 帅五平四　车 5 平 6　　　　42. 帅四平五　车 6 平 5
43. 帅五平四　炮 5 平 6　　　　44. 马九进七　将 4 退 1
45. 车六平三　将 4 平 5　　　　46. 炮七退四　炮 6 退 1
47. 炮七平五　士 5 进 6

反杀，黑胜。

第 47 局　唐丹 胜 党国蕾

2012 年全国象棋个人锦标赛于 10 月 10 日在浙江省磐安县举行，唐丹以 7 胜 3 和 1 负积 17 分荣获女子组冠军，这是继 2010 年、2011 年两次夺冠后又一次卫冕冠军。本轮是女子组的第 4 轮比赛，唐丹执先对阵党国蕾。

1. 兵七进一　卒 7 进 1　　　　2. 炮二平三　炮 8 平 5
3. 马八进七　马 8 进 7　　　　4. 相三进五　车 9 平 8
5. 马二进四　马 2 进 1　　　　6. 车一平二　车 8 进 9
7. 马四退二　车 1 进 1

此时是黑方行棋的选择点，有车 1 进 1 和象 7 进 9 两种变化，从历年来的数据分析中显示，黑方象 7 进 9 的变化胜率要较高一点，象 7 进 9，车九进一，炮 2 平 3，车九平六，车 1 平 2，车六进六，炮 3 退 1，炮八进五，士 6 进 5，车六平七，马 7 进 6，车七进一，车 2 进 2，车七进一，车 2 平 4，兵七进一，卒 3 进 1，车七退四，马 6 进 4，车七退一，马 1 进 3，马二进四，车 4 进 1，马七进六，马 3 进 4，黑方虽少象，但大子站位良好，并无大碍，尚可一战。

8. 炮三进三　象 7 进 9

在 2013~2014 年全国象棋女子甲级联赛上，陈青婷曾以此布局应唐丹，当时在此局面走的是马 7 进 6，炮八进四，卒 3 进 1，兵七进一，车 1 平 3，马二进四，炮 5 平 6，车九进一，象 3 进 5，炮三退一，车 3 进 3，黑可抗衡。

9. 炮三进一　车 1 平 3（图 1）

平车有些不合时宜，改走车 1 平 4 比较有威胁，试演如下：车 1 平 4，兵九进一，车 4 进 5（如走炮 2 平 3，车九平八，卒 3 进 1，炮八进五！红优），马二进三，卒 3 进 1，兵七进一，车 4 平 3，马七退五，车 3 退 2，车九进三，均势。

10. 炮八平九　　卒 3 进 1
11. 车九平八　　炮 2 平 4
12. 马七进六　　……

好棋！弃兵跃马而上，如龙腾虎跃般杀入敌阵。

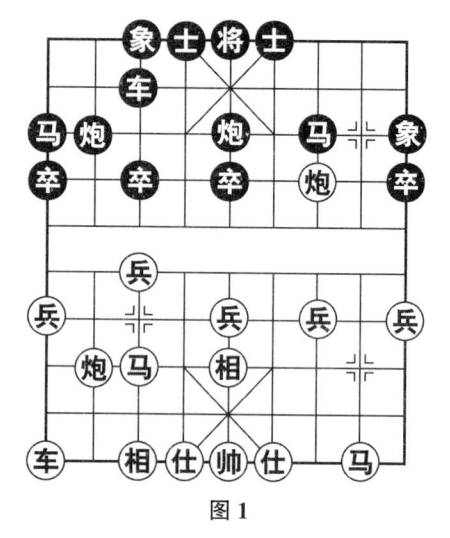

12. ……　　　　炮 5 进 4
13. 仕六进五　　炮 5 退 1
14. 车八进七　　……

扩大优势的好棋！此时黑方不能卒 3 进 1 交换，因红可车八平六，卒 3 平 4，帅五平六！黑方难办。

14. ……　　　　士 4 进 5
15. 炮九平七　　……

先进车抓炮算准黑不敢交换，随后再平炮牵制黑方 3 路线，行棋井然有序，弈法有理可循。

15. ……　　　　卒 5 进 1　　　16. 炮七进三　　象 3 进 5
17. 炮七进一　　炮 4 进 2　　　18. 炮七进一　　炮 4 退 2
19. 炮七退一　　炮 4 进 2　　　20. 炮七进一　　炮 4 退 2
21. 炮七退一　　炮 4 进 2
22. 兵七进一（图 2）　　……

此时进入棋例判定，应是两打对两打双方不变作和，红方在此局面冥思苦想终得一弃兵计划，且看红方弃兵后有何后续手段。

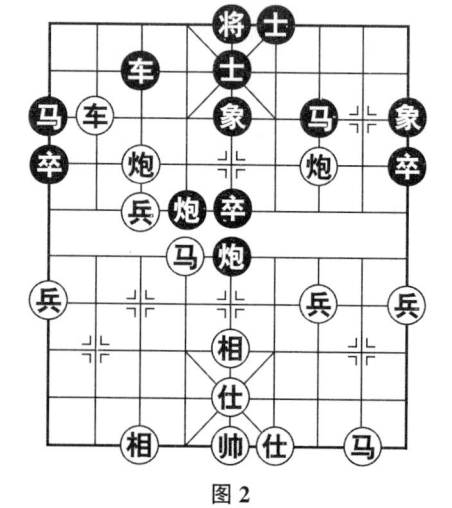

22. ……　　　　象 5 进 3
23. 炮七平六　　……

好棋！红方分析了黑散乱的子力分布特点，弃兵平炮塞象眼打乱了黑方阵型，现黑方已经不好动弹。

23. ……　　　　士 5 进 4

扬士抵挡红车路构思巧妙，但不如走车 3 平 4 抓炮，红定不会兑子而走炮六平四，黑再车 4 进 1 兑车效果优于实战。

24. 马二进三　　炮 5 平 8　　　25. 马六退四　　卒 5 进 1
26. 兵三进一　　炮 8 进 1　　　27. 炮六平四　　……

图 1

图 2

平炮好棋，既能抓士挡车路，又有诱引黑车平抓炮的棋。

27. ……　　车 3 平 6　　　28. 马四进五　士 6 进 5
29. 炮四进一　……

妙手！通过献炮打开局面，也是红方炮四平六的后续手段。

29. ……　　士 5 进 6　　　30. 车八平六　炮 4 进 1

最后的败着，顽强的走法是士 6 退 5，车六退二，马 7 进 5，虽属红优但黑方尚可支撑。

31. 炮三平五　炮 4 平 2　　32. 炮五退二

黑方必丢子，黑方失子失势，签字认负。

红方抓住黑布局时的随手棋大胆弃兵跃马进行子力位置的压制，中局时又一次弃兵打乱红方阵型使之散乱，最后搏杀阶段再次献子喂炮，最终不仅得回失子且摧毁对方藩篱，走子行棋行云流水，值得回味。

第 48 局　唐丹　负　玉思源

2012 年磐安伟业杯全国象棋个人锦标赛的第 8 轮，笔者有幸与女子第一人探讨棋艺。此时赛程过半，唐丹以 12 分战绩位居榜首，此番较量又拿先手，自然是全力争胜。面对强敌，笔者全力以赴。

1. 兵七进一　卒 7 进 1　　2. 马八进七　……

棋局以对兵局的柔性阵式展开。唐丹没有选择常见的卒底炮，意在较量中局。

2. ……　　马 8 进 7
3. 车九进一　象 7 进 5

先飞 7 象联防，阵型既定为子力均衡发展的单提马布局，除此外，黑方也有象 3 进 5、马 2 进 3、炮 2 平 5 等变化可选择，另有一番攻守。

4. 马七进六　……

跃先锋马是比较积极的下法，根据形势可还原成过宫炮局或者中炮局。此时唐丹见笔者欲摆单提马阵势遂准备还中炮在中路进攻。常见的变化是相三进五，此变化源远流长、经久不衰，近些年来更为大师们所青睐，试举一例以供参阅：相三进五，马 2 进 1，车九平三，车 1 进 1，兵三进一，卒 7 进 1，车三进三，炮 8 退 2，炮二进四，车 1 平 3，炮二平三，车 9 进 1，马二进三，双方互缠。

4. ……　　马 2 进 1　　　5. 炮二平五　炮 2 平 4
6. 马二进三　车 1 平 2　　7. 炮八平九　车 2 进 4

由于笔者赛前既定的战略为稳健中寻找机会，遂选择升车巡河比较稳健的变化，如想求战可走车2进9，试演如下：车2进9，马三退五（如走车一平二，则车2平3！又如车九平七，黑可车9平8），炮8进4！马五进七，车2平3，兵三进一（否则黑要炮8平5打中兵），炮8平1，炮九进四，炮1平4，双方对攻。

8. 车一平二　炮8平9

跳马失误，没有察觉红方弃兵的妙手。应士6进5或车9平7，局势不至崩溃。

10. 车九平四（图1）　……

错失良机。红方临场忽视了弃兵的妙手，笔者逃过一劫。此时红方应走兵三进一弃兵！黑方只能卒7进1，红接走车二进五下步兵七进一或车九平四，黑不好应付。

9. 马六进五　马7进6

图1

10. ……　马6退4

退马看似灵活实则意义不大，红升起巡河车后，4路马位置有些尴尬，不如马6进7先得实惠。

11. 车二进四　士6进5　12. 马五退四　……

退马略为草率。当时笔者正为4路马的前景一筹莫展，红方退马给了黑方解围的机会。此时局面已无较好的马路，退马反而挡住了车道。应炮九进四，卒3进1，兵七进一，车2平3，相七进九，红方略优。

12. ……　马4进3　13. 车四平六　马1退3

退马灵活，既解决了边马问题，又参与了中路的缠斗，下步马3进4成连环马之势，局面至此黑方已经十分满意。

14. 仕四进五　炮9平6

此时不可马3进4，因红有马四进六的棋。

15. 炮九平七　后马进4　16. 车六平七　……

平车无奈，如马四进六，马3进1，马六退七，炮4进6，马七进八，马1退2，车二平八，卒3进1，车八平六，卒3进1，车六退三，马2进4，黑优势。

16. ……　马3进1　17. 炮七平六　马4进6

进马缓着，不仅丢失一大卒而且使红车杀出，颇有放虎归山之感。应卒3

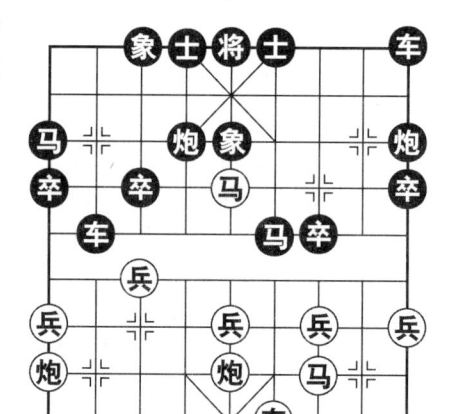

进1，炮六进五，炮6平4，相七进九，卒3进1，黑方优势。

18. 车七进五　马6进4　　　**19.** 车七平六　马4进2

20. 炮六进五　炮6平4

21. 马四进三（图2）……

进马有些急躁，强烈的求胜欲催使红方跃马前扑希望形成一个对攻局面，应炮五平四，还是均势。

21. ……　　　炮4平3

平炮好棋，威胁红方七路线逼迫红方退车防守，不然红方马三进五弃子搏象很麻烦，可谓攻其所必救，出其所必趋。

22. 车六退五　车9平6

平肋车过于随意，应车9平7，无事端。

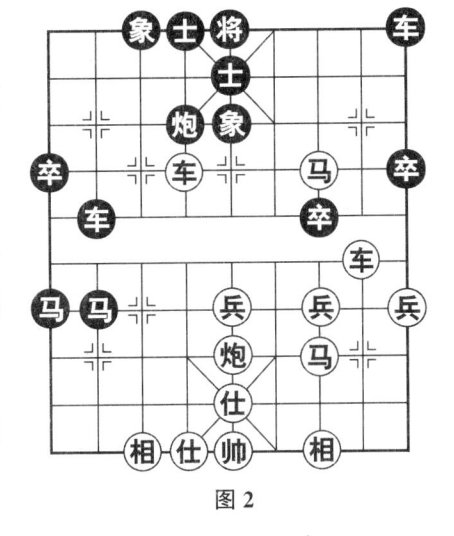

图2

23. 前马退五　……

退马错失机会。应马三进五弃子对攻！以下接走象3进5，炮五进五，士5进6，相七进九，双方纠缠，红势不弱。

23. ……　　　车2平3

应走车2平4！红棋难下。

24. 相七进九　车3进4

兑车略显随意，应走马1退2！因有马2进3的棋，红方形势严峻，不容乐观。

25. 车六进七　车3平2　　　**26.** 马五进七　……

进马败着，一心求对攻却没有看见黑方进车捉死马，应该走马五退七尚可支撑。

26. ……　　　车6进3　　　**27.** 炮五进五　将5平6

28. 炮五平一　车6进3

应炮3平4直接胜势，因马2进3无法抵御。

29. 车二平四　炮3平6　　　**30.** 马三退四　马2进3

31. 车六退七　车3平4　　　**32.** 仕五进六　车4进4

33. 车四退三　将6平5

下步炮6平5叫将无法抵挡，红方遂推枰认负。

综观全局，红方在开局部署子力后积极进攻，但进入中局时一着退马，将先手拱手相让，而后不愿平稳致和一心对杀，不慎漏丢一子，以致失败。

第49局 唐丹 胜 吴兰香

2012年陈罗平杯第17届亚洲象棋锦标赛于2012年10月23~29日在菲律宾Fontana克拉克温泉度假城举办，经过7轮的鏖战后，中国获得团体冠军，越南和中国香港分获第二、第三名。女子个人第一名是中国唐丹；第二名是越南吴兰香。吴兰香是越南棋坛水平较高的女棋手。

1. 炮二平五　马8进7
2. 马二进三　车9平8
3. 车一平二　马2进3
4. 兵七进一　卒7进1
5. 车二进六　象3进5

飞象是除炮8平9之外比较热门的选择，其原因在于阵型比较灵活多变，先飞象巩固中路看红方表态再作决定，可转换成左马盘河，亦可转平炮兑车的阵式。

6. 马八进七　……

也有车二平三的选择，将会形成黑方弃马局的变化，车二平三，炮2进4，兵三进一，卒7进1，车三进一，卒7进1，马三退五，炮8进7，马八进七，车8进8，炮八退一，车8退1，车三平四，士4进5，车四退三，炮2平3，黑方弃子有攻势。

6. ……　马7进6
7. 炮八平九　……

由此转成中炮进七兵过河车对左马盘河。此时红方除了炮八平九外还有多种走法：车九进一、车二平四、车二退二、炮八进一等都是常见的变化。

7. ……　车1进1（图1）

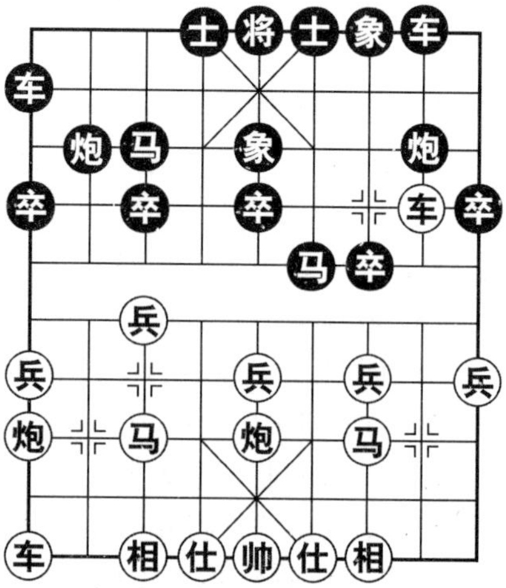

车1进1较为少见，应是融合了龟背炮的布局原理。此时一般多车1平2，车九平八，炮2进1或者炮2进6，双方另有一番攻守。大概是地域的原因，越南棋手的行棋方式总是让我们感到不可思议。

8. 车九平八　炮2退1
9. 炮五平四　……

卸炮好棋！面对黑方诡异的阵型，红方几番思索后冷静平炮，精准无比。

图1

如车八进七，卒 7 进 1，车二退一，马 3 退 5，兵三进一，炮 8 平 2，车二进四，马 5 进 7，黑方满意。

9. ……　　士 6 进 5

黑方不能按照原计划炮 2 平 7，因红有车二平四，马 6 进 7，炮四进七的棋，红优。

10. 车二平四　　……

平车略有操之过急之感，应车二退二避险地并拉住黑方无根车炮，红略优。

10. ……　　马 6 进 7　　11. 马七进六　　炮 8 平 7

12. 马六进七　　车 8 进 5

进车捉兵，但并无实际效果，不如炮 2 平 3，炮四平七，马 7 退 8，形成对峙局面，黑方可下。

13. 车四平三　　炮 7 平 6　　14. 相七进五　　炮 2 平 3

15. 兵七进一　　炮 3 退 1　　16. 仕四进五　　车 1 平 4

17. 炮九平七　　……

平炮缓着，不如炮九进四先得实惠。

17. ……　　车 8 进 3　　18. 车三平四　　炮 6 平 8

平炮避兑保持局面复杂，应走炮 6 进 5，车四退四，象 5 进 3，优于实战。

19. 车八进四　　车 4 进 5

此时进车并没有较好的手段，应象 5 进 3，车四平三，象 7 进 9，车三平一，炮 3 进 3，炮七进四，车 4 进 2，炮七平八，象 9 退 7，均势。

20. 炮四进一　　车 4 进 2　　21. 车四平三　　车 8 平 6

22. 车八平四　　……

准备集中火力攻击黑方左翼。

22. ……　　炮 8 平 6（图 2）

平炮是对局面的第一感觉。应炮 8 进 5 对攻！红方炮四退一，炮 8 平 6，车四退二（如车四进四，则象 7 进 9，马七进五，炮 6 平 3，马五进七，车 4 退 7，黑方可战），车 6 退 1，局势平稳。

23. 仕五进四　　炮 6 进 4

换炮随手，应走车 6 平 7 不至丢子。

24. 车四退一　　车 4 退 1

25. 炮七进二　　……

进炮缓着，忽略了当前局面有弃子

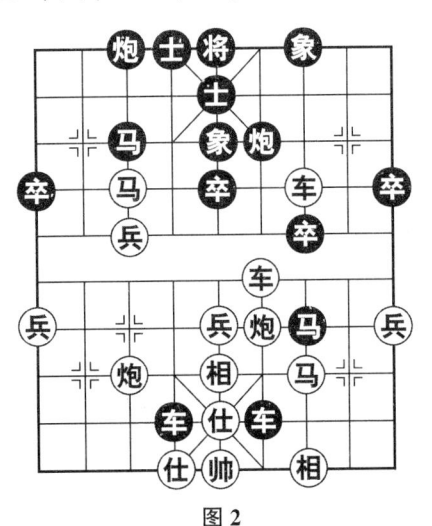

图 2

攻杀的棋，应车四进五！象 7 进 9，车三平二，车 4 平 5，仕六进五，车 5 进 1，仕四退五，车 6 退 7，马七进五，红胜势。

25. ……　　　车 4 平 5　　　26. 仕六进五　车 5 平 3
27. 车四进五　象 7 进 9

飞象败着！给了红方马踏中象卧槽叫杀的机会，应士 5 退 6，马七进五，车 3 进 2，仕五退六，士 4 进 5，炮七进三，马 7 进 5！对攻中黑方速度较快。

28. 马七进五　车 3 进 2　　　29. 仕五退六　车 6 平 4
30. 仕四退五　车 4 退 6　　　31. 车三平二

红方胜定。

此局黑方用诡异的阵型打乱红棋的节奏，中局时刻双方激烈对攻犹如刺刀见红，但黑方在关键时刻随手飞象以致红成绝杀之势，可谓一着不慎满盘皆输，望读者们警惕。

第 50 局　唐丹 负 胡明

2013 年第 5 届句容茅山·余坤杯全国象棋冠军邀请赛于江苏省包容市拉开帷幕，唐丹与胡明一路过关斩将最终在决赛相遇。

1. 兵七进一　马 8 进 7

起马应仙人指路是比较少见的走法，但也是胡明的策略，长久不下棋肯定不会选择那么热门的布局，其战略意图为跟唐丹较量中局实力。

2. 马八进七　车 9 进 1

此时走得比较多的是卒 7 进 1，抬横车意在脱谱，把局面往未知领域上引导。

3. 炮二平五　……

选择转回中炮阵型是针对黑方抬横车构思出来的积极走法，也可选择相三进五之后变为拐角马阵式或相七进五进行单提马布局，都偏于稳健。

3. ……　　　象 3 进 5　　　4. 马二进三　卒 7 进 1
5. 车一平二　炮 8 平 9　　　6. 车二进四　卒 3 进 1

此时弃卒是抬横车后常用的手段，先弃后取打开局面。

7. 炮八平九　车 9 平 3　　　8. 车九平八　炮 2 平 4

平炮后右马不好处理，阵型略显呆板。可以考虑车 1 进 2 升车保炮较为灵活，试演如下：车 1 进 2，马七进六，卒 3 进 1，马六进五，马 2 进 4！黑方阵型协调富有弹性，并有过河卒助阵，足可满意。

9. 马七进六　卒 3 进 1　　　10. 马六进五　士 4 进 5

补士好棋，使阵型扎实稳固，可谓：先为不可胜以待敌之可胜，棋理清晰明确，颇显大师浑厚功力。

11. 马五进三（图1） ……

红方马五进三交换后三路马较弱，可马五退四再寻马路，黑如接走车3进2，红可兵三进一，双方还需一番战斗。

11. …… 炮4平7
12. 兵五进一　车3进3

好棋！以上几个回合黑方不急不躁先稳固阵型，以逸待劳，经过一番交换后黑方子力都占守要位，基本满意。

13. 马三进五 ……

跃马有些急躁，可兵五进一弃兵，黑如车3平5吃兵，红可车八进三，中路还有些攻势。

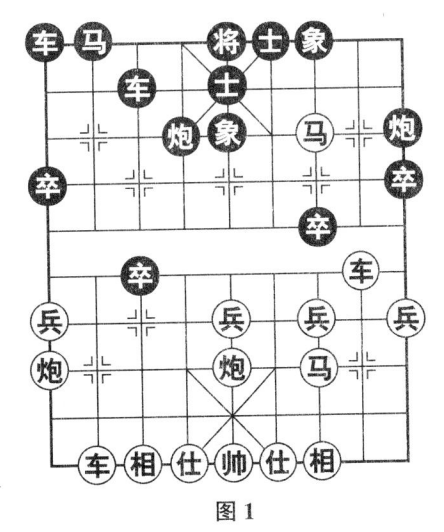

图1

13. …… 炮9进4　　　**14. 车二退一** ……

应该委屈一点马五退三再回来，黑如炮9退2，红可车八进六占领要道，局面还很胶着，但红棋退车就有些亏了。

14. …… 炮9退2　　　**15. 车二进二　炮9进2**
16. 车二退二　炮9退2　　**17. 车二进二　炮9进2**
18. 车二退二　炮9退2　　**19. 车二进二　炮9进2**
20. 兵三进一 ……

如此循环下去不变作和红方尚可满意，强行变着以致物质亏损太多，有些太勉强了。

20. …… 卒3平4

平卒威胁红马略显急躁，可先马2进3调整阵型，再把边车调入战场，黑方已经明显掌握主动了，只需以逸待劳即可。

21. 兵五进一　马2进3　　**22. 仕四进五　炮7进3**

炮7进3打兵是想通过兑子瓦解红方中路攻势，但交换后黑方便宜不大，不如先走车3进2抓马待红马五进四时再炮7进3打兵，稳控局势。

23. 兵五进一　炮7平5　　**24. 兵五进一　象7进5**
25. 炮五进二　卒4平5　　**26. 马五退三　炮9平5**
27. 炮九平五 ……

保留子力继续纠缠，如果兑子则在物质上亏欠太多。

111

27. ……	马3进4	28. 马三进五	卒5进1
29. 炮五平二	马4进6	30. 车二进二	象5退7
31. 炮二退一	……		

退炮准备下步炮二平三打象，但没太大意义，不如先走车二平三吃象更加有威胁。

31. ……	车1平3	32. 炮二平三	象7进9
33. 炮三平一	象9退7	34. 炮一平三	象7进9
35. 车八进二	前车退2	36. 车二退三	马6进4
37. 车八平六	前车进5		

强行兑车好棋！简明有力，黑方获得物质优势后稳步进取，兑车消灭红方对攻的力量后净多三卒，已获得胜势。

38. 车二退一	前车平4	39. 仕五进六	车3进7

好棋！

40. 仕六进五 ……

败着！白丢一相，在此局面只能车二平五吃兵再作打算。

40. ……	车3进2	41. 仕五退六	车3退2
42. 仕六进五	车3进2	43. 仕五退六	车3退5

好棋！黑方连出妙手使得红方疲于应付，此时红方若吃卒，黑车3平5强行兑车，以一卒的代价换取例胜残局的形势，棋理清晰，战术手段耐人寻味。

44. 炮三平一	象9退7	45. 炮一平三	象7进9
46. 炮三平一	象9退7	47. 炮一进二	车3平5
48. 炮一平五	卒7进1		

小卒过河后黑方已引导局面走向胜势残局，取胜只是时间问题。

49. 仕六进五	象7进5
50. 炮五退一	马4退3
51. 车二平一	卒9进1
52. 炮五平一	马3进5
53. 车一平五	卒7平6
54. 炮一平五（图2）	……

黑方车马被牵，稍有不慎便可能被红方谋和，且看黑方如何解围。

54. ……	卒1进1
55. 帅五平六	卒9进1

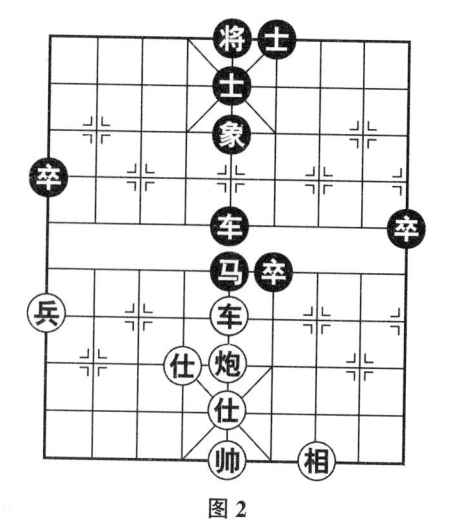

图2

56. 相三进一　卒 9 平 8　　57. 相一退三　士 5 退 4
58. 帅六平五　车 5 平 3

黑方调整阵型后平车闪击，红若炮五进二则再车 3 平 5 返回，必得回失子进入例胜残局的局面。

59. 仕五退六　车 3 进 1　　60. 仕六退五　士 6 进 5
61. 炮五进二　卒 6 平 5

兑子后形成车双卒必胜车单缺象的例胜残局，余招不再赘述。

62. 车五平八　车 3 退 1　　63. 车八进一　车 3 平 5
64. 兵九进一　卒 1 进 1　　65. 车八平九　卒 8 平 7
66. 车九退二　卒 7 进 1　　67. 车九进二　卒 5 进 1
68. 车九平三　卒 5 平 6　　69. 车三平一　车 5 平 8
70. 仕五退四　车 8 进 5　　71. 相三进一　车 8 退 2
72. 仕六进五　车 8 平 2　　73. 相一退三　车 2 平 7
74. 相三进一　车 7 平 8　　75. 车一进五　士 5 退 6
76. 车一退五　象 5 退 7　　77. 车一平五　士 4 进 5
78. 相一退三　车 8 平 2　　79. 车五退二　车 2 进 2
80. 仕五退六　车 2 退 5　　81. 车五平七　象 7 进 5
82. 车七平五　车 2 平 7　　83. 车五进五　卒 7 进 1
84. 车五平八　车 7 平 5　　85. 仕六进五　卒 7 进 1
86. 相三进一　卒 7 平 6　　87. 车八退四　后卒平 5
88. 相一进三　将 5 平 4　　89. 车八进六　将 4 进 1
90. 车八退一　将 4 退 1　　91. 车八进一　将 4 进 1
92. 车八退一　将 4 退 1　　93. 车八进一　将 4 进 1
94. 车八退五　车 5 平 1　　95. 车八平六　士 5 进 4
96. 仕五退六　士 6 进 5　　97. 车六平四　卒 6 平 7
98. 车四平八　车 1 平 6　　99. 车八进四　将 4 退 1
100. 车八进一　将 4 进 1　　101. 车八退一　将 4 退 1
102. 车八进一　将 4 进 1　　103. 车八退六　车 6 进 2
104. 车八进五　将 4 退 1　　105. 车八进一　将 4 进 1
106. 车八退一　将 4 退 1　　107. 车八进一　将 4 进 1
108. 车八退六　士 5 进 6　　109. 仕六进五　卒 5 平 4
110. 车八进五　将 4 退 1　　111. 车八进一　将 4 进 1
112. 车八退一　将 4 退 1　　113. 车八退一　士 4 退 5
114. 车八进二　将 4 进 1　　115. 车八退五　卒 4 平 3

116. 车八平六	士5进4	117. 车六退二	车6平7
118. 相三退一	车7退2	119. 车六进二	车7平5
120. 车六平四	卒3进1	121. 车四平七	卒3平4
122. 车七进四	将4退1	123. 车七进一	将4进1
124. 车七退一	将4退1	125. 车七退七	将4平5
126. 帅五平六	车5平4	127. 仕五进六	车4进3
128. 车七平六	车4平2	129. 车六进六	车2进2
130. 帅六进一	车2平6	131. 车六平五	将5平6
132. 车五退三	车6退3	133. 相一进三	卒7平6
134. 帅六进一	车6平4	135. 帅六平五	车4进3

黑胜。

开局阶段双方进入陌生领域积极对攻，在中局缠斗时，唐丹于均势之中强行变着挑起事端，但不慎走亏被对手以逸待劳抓住机会全力反击，以优势残棋进入战斗的最后阶段，胡明以老练的残棋功夫获得胜利。

第51局　唐丹 胜 韩冰

2011年第一届重庆黔江杯全国象棋冠军争霸赛于9月26日在重庆市黔江区玫瑰月光大酒店拉开帷幕。这是比赛第3轮，唐丹执先对阵韩冰。

1. 炮二平五	马8进7	2. 马二进三	卒7进1
3. 兵七进一	马2进3	4. 马八进七	象3进5
5. 车一平二	车9平8	6. 炮八平九	炮2进4
7. 车九平八	炮2平3		

双方轻车熟路以五九炮对屏风马3象开局，红方不进过河车意在快速出动左翼大子也是常见的选择。此时黑方除炮2平3外另有两种选择，炮2平7与车1平2，试举炮2平7一例：炮2平7，车八进七，车1平3，炮九进四，卒3进1，兵七进一，象5进3，兵五进一，马3进4，车八退四，马4进6，车八平三，马6退8，车二进五，马7进8，车三进二，炮8平5，马三进四，红方占先。

8. 车二进四	炮8平9	9. 车二平四	……

车二平四的走法比较少见，一般多车二平六，炮2平7，相三进一，士4进5，车八进六，双方另有攻守。

9. ……	车8进8		

车点下二路比较彪悍，符合韩冰喜爱攻杀的棋风，稳健点应走士 4 进 5，黑方也不错。

10. 兵五进一　车 8 平 3　　　11. 马三退五　……

如马三进五则车 3 进 1，红方丢相，损失太大。

11. ……　　　炮 9 进 4

12. 兵三进一　炮 9 平 4（图 1）

平炮针对红方的窝心马不依不饶，但忽略了红方有妙手解围的棋，应改走卒 7 进 1，效果优于实战，红方如车四平三，则马 7 进 6；又如车四退一，则马 7 进 8，车四平七，马 8 进 7，炮五进一，马 7 进 8，炮五进三，马 3 进 5，车七平二，马 5 进 4，黑方不错。

13. 炮五平三　……

好棋！妙手解围，至此红方优势明显。

13. ……　　　炮 4 进 2

14. 车四退二　……

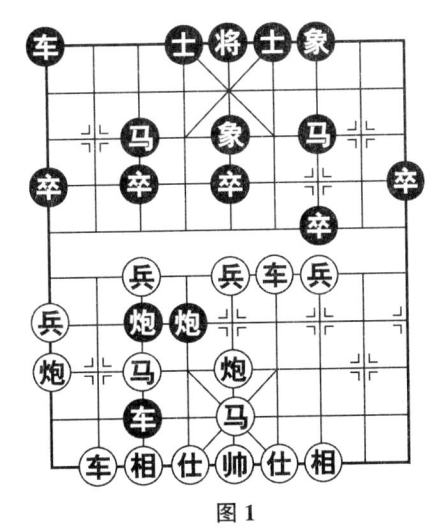

退车保马是红棋上回合平炮的后续手段，现在有车八进三抓炮的棋，黑方必须兑车，从而化解了黑方的攻势。

14. ……　　　车 1 平 2　　　15. 车八进九　马 3 退 2

16. 兵三进一　马 7 退 9　　　17. 兵三进一　……

进兵后黑马已经无路可逃，势必要丢子。

17. ……　　　马 2 进 3

18. 炮三平一　象 7 进 9

19. 炮一进五　马 3 退 1

20. 炮九进四　马 1 进 2

21. 马五进三　卒 5 进 1

黑方弃卒准备下步马 2 进 3 试图寻找机会对攻，但是亏损太多，不如炮 4 退 7 给车腾路，顽强防守还能坚持。

22. 兵五进一　马 2 进 3

23. 兵五进一　车 3 平 2（图 2）

平车打相看似妙棋实为败着，不如

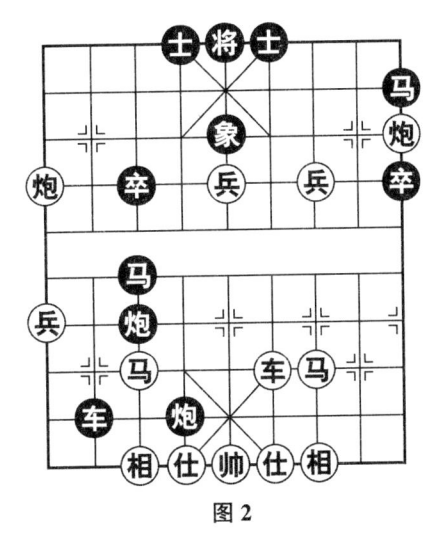

图 1

图 2

走炮4退4看红方反应，再考虑下步炮4平3或炮4平5，对红方还有所牵制。

24. 兵五进一　……

突破局面的好棋！对局面看得非常清楚：黑方虽然四个大子都集中在红方左翼，但是难以组成攻势。遂破象拔寨，大举攻城。

24. ……　　　炮3进3　　25. 仕六进五　士4进5
26. 车四进二　炮4平3　　27. 马三进五　……

进马兑子有些缓，应兵五进一，士6进5，炮一平五，士5退6，炮五退五，黑方没法防守。

27. ……　　　马3进5　　28. 马七进五　前炮平2
29. 马五退七　车2退1　　30. 炮一平二　士5进6

此时黑方如走车2平3，则炮二进二，马9退7，仕五进四，红胜。

31. 炮九进二　车2退6　　32. 炮九平一

红方胜定。

综观全局，黑方布局还未结束便轰轰烈烈地用车双炮对攻，声势夺人但被红方妙手解围，之后黑方不惜弃掉大量物质力量再次寻求对攻，未果而败，精神可嘉。

第52局　唐丹　胜　阮黄燕

2013年碧桂园杯第13届世界象棋锦标赛于10月22日在广东省惠东县碧桂园十里银滩酒店拉开帷幕。这是比赛的第4轮，唐丹相遇同为三连胜的阮黄燕。阮黄燕是越南女子冠军，势头正盛。

1. 兵七进一　卒7进1　　2. 炮二平三　炮8平5
3. 马八进七　马8进7
4. 相三进五　……

唐丹比较喜爱的选择，也可相七进五，试举一例：相七进五，车9平8，仕六进五，马2进3，兵三进一，车8进4，马二进一，马3退5，炮八进二，卒3进1，炮八进一，车8进3，车一平二，车8进2，马一退二，卒3进1，兵三进一，卒3进1，马七退六，马5进3，炮三进五，马3进2，炮三平八，车1平2，炮八平六，士6进5，炮六退六，红方多子少势，大体均势。

4. ……　　　车9平8　　5. 马二进四　马2进1
6. 车一平二　车8进9　　7. 马四退二　车1进1

此时是黑方行棋的选择点，有车1进1和象7进9两种变化，从历年来的数据分析中显示，黑方象7进9的变化胜率要较高一点，试举一例以释读者。象7进9，车九进一，炮2平3，车九平六，车1平2，车六进六，炮3退1，炮八进五，士6进5，车六平七，马7进6，车七进一，车2进2，车七进一，车2平4，兵七进一，卒3进1，车七退四，黑方虽少象，但大子站位良好，并无大碍，尚可一战。

8. 炮三进三　马7进6　　　　**9.** 炮八进四　车1平8

平车抓马丢中卒损失巨大，应卒3进1弃卒。陈青婷曾以此布局应唐丹，当时在此局面下是卒3进1，兵七进一，车1平3，马二进四，炮5平6，车九进一，象3进5，炮三退一，车3进3，黑可抗衡。

10. 炮八平五　士6进5

11. 车九平八　车8进8（图1）

以强炮换弱马明显吃亏，红方二路马被吃后阵型基本无弱点且白多两兵。黑应该走炮2平4，马二进三，车8进2，炮五退二，马1退3，虽属于红易走但黑完全可战。

12. 车八进七　车8退6

13. 炮五退二　马6进7

14. 仕六进五　马7进9

进马扑槽以求对攻，稳健可走马7退5，兵五进一，车8平5，马七进六，车5进2，马六进七，炮5平6，黑可顽强抵抗。

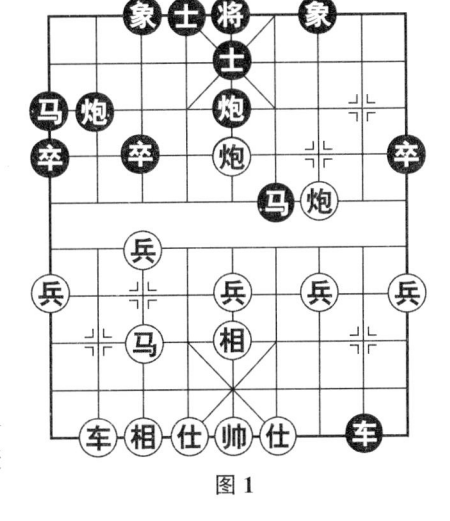

15. 车八平六　……

更好的走法是相五进三！黑只能走车8进3，再相七进五，红方稳获优势。

15. ……　　　马1退3　　　　**16.** 车六退二　马9进7

17. 帅五平六　马3进4　　　　**18.** 炮三平五　……

好棋！兑掉黑炮后黑方对红方已没有了威胁，红方不仅在物质上多兵，并且在兵种上占优。

18. ……　　　将5平6　　　　**19.** 后炮进三　象7进5

20. 马七进六　车8进1　　　　**21.** 兵五进一　车8进2

此时可先走马4退6，炮五平四，将6平5，红方既不能兵五进一（因黑可车8进2，马六退七，马6进5！），又不能炮四进一，结果较实战稍好一些。

22. 马六退七　马4退6　　　　**23.** 炮五平四　将6平5

24. 炮四进一　……

图1

进炮压马好棋，不仅瞄住边卒而且随时都有炮四平五的棋存在。

24. ……　　　　车 8 平 9

25. 兵五进一　　车 9 退 2（图 2）

退车败着！红马顺势而出难以抵挡，黑有放虎归山之感，其实仔细分析黑此时走车 9 平 3 还可以支撑，以下接走：马七进五，马 7 退 6，马五进四，马 6 退 5！车七平六，车 3 平 4，帅六平五，车 4 退 3，车五进二，车 4 平 6，车五退二，黑虽少一象但无大碍。

26. 马七进五　　马 7 退 6

27. 马五进四

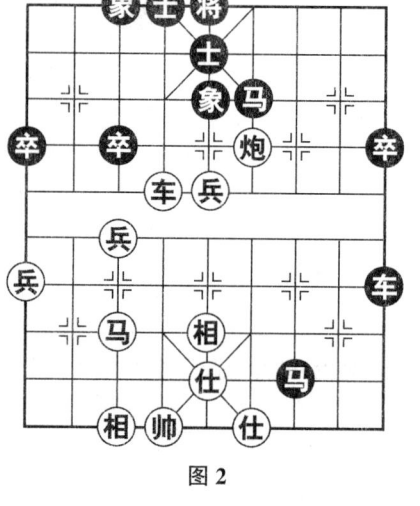

图 2

进马好棋！黑如逃马则下步红炮四平五绝杀，红胜定。

全盘下来如行云流水，一局佳棋值得学习。

第 53 局　唐丹　胜　尤颖钦

2013 年石狮·爱乐杯全国象棋个人锦标赛于福建省石狮市拉开帷幕，本赛事的第 2 轮，唐丹与尤颖钦相遇。

1. 兵七进一　　象 3 进 5　　　2. 马八进七　　卒 7 进 1

3. 炮二平五　　马 8 进 7　　　4. 马二进三　　马 2 进 3

5. 车一平二　　车 9 平 8　　　6. 车二进六　　炮 8 平 9

7. 车二平三　　车 8 进 2

布局至此双方由挺兵对飞象阵式转成中炮七兵过河车对屏风马高车保马的变化。高车保马是一个较老的应中炮布局变化，莫非尤颖钦老谱翻新有备而来？让我们拭目以待。

8. 炮五平四　　……

炮五平四的变化比较少见，其构思在于卸炮调形，并且限制黑方炮 2 退 1 的手段，一般多马七进六，试举一例以供读者参阅：马七进六，车 1 进 1，炮八平六，炮 2 退 1，车九进一，炮 2 平 7，车三平四，马 7 进 8，车九平四，士 4 进 5，前车进二，炮 7 进 5，相三进一，红方先手。

8. ……　　　　士 4 进 5　　　9. 炮八平九　　炮 2 进 4

10. 兵三进一　卒 7 进 1

11. 车三退二　马 7 进 8（图 1）

2009 年天津平安杯京津冀晋象棋名手赛上，唐丹与陆伟韬在比赛时相遇，当时也弈到这个局面，黑方应的是炮 9 退 1，炮四进四，马 7 进 8，炮四平七，马 8 进 9，车三进二，车 1 平 2，车九平八，均势。

12. 车三平二　车 8 平 7

13. 马七进八　车 7 进 2

同样是保马，应车 1 平 2，待红马八进七后再车 2 进 4 升车保马，这样子力开展比较快。

14. 马三进四　马 8 退 7

15. 相七进五　卒 3 进 1

可考虑车 1 平 4 出动大子，红如车九平八，则炮 9 进 4 封锁兵线。

16. 兵七进一　车 7 平 3　　**17.** 车九平七　车 3 进 5

18. 相五退七　车 1 平 4　　**19.** 马四进三　马 3 进 4

面对红方下一步的炮四平三，马 3 进 4 显得毫无目的可言，应炮 9 进 4 打兵，红若敢车二进三，则车 4 进 5！红方仕相未补有些顾忌，但此时跃马自乱阵脚，红方至此获得主动。

20. 炮四平三　马 7 退 9

倒马显得有些委屈，可象 5 进 7，马八进六，车 3 进 4，车二平三，炮 2 退 2，黑方尚可坚持，相对优于实战。

21. 马八进六　车 4 进 4　　**22.** 车二平八　炮 2 平 9

23. 马三退四　……

退马好棋！既调整阵型，又避免了黑方抓双的手段，是当前局面下的必应之着。

23. ……　　　　车 4 平 3　　**24.** 炮九进四　……

好棋！面对黑方右翼后防空虚，炮击边卒准备下一步沉底炮对黑方造成威胁，"大约用兵无他巧妙，长存有余不尽之气而已"，同时顺手牵羊吃边卒取得实惠。

24. ……　　　　前炮平 1

平炮打兵是想杀相对攻，但对红方的攻势有些怠慢，其实局势已经岌岌可危，应该车 3 退 4 防患未然，局面尚可支撑。

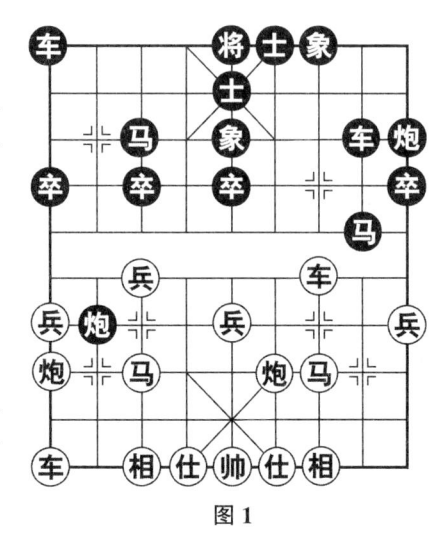

25. 炮九进三　炮1退4　　　26. 马四进五　车3进5
27. 车八进五　士5退4　　　28. 马五退四　……

好棋！以退为进，于荆棘道路上踏雪寻梅，立体攻势由此形成，红方胜势已成。

28. ……　　　士6进5
29. 马四进六　车3退5
30. 马六进四（图2）　……

跃马扑槽是缓着，看似凶悍实为攻击方向错误，因黑可炮9平6顽强防守，应炮三平六，黑难以防守，待黑将5平6时再马六进四，黑方阵型立即崩溃。

30. ……　　　炮9平6
31. 炮三平六　车3退3
32. 马四退六　士5退6
33. 马六进八　……

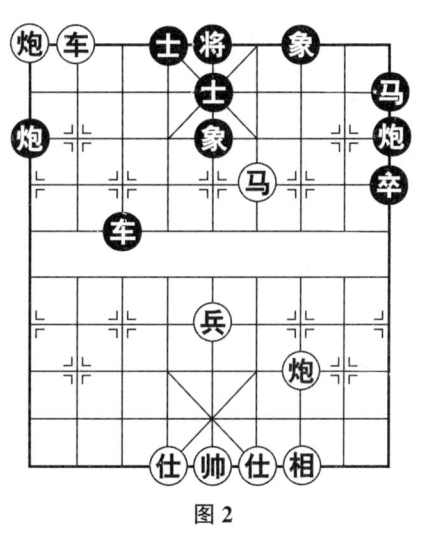

好棋！黑方不丢子便丢势，已经危在旦夕。

33. ……　　　炮1进7　　　34. 帅五进一　车3进7
35. 帅五进一　车3退5　　　36. 车八退一　象5退3
37. 炮九退三　……

打车多此一举，应马八进七，将5进1，马七退六，将5进1，车八退三，绝杀。

37. ……　　　炮1平2

错失良机！应炮1退2，炮六进二，车3进4，帅五退一，车3进1，帅五进一，士6进5，双方陷入纠缠状态，黑局势不错。以下红方把握机会大举攻城，以精彩的入局技巧谋得一子，衔接有秩，一气呵成。

38. 马八进七　将5进1　　　39. 马七退六　将5进1
40. 马六进七　将5退1　　　41. 马七退六　将5进1
42. 马六进七　将5退1　　　43. 炮九退五　炮2平3
44. 马七退六　将5进1　　　45. 马六退四　车3平6
46. 车八退二　炮3退2　　　47. 帅五退一

精妙得子！黑方见抵抗已无济于事，遂投子认负。

图2

第 54 局　唐丹 胜 唐思楠

2013年石狮·爱乐杯全国象棋个人锦标赛的第7轮，唐丹与唐思楠不期而遇。

1. 兵七进一　炮8平5

以还中炮应仙人指路是唐思楠比较喜欢的应法，也是一个比较冷门的布局，它的基本战略意图为：寓攻于守，借局布势。

2. 马二进三　马8进7　　**3. 车一平二　车9平8**

4. 炮二进四　……

进炮封车的变化属于比较积极的应法，此时马八进七也很常见。由于此局的胜负是唐丹能否四连冠的关键，因此应法比较积极是理所应当的。

4. ……　　卒7进1　　**5. 马八进七　……**

冷着！此时红方多炮八平五，或许是唐丹另辟蹊径，以免对手赛前准备。

5. ……　　马7进6（图1）

进马是积极的应法！巾帼不让须眉，有志不在年少。面对强大的敌手，黑方毫无胆怯之意，敢拼敢战，体现出了唐思楠杀棋的对弈风格。当然在此局面下如想稳健也可选择马2进1再炮2进4的布局，双方都可接受。

6. 炮八进四　士4进5

7. 炮二退二　炮5平7

这步棋有些疑问，既防止红方炮二平三，又带有骗取红方炮八平五的意味。也可车8进3，兵七进一！车8平7，相七进五，炮2平3，车九平八，双方互缠。

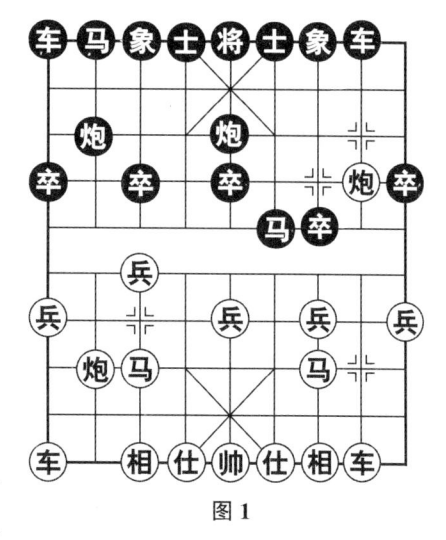

8. 炮二进一　……

再次进炮显得重复，可以考虑兵七进一！卒7进1（不可卒3进1，否则红炮二平九可得子），兵三进一，炮7进5，兵三进一，卒3进1（黑不能贪子，否则红兵七进一有强大攻势），兵三平四，卒3进1，兵五进一，互缠中红方略优。

8. ……　　马6进7　　**9. 炮二进一　炮7平5**

黑方在布局阶段持续走单个子力次数太多而影响了右翼子力的出动，应改象3进5，左右翼同时开展比较好，同时用担子炮阵型防御还是十分稳固的。

10. 车九进一　马2进3　　　11. 相三进五　……

飞相略缓，应先炮八退三，攻击孤马抢先为要旨。黑如卒7进1，可相三进五准备困马，黑棋难应。由此可以看出黑方炮7平5这步棋所带来的祸患，其导致阵型不协调，子力有些呆板无力，不好发展。尤其黑马孤立无援，已成为打击对象。

11. ……　　　炮2平1　　　12. 炮二平三　……

平炮兑换使局面松弛下来，还是应该退炮打马，试演如下：炮八退三，马7退6，车九平四，车1平2，车四进四，车2进6，车四平三，红优。

12. ……　　　车8进9　　　13. 马三退二　马7退6

14. 马二进三　炮5平6

卸炮调形是好棋，此时红方中路已然有重兵把守。前人经验告诉我们：中炮不能发出要及时卸开联象。此外平炮还防止红方车九平四捉马的先手，保护位置优越的盘河马立足。

15. 炮八退一　马6退5

这步棋有点败着的意味，应该积极对攻，卒7进1！试演如下：卒7进1！兵七进一（相五进三，车1平2，兵七进一，马6退8，黑方也可满意），马6进8，马三进二，卒3进1！黑方不错。

16. 马七进六　炮6平9　　　17. 炮三平二　……

应该炮三进一，马5退3，马六进四，红方优势，或许是唐丹不愿意兑子才选择炮三平二，保留一些变化。

17. ……　　　炮9平7

平炮打马漫无目的，还有些送先的意味，红马跳上来之后已经掌握主动了，黑方阵型有些拥挤施展不开。黑方这步棋应该先车1平2，红如车九平八再炮1进4，局面虽略亏一些，但尚可纠缠一番。

18. 马三进四　车1平2

19. 车九平八　炮7平8

20. 马四进六　卒5进1

21. 前马进七（图2）　……

红方兑马简明有力，下步炮镇中路压制黑中马无法动弹，局面获得优势。

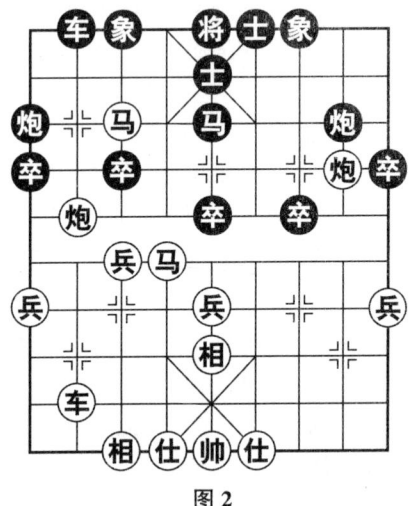

图2

21. ……　　　炮 8 平 3　　　22. 炮二平五　……

以上几个回合红方走得比较简明紧凑，可谓不敌其力，而消其势。不能快速战胜对手，就削弱对手的气势，颇有"釜底抽薪"的意味。局面至此，黑方各子力皆被压制，已然难以动弹，局面不容乐观。

22. ……　　　车 2 进 2　　　23. 马六进七　炮 1 退 1

退炮并不能取得实际效果，不如炮 1 进 4 实惠，多一些物质力量再慢慢解围。

24. 车八进三　卒 7 进 1　　　25. 炮八进一　炮 1 平 3
26. 马七退五　将 5 平 4

出将反给红棋帮忙，局面上大子已被压制，不如先卒 7 进 1 冲下去，看红方如何反应的好。

27. 炮五平六　将 4 平 5　　　28. 炮六平五　将 5 平 4
29. 车八进一　前炮平 4

平炮是一个漏步，想必在此逆境求生的状况下时间也所剩无几了，但棋局已是举步维艰，多做抵抗也是于事无补。

30. 炮八平六

得车，红胜定。黑方含笑认负。

第 55 局　唐丹　胜　陈青婷

2013～2014 年全国象棋女子甲级联赛第 2 轮，北京队与浙江队展开了一场激烈拼杀的遭遇战。

1. 兵七进一　卒 7 进 1　　　2. 炮二平三　炮 8 平 5

陈青婷喜爱的应法，在此局面下也有炮 2 平 5、象 3 进 5 与象 7 进 5 等多种应法。

3. 马八进七　马 8 进 7　　　4. 相三进五　……

飞三相是唐丹此次联赛中比较喜爱的弈法，剑走偏锋常能出其不意，想必唐丹也是以防对手有备而来，而把棋局引入陌生领域进行中局实力的较量。最常见的变化是飞七相或者炮八平九。

4. ……　　　车 9 平 8　　　5. 马二进四　马 2 进 1
6. 车一平二　车 8 进 9　　　7. 马四退二　……

此时是黑方行棋的选择点，有车 1 进 1 和象 7 进 9 两种变化，从历年来的数据分析中显示，黑方象 7 进 9 的胜率要较高一点，试举一例以释读者：象 7

进9，车九进一，炮2平3，车九平六，车1平2，车六进六，炮3退1，炮八进五，士6进5，车六平七，马7进6，车七进一，车2进2，车七进一，车2平4，兵七进一，卒3进1，车七退四，马6进4，车七退一，马1进3，马二进四，车4进1，马七进六，马3进4，黑方虽少象，但大子站位良好，并无大碍，尚可一战。

7. ……　　车1进1

陈青婷大师选择车1进1的变化另辟蹊径，显然有备而来，且看唐丹如何应对。

8. 炮三进三　马7进6　　　**9. 炮八进四　卒3进1**
10. 兵七进一　车1平3

车1平3好棋，是弃3卒的后续手段，抓住红方看似散乱的阵型中唯一的弱点，着法紧凑有力，显现出大师在前中局时审时度势的能力。

11. 马二进四　炮5平6　　　**12. 车九进一　象3进5**
13. 炮三退一　车3进3

以上几个回合，黑方于动静之间抓住战机，运子行云流水，几番交战下来取得较好的子力位置，已经反先。

14. 炮三平九　车3进3

按棋理来说，黑方劣马换好马是稳赚不亏的，但红马虽好却无突围之路，实则为黑方的攻击点，并且兑子之后红方有沉底炮的威胁且各子力无弱点。因此黑方无须急于兑换，应炮2退1，炮九进三，炮6平1，车九进一，车3进2。黑方子力灵活并抓住红马弱点，处于进攻态势，局面占优。

15. 炮九进三　车3退4　　　**16. 炮八退六　士4进5**

士6进5较好，减少不必要的麻烦，因为红方暂时攻击不到黑方左翼，即使红方有意往黑方左翼运子，黑方卒5进1便能兼顾左右，黑方子力位置较好，尚可与红方一战。

17. 炮九进二　　……

进炮好棋，黑方为了去除这个潜在的底炮威胁会浪费很多补数，拖延了往前方运子的节奏。至此，双方互缠。

17. ……　　卒1进1　　　**18. 马四进六　车3平1**
19. 炮九平八　马6进5　　　**20. 车九平七　炮2平3**
21. 后炮平九　　……

平炮瞄卒有些勉强，目的在于确定获得边卒的微弱优势，不多兵卒的对峙总是给人和棋甚浓的意味，但这步棋也显现了唐丹不甘于平稳对峙的大师风范。按棋理来说应该先退炮封住黑方2路线比较好。

21. ……　　车1退3　　22. 炮八退六　马5退6

几个回合下来，黑方虽不断捉拿对方子力，但却没有取得想要的实际效果，综观全局，黑车进而复退，从攻守兼备的战略要道走到了棋盘一隅，相反红棋经过位置调整获得一个益攻益守的局面，由此彰显了特级大师的纠缠能力。

23. 车七进二　炮3进2

缓手。进炮无的放矢，有舍本逐末之嫌，当下任务在于舍弃边兵开动黑车参战，演变如下：车1平4，仕四进五，车4进4，兵三进一，黑方站位良好，尚可一战。

24. 仕四进五　马6进4　　25. 车七平六　马4退6

26. 炮八进二　……

试探性应法，稳健点应兵三进一。

26. ……　　炮3进3

进炮限制马路，但并没有实际效果，应马6进8，红如兵三进一，则马8进9以攻代守。

27. 兵三进一　……

似缓实紧，其要义在于防止黑方马6进8的进攻手段，又暗伏兵三进一得象，同时引诱黑方出车捉炮，待黑车开动之后，九路炮取边卒，对黑方唯一强势的盘河马进行攻击。

27. ……　　车1平2　　28. 炮八平六　车2平4

29. 炮九进五　马6进8　　30. 相五退三　……

红方通过预期计划达到想要的目的。至此，黑方物质上少卒又位置不佳，局势不容乐观。

30. ……　　马8进7（图1）

31. 炮九进一　……

当我们着眼于红方完美计划的实施时，红方却走出"惊天大漏"，祸积忽微，为此她几乎失利而落败。

31. ……　　卒9进1

错失良机！应马7退6，车六平七，马6退4，车七退一，马4进2，车七平八，马2退1，车八进四，车4平1，黑方得子胜势。

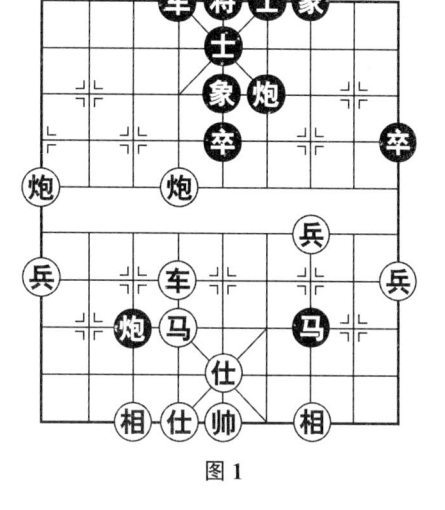

32. 车六平七　车4进4　　33. 车七退一　车4平1

图1

34. 炮九平八　马7退5

看似好棋实则不然，同样是消兵，马7退5的话实为各取一兵，更为要紧的是红方借机调至一个更有利进攻的位置，此为败局之根。应马7退9先得实惠，局面尚可纠缠。

35. 车七进四　……

好棋！红方又向胜利迈进了一步。

35. ……　　马5退7　　　　**36. 炮八平五　将5平4**
37. 车七平六　士5进4　　　**38. 车六平八　车1平3**
39. 炮五退四　……

退炮好棋，当下重中之重是开辟新航路让更多子力参与进攻。

39. ……　　士6进5　　　　**40. 车八进三　车3退4**
41. 车八退六　炮6平9　　　**42. 车八平三　马7进9**
43. 车三平二　车3进4
44. 马六进五（图2）　车3平6

应车3退1扼守要道更为顽强，陈青婷大师明显低估了红方进攻的威力，针对黑方的阵型弱点，红方毅然抓住战机，见缝插针，一举攻城。

45. 车二平八！　……

好棋，放弃对黑马的压制转而进攻黑方薄弱的右翼，立体攻势由此形成，黑势危矣。

45. ……　　象5退3
46. 车八进六　象7进5
47. 炮五进五　车6平5

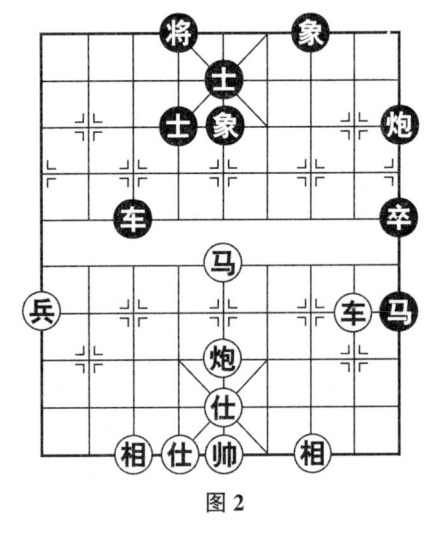

如炮9退2还尚可支撑。红棋的几记重拳使黑方疲于奔命，最终犯下了不可挽回的错误。

48. 车八平七　将4进1　　　**49. 马五进七　……**

好棋！解脱黑车吃双并反来叫杀。至此黑方大势已去，败局已定。

49. ……　　士5退6　　　　**50. 车七退一　将4退1**
51. 车七进一　将4进1　　　**52. 车七退一　将4退1**
53. 车七进一　……　　　　　**54. 炮五平二　将4平5**
55. 炮二退五　车5平4　　　**56. 车七退一　将5退1**
57. 车七进一　将5进1　　　**58. 车七退三　炮9平5**

59. 炮二平五	将5平4		60. 炮五进四	炮5退1
61. 相三进五	炮5平8		62. 炮五平一	马9进7
63. 炮一进二	炮8进1		64. 马七进九	车4平8
65. 仕五退四	车8平6		66. 仕六进五	炮8平7
67. 相五退三	将4平5		68. 车七平五	将5平6
69. 车五平三	将6平5		70. 相七进五	马7退6
71. 车三进二	将5进1		72. 车三退一	将5退1
73. 车三进一	将5进1		74. 车三退一	将5进1
75. 马九进八	炮8退9		76. 车三进一	将5退1
77. 马八退七	将5平6		78. 车三退一	将6退1
79. 马七进五	车6平8		80. 车三进一	将6进1
81. 马五进四	车8退2		82. 车三平四	

黑将不能吃车，因有马四退二，马后炮绝杀。黑方在劫难逃，遂推枰认负。

第56局　唐丹 胜 吴可欣

2013~2014年全国象棋女子甲级联赛第3轮，北京队遭遇浙江棋类协会队。浙江棋类协会队由吴可欣、唐思楠组成。两位棋手年龄虽小，但棋风凶猛好战。

1. 兵七进一　卒7进1　　**2.** 马八进七　马8进7

3. 马七进六　马2进3　　**4.** 炮二平六　……

红方以对兵转起马开局，较为稳健。意在避开吴可欣擅长的风格，正所谓"知己知彼，百战不殆"。

4. ……　　　炮2平1

炮2平1简洁明了，亦有车1进1、车9平8等选择。

5. 炮八平七　车1平2

6. 马二进三　车2进6（图1）

黑方车2进6直截了当地反击。显示出吴可欣好战的风格。若求稳健可选择卒3进1，兵七进一，车2进5，马六退五，车2平3，车九进二，马3退5，炮六退一，炮1平3，炮七进一，炮8进5，

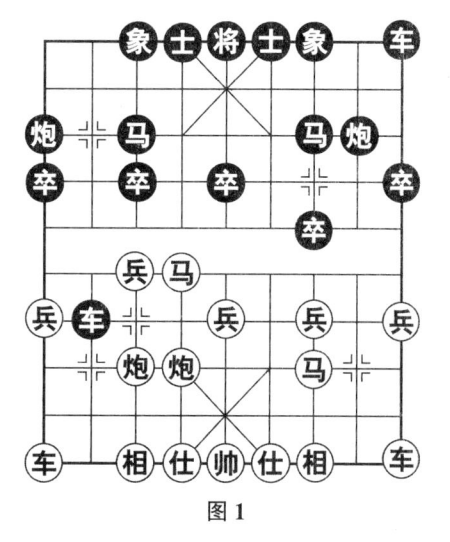

图1

炮六平七，车3进1，马五进七，炮8平1，马七退九，炮3进6，马九退七，车9平8，车一平二，兑车后基本和势。

  7. 仕四进五 车2平4   **8.** 马六进七 炮1进4
  9. 车一平二 车9平8   **10.** 车二进四 炮1平5

  炮1平5略显急躁，可炮8平9兑车，车二平六，炮1平5，炮六平五，车4退1，马七退六，炮5退2，结果要优于实战。

  11. 炮六平五 士6进5   **12.** 车九平八 炮5退2

  退炮给了红方扩展先手的机会，仍应炮8平9兑车，红兑车后双方局面较为平稳。如选择车二平四，黑方可炮5平9反击。

  13. 马七退五 卒5进1   **14.** 车八进六 车4平3
  15. 车八平三 马7退6   **16.** 炮七平六 象7进5
  17. 兵三进一 ……

  以上几个回合红方步步紧逼，黑方防守已略显艰难。

  17. ……   车3平7   **18.** 兵三进一 马3进2
  19. 马三退四 ……

  退马好棋！准备下步炮五平二。

  19. ……   车7进3   **20.** 炮五平二 车7平8
  21. 炮二退一 后车进1   **22.** 炮六进六 士5进4
  23. 炮六平三 ……

  炮六平三好棋！黑方此时不可炮8平9兑车，否则红炮三进一，黑失子。红方以上几个回合彰显功力，至此红方优势明显！

  23. ……   马2进3
  24. 车二平四 炮8平6
  25. 车四进三 后车进7
  26. 车四进一 ……

  车二平四交换后红方已呈胜势。现在车四进一直点黑方命门，黑方已经举步维艰。

  26. ……   马6进8
  27. 车三平四 士4退5
  28. 炮三进一 马8进6
  29. 炮三平六（图2） ……

  平炮击士！一着定胜局！黑方败局已定！

图2

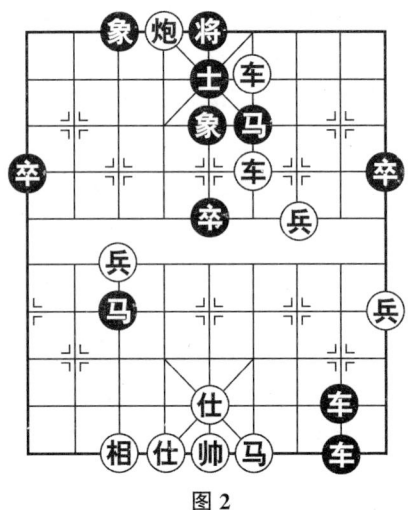

29. ……	后车退 7	30. 前车平二	马 6 退 8
31. 炮六退一	马 8 退 6	32. 炮六平九	卒 9 进 1
33. 炮九进一	象 3 进 1	34. 兵三平四	卒 5 进 1
35. 车四平八	将 5 平 4	36. 车八平六	将 4 平 5
37. 车六退三	马 6 进 7	38. 兵四进一	马 7 进 8
39. 兵四平五	马 8 进 6	40. 兵五进一	马 6 进 8
41. 车六平三	士 5 退 6	42. 炮九平四	

红方入局紧凑，至此黑方已无力回天，逐含笑认负。综观整局，红方稳打稳扎，步步为营，彰显女子第一人的功力，而黑方亦是顽强拼搏，结果虽败，但不失为一盘佳局。

第57局　唐丹 胜 何静

2013~2014年全国象棋女子甲级联赛的第4轮，唐丹与何静再次相遇。

1. 炮二平五　马 8 进 7　　**2.** 马二进三　卒 7 进 1
3. 兵七进一　车 9 平 8　　**4.** 马八进七　马 2 进 3
5. 马七进六　……

进马形成先锋马阵型，此时如车一进一的话便形成横车七路马。

5. ……　　　车 1 进 1

此时是黑方布局的选择点，除车 1 进 1 外还有象 3 进 5、士 4 进 5、炮 8 平 9、炮 2 平 1、象 7 进 5 等变化可选择。

6. 炮五平六　……

炮五平六是常见变化，较常见的还有车一平二与炮八平六，分别有不同的攻守，试举炮八平六为例：炮八平六，炮 2 进 3，马六进七，车 1 平 4，仕四进五，炮 2 退 4，车九平八，炮 2 进 3，兵七进一，象 7 进 5，炮六平七，象 5 进 3，车八进八，炮 8 退 1，车一平二，车 4 进 8，仕五退六，炮 8 平 2，车二进九，马 7 退 8，双方互缠。

6. ……　　　炮 2 进 3

此时炮 2 退 1 也是不错的选择：炮 2 退 1，炮八平七，炮 2 平 4，马六进七，车 1 平 2，黑方也不错。

7. 马六进七　车 1 平 4　　**8.** 仕四进五　炮 2 进 1
9. 相三进五　车 4 进 3（图 1）

车 4 进 3 是不经意间的软手，不如车 4 进 5，兵九进一，炮 2 平 5，马三进五，车4平5，先得实惠。

10. 炮八平七　　马7进8
11. 车九平八　　车4进2

再进车保炮浪费了步数，可直接炮2平7吃兵较为简明。

12. 马七退六　　车4退1

直接选择交换摆脱牵制，但有些嫌软，强硬的应法应该是炮2平3，马六进四，象3进5，车一平四，士4进5，效果优于实战。

13. 车八进三　　象7进5
14. 兵七进一　　……

交换后红方渡兵威胁黑马，而黑方却无反击，红方占优。

14. ……　　　　马3退5
15. 兵七进一　　马5进7
16. 兵七进一　　马7进6
17. 兵七进一　　……

红方连冲四步兵逼近黑方九宫城下，眼看一把匕首即将抵住心脏，黑方却无法驱赶，至此红方优势明显。

17. ……　　　　马8进7
18. 炮六进一　　炮8进4
19. 车一平四　　车8进5（图2）

进车准备连起霸王车交换子力，以求延阻攻势，但客观分析还是车4退1较好一些。

20. 炮七平六　　车4平6
21. 车四进四　　车8平6
22. 兵七平六　　……

双方均达到想要的目的，但红兵已经卡住咽喉，黑方战事告急。

22. ……　　　　士6进5
23. 车八平七　　车6平2
24. 车七进六　　炮8退5
25. 兵六进一　　……

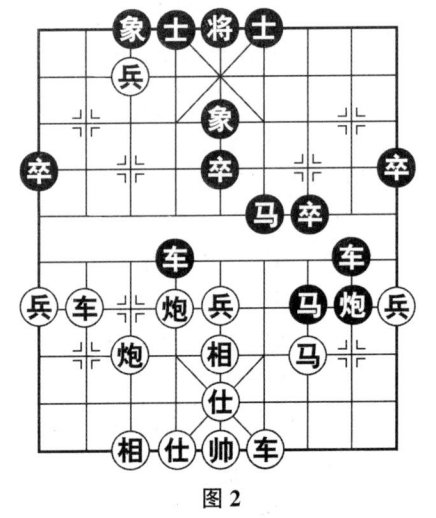

兵连破两个士，实现了其价值，至此黑方缺象少士，藩篱尽毁，红方已胜定。

25. ……　　　士5退4　　　**26.** 车七平六　将5进1

27. 车六平二　……

平车捉炮，可谓捉襟见肘，黑炮被牵难以动弹。

27. ……　　　炮8平6　　　**28.** 车二退一　车2退4

29. 前炮平三　马6进7　　　**30.** 炮六进一

进炮打马解封了红马，至此黑方完全处于挨打的地位，黑方见大势已去，爽快认负。

第58局　唐丹 胜 张婷婷

这是2013~2014年全国象棋女子甲级联赛的第9轮比赛，唐丹与张婷婷相遇。

1. 兵七进一　象3进5

此时黑方应法很多，飞3象属于灵活的应法，此外黑方还可选择激烈对攻的卒底炮，也可选择稳步进取的对兵局，亦可选择寓攻于守的还中炮局，各有利弊。

2. 马八进七　卒7进1

转变成对兵局，仙人指路布局的灵活性在此显现出来。

3. 马七进六　……

仙人指路为大师们所喜爱的原因也在于此：变化繁多复杂，目前可供红方的选择多种多样，根据大数据显示，此时最多的应法是炮二平六转变成过宫炮局，炮八平九的变化也不少，都是布局伊始的正常变化。

3. ……　　　马8进7　　　**4.** 炮二平六　车9进1

5. 马二进三　马2进4　　　**6.** 车一平二　炮8进2

此时黑方有两种变化：炮8进2和炮8平9。

7. 相三进五　……

飞三相比较少见，一般飞七相的较多。此举应该是唐丹既定的布局计划，引布局发展入陌生领域进行中局较量，以避免对手的赛前准备。

7. ……　　　卒3进1

此时黑方不可炮2进3，因红可马六退七，黑方继续炮2进1的棋时，红有炮六进五的巧手。

8. 兵七进一　车1平3

此举有点多余，倒不如直接打兵比较简明。若红马在没有马六进七的位置时，平车吃兵顺便先手捉马是较为实用的战术，而目前棋形有变，平车吃兵不合时宜。

9. 炮八平九 ……

好棋！针对黑方右翼子力位置不佳的弊病施以压力，毕竟在双方平稳对峙中，少一兵卒是大师们不能容忍的。

9. ……　　炮8平3

用炮打兵是无奈之举，如用车3进4吃兵的话，红方会车九平八钳制住黑方拐角马，况且九路炮瞄着边兵，将来会演变成多兵的趋势，黑有不小的压力。

10. 车九平八　炮3平1　　**11. 炮九进三　卒1进1**
12. 车八进三　……

车守兵林，消除黑方车3进6的棋，使黑车无好位容身，着法细腻稳健。

12. ……　　车3进4　　**13. 仕六进五　车9平6**
14. 车二进四　炮2平3
15. 车八进五　炮3退1（图1）

在双方都不易动弹的对峙棋中，唐丹心生一计。

16. 相七进九　……

飞边相意在下步相九进七再平炮打串，抓住了黑方车炮不能动弹的弊病，构思精巧，可谓"攻必克守必固"，颇显大师风范。以上几步红方稳健又不失力量，各子占据要道以待进攻，黑方子力位置虽无大碍，但拐角马被牵制，已无棋可走。至此，红方优势已经比较明显。

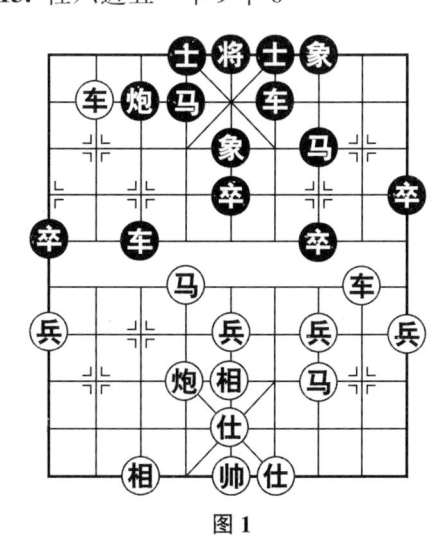

图1

16. ……　　卒7进1

黑方已无子可动，行棋举步维艰，这手送卒也实在勉强，只因棋局已到了实在难下的地步。

17. 车二平三　马7进8　　**18. 相五进七　……**

好棋！继续实施既定计划，放任黑马扑进而不顾，紧咬黑方弱点不放。

18. ……　　马8进6　　**19. 马三退一　……**

退马过于保守，以致错失良机，应该直接炮六平七打车，演变如下：炮六平七，车3平4，车八平七，车4进1，炮七平四，车6平8，炮四平八，红可得一子。红方退马反而给了黑方喘息之机，局面有所松懈。

19. ……　　马4进3　　**20. 车八退一　……**

亦可车八进一，黑如炮3退1，红可兵五进一，控制全盘。

20. ……　　马3进5

此着弃象跃马是祸患的根源所在，应车6进2，待红车八平七时跃马邀换，试演如下：车6进2，车八平七，马3进5，车七退二，象5进3，车三进五，马5进4，车三退五，炮3平5，黑方虽少一象，但仍处于反攻态势，局面两分。

21. 车八平五　　士4进5　　22. 车三进三　　马5进4

有点败着的味道，由于黑马位置过差，又失以物质之利，黑方显然有些自乱阵脚，未能抓住目前局面的主要矛盾。现在黑马5进4塞住象眼，准备伺机马6进5反攻，在此情况下给黑马找个出路确实不易，但最顽强着法应车6平7兑车，车五平七，车3退2，车三平七，士5退4，兵五进一，马5退7，黑方尚可支撑。

23. 车五平七　　车3平2

是上一回合马5进4的后续手段，有点骗着的意味，此时红方不可吃炮，否则黑方车2进5叫将，再马6进5叫杀，红反而要输。

24. 相九退七　　……

红方洞察秋毫毅然落相，不让黑方有可乘之机。黑方计划落空，棋局似覆水难收，已经岌岌可危。

24. ……　　炮3平4　　25. 兵三进一　　炮4退1
26. 马一进二　　马6退4　　27. 车七进二　　车6平8
28. 马二退四　　象7进5　　29. 车七平九　　前马进2
30. 相七退九　　车2进1（图2）

黑方车2进1是最后的败着！进车相当于给红马放行，红马一旦参战，便威风凛凛地驰骋沙场，黑势顿时险象环生。应车2平3限制马路，勉强可以支撑。

31. 马六进四　　马2进1

32. 前马进六　　……

这两回合红马踏八方直取敌将首级，犹入无人之境，所向披靡，无子可挡，可见第30回合黑方放马通行的严重性。

32. ……　　马1退3
33. 炮六退一　　车2退4
34. 车三平五　　车2平4

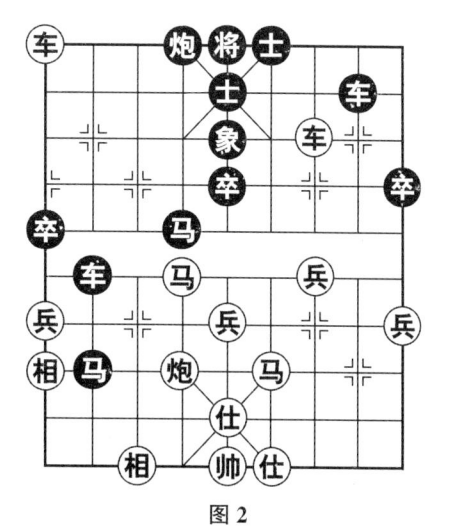

图2

35. 车五退一　马4进5　　　　　**36.** 车五退三　车4进2

37. 车九平七

抓死黑马，黑若跑马则马四进六得车，黑方见棋已成东海逝波，遂推枰认负。

红方最后的进攻紧凑有力，颇显攻必克守必固的后盘力量，运子如行云流水，读者应深入体会。

第59局　陈丽淳 和 唐丹

2013～2014年孚日家纺杯全国象棋女子甲级联赛经过11轮激烈的鏖战后，唐丹个人积分榜排名第一。第12轮执后对阵广东陈丽淳。

1. 炮二平五　马8进7　　　　　**2.** 马二进三　车9平8

3. 车一平二　马2进3　　　　　**4.** 兵三进一　卒3进1

5. 马八进九　卒1进1

冲边卒以卒制马，此时也有车1进1、象3进5、象7进5和炮8进4等变化，各有其攻守体系。

6. 炮八平七　马3进2　　　　　**7.** 车九进一　象3进5

至此形成五七炮进三兵对屏风马的布局定式，此时黑方有四个变化体系，象3进5、象7进5、卒1进1、马2进1，这四种变化在进三兵布局里面最为常见。以下黑方选择的象3进5变化局势更为复杂，对攻性更强。

8. 车九平六　车1进3

除了车1进3之外，也有士4进5或马2进1的变化，另有一番攻守。

9. 车二进六　炮8平9　　　　　**10.** 车二进三　……

此时也有车二平三的变化，试举一例：车二平三，炮9退1，车三平四，车8进4，炮七退一，士6进5，马三进四，炮9进5，车六平三，象7进9，兵三进一，车8平7，车三进四，象9进7，炮七平二，炮9平7，炮二进六，局面复杂。

10. ……　　马7退8　　　　　**11.** 兵五进一　士4进5

更常见的是马2进1，炮七退一，马8进7，车六进二，炮2进3，炮七平三，士4进5，马三进二，卒7进1，马二进三，炮2平7，马三进一，象7进9，相三进一，炮7进2，均势。

12. 炮七退一　马2进1　　　　　**13.** 马三进四　马1退2

除马1退2外，此时黑方也有炮9进4、马8进7、卒1进1等变化，双方另有一番攻守。

14. 车六进二　卒1进1　　　　**15.** 炮七平三　卒1进1
16. 马九退七　车1进2　　　　**17.** 炮五平三　炮9平7
18. 马七进五　马2退3

退马是稳健的着法，也可以卒1平2，变化比较激烈，试演如下：卒1平2，马四进五，马8进9，兵三进一，马2进3，兵五进一，双方对攻。

19. 车六进三　炮2进4

好棋！打边兵后可以破坏红方阵型，对红方子力进行牵制。

20. 相三进一　马8进9（图1）

马8进9是唐丹改进后的着法，此时黑方炮2平9居多，以下马四进三，炮9平5，仕四进五，卒2平3，车六退三，车1平5，均势。

21. 兵一进一　……

以兵制马且避免黑炮打兵，虽依棋理但有些缓慢，应马四进五简明占先，以下马3进5，兵五进一，炮2平9，车六退三，红方稍优。

21. ……　　　　炮2进3　　　**22.** 车六平八　炮2平1
23. 马五退七　卒1平2　　　　**24.** 前炮平九　……

平炮好棋！不仅瓦解了黑方的反击，且消灭了最具威胁的过河卒，黑方局面已经不容乐观。

24. ……　　　　炮1平2　　　**25.** 车八退三　炮2退1
26. 车八退二　车1进2

经过一方交换后，红方稍占优势。

27. 马四进五　车1平7　　　　**28.** 炮三平五　炮7平8
29. 马五进七　炮8平3　　　　**30.** 马七进六　炮3进4
31. 马六进七　炮3平5　　　　**32.** 相七进五　象5进3
33. 车八进八　士5退4　　　　**34.** 炮五进二　士6进5
35. 相一退三　……

红方先后通过兑子取势、先弃后取的手段谋取两卒，现净多一兵且位置较好，至此红方进入优势残局。

35. ……　　　　车7退1　　　**36.** 炮五平八　车7平5

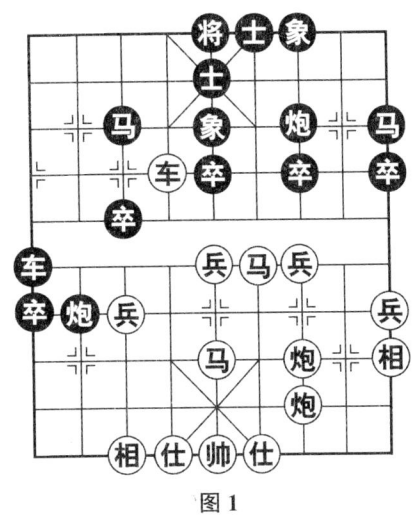

37. 车八退五　象3退5　　　　38. 炮八退二　马9退7
39. 车八平七　……

此时红方应先车八进二，黑方只能马7进9，再车八平七，效果优于实战。

39. ……　　　车5平2　　　40. 炮八平一　车2平9
41. 炮一平九　车9平1　　　42. 炮九平一　车1平9
43. 炮一平九　车9平1　　　44. 炮九平一　车1退2

黑方属于常捉，理应变着。

45. 炮一进五　……

通过棋规又谋一兵，黑方防守已经非常艰难。

45. ……　　　卒7进1　　　46. 兵三进一　车1平7
47. 炮一平九　车7平1　　　48. 炮九平八　车1平2
49. 炮八平九（图2）　……

平炮实为漏着！随意就葬送了所有努力，应车七进二，黑方仍是难应。

49. ……　　　马7进8

好棋！红方边兵难守，和势已成。

50. 兵一进一　车2平9
51. 炮九进三　象5退3
52. 车七进五　车9平1
53. 兵五进一　马8退6

双方见局面至此便握手言和。

此局红方面对黑改进的着法从容不迫，轻巧地瓦解了黑方的反击，并用先弃后取、兑子取势等手段获得优势残局，但不慎走漏丢掉一兵以致局势向和棋发展。

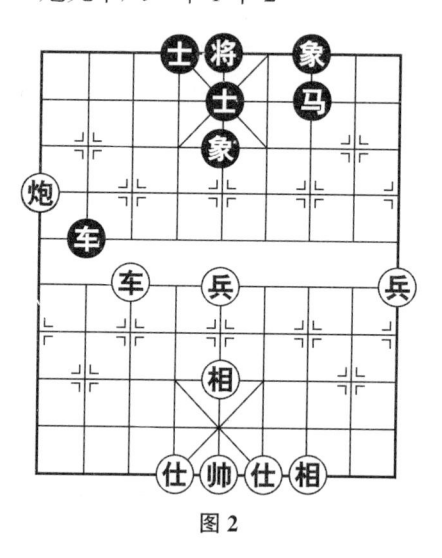

图2

第60局　唐丹 胜 梅娜

2013~2014年全国象棋女子甲级联赛于1月6日在高密拉开序幕，唐丹此轮对阵梅娜。

1. 兵七进一　卒7进1　　　2. 马八进七　马8进7
3. 马七进六　象3进5

此前唐丹在联赛第一阶段对阵吴可欣时就用此布局并获胜，根据数据显示，唐丹此布局胜率很高，行棋对弈时得心应手。

4. 炮二平六　马2进3

飞象后起马略显呆板，可选择车9进1更为灵活，2路马可伺机而动，或马跳拐角准备炮2进3打马，或马2进1快速出动双车，一切皆见机行事。

5. 相三进五　……

这变化对局很少，一般都是先马二进三，看对方应变后选择飞哪个相。都是殊途同归的变化，只不过先后次序不同而已。但根据大数据监测，飞相的胜率很高，这值得我们注意。

5. ……　　　车9平8（图1）

黑出直车感觉其阵型子力不好展开，看似正常的一步棋于无形间处于劣势。可先马7进8再出横车，阵型比较完美。

6. 马二进三　士4进5

7. 仕四进五　炮8进1

进炮目的在于保护3卒，实则无太大必要，由此一来黑方阵型太过受罪。应炮8进3威胁红方盘河马，试演如下：炮8进3，马六进七，炮8退2，马七退六，炮2进3，兵七进一，象5进3，通过顿挫使黑马更加灵活。

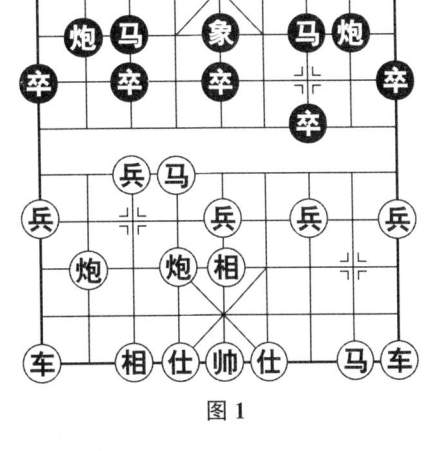

8. 炮八平七　炮2进3　　　　**9. 兵七进一　……**

献兵好棋！抓住战场的主要矛盾，献兵后，黑方子力散乱，前景堪忧。如马六进七交换，炮8平3，炮七进四，红方虽吃一卒，但黑方子力位置舒展，双车位置明亮，颇具反先意味。

图1

9. ……　　　象5进3　　　　**10. 车一平四　马7进8**

坏棋，此为输棋之根源，一着不慎满盘皆输，低估了红方的进攻手段，有些随手的味道，应车1平2出车，若红方车四进六，则炮8进6对攻，试演如下：车1平2，车四进六，炮8进6，马三退二，车8进9，仕五退四，炮2进4，黑方有攻势，红得不偿失。

11. 马六进八　……

好棋！紧咬黑马太弱的缺点不放。黑方位置散乱，局面不容乐观。

11. ……　　　马3退4

只能退马，如车1平3，车四进四，炮2进3，车九平八，炮2平1，马八进七！黑不能吃马，因红有车八进九叫将再车四平六的棋，局面大优。

12. 车九平八　炮2平4　　　　13. 马八退七　炮4退2

退炮打乱了自己的阵型，实为无必要之步。当下应马4进5先进行防守，在运动战中寻找机会对攻。

14. 车八进四　象7进5　　　　15. 兵三进一　车8平7

16. 炮六进三　……

这步棋有些松弛，给了黑方喘息的机会，应该直接马七进五因机而立胜，试演如下：马七进五，卒7进1，车四进五，马8进7，马五进六，炮8平4，相五进三，黑难应。

16. ……　　　　卒7进1　　　17. 车八平三　炮8平7

平炮挡车拒绝兑兑有些思路不清晰之感，黑方如果接受兑车再车1平2，出动右翼子力，虽然略亏但尚无大碍，平炮拒兑后子力位置不佳，阵型散乱，行棋举步维艰。

18. 马三进二　车1平2　　　　19. 车四进五　马8退9

在此逆境中可考虑先车2进7捉炮，待红躲炮后再马8退9躲马，以免下步车被挡住。

20. 马七进八　象3退1

落象看似理所应当，但实为败着，应炮7退2固守下2路，看红方如何应对。

21. 炮六进四（图2）　……

炮打底马是简明扩先的好棋！迅速打开局面，使棋局更快推进。

21. ……　　　　车2平4

不能士5退4，否则红先炮七平八打车，再车四进二，黑难应。

22. 马八进九　炮7退2

23. 车三进三　车4进2

24. 车四平六　马9退8

退马不好，应直接车4平1吃马，红必车六进一吃炮，再象5退3兑车还能抵抗。

25. 车三平二　车4平1　　　　26. 车六进一　炮7平6

27. 车六平五　马8进7　　　　28. 车五平三　象5进3

29. 炮七进二　……

此着抬炮使得各个大子都参与进攻，对黑方的压力可谓一波未平一波又起。红方自简明扩先、打开局面后的几个回合，顺搪敌意借局布势，弈得行云流水。

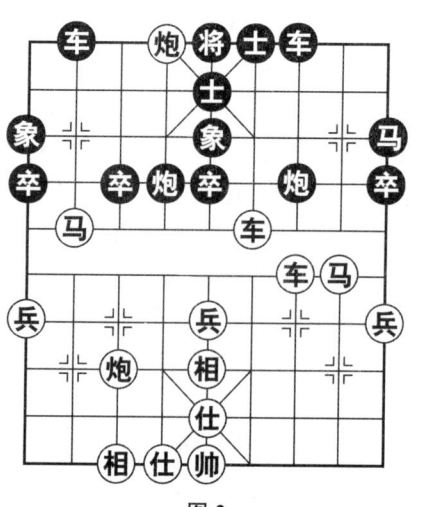

图2

29. ……　　　　车7平8　　　30. 车二进二　马7退8
31. 车三平七　……

顺手牵羊横扫卒林，可谓连消带打，也可直接炮七平五，将5平4，车三平六，士5进4，车六平七，黑方迅速崩溃。

31. ……　　　　车1平8　　　32. 马二进三　炮6平9
33. 炮七平五　将5平4　　　34. 车七进三　将4进1
35. 马三退五　车8平2　　　36. 车七退四　……

再吃一象，就势取利。或可直接马五进七将军，待上将后炮五平六，马8进7，马七退五！此时黑方只能马7进5，车七退三，黑丢子。

36. ……　　　　马8进7　　　37. 炮五平六　士5进6
38. 车七平六　将4平5　　　39. 炮六平五　将5平6
40. 马五进六

至此黑车必掉，黑方见无法抵抗，遂爽快认负。

第61局　唐丹 胜 陈青婷

2013～2014年全国象棋女子甲级联赛第16轮比赛，唐丹与陈青婷第二次交锋。

1. 兵七进一　卒7进1　　　2. 炮二平三　炮8平5
3. 马八进七　马8进7　　　4. 相七进五　……

上次联赛两人交锋时也下到这个局面，而唐丹一改过往飞三相而选择飞七相，可能是怕陈青婷有备而来吧。

4. ……　　　　马7进6

正着，次序不可错。如车9平8，红方会炮三进三直接打卒，黑方在少一卒的情况下无明确的进攻手段，棋势略亏一些。

5. 仕六进五　车9平8　　　6. 马二进一　马2进3
7. 车一进一　马6进5

防止红方先手捉马出车，同时获得中兵的物质实惠，可谓一举两得。

8. 马七进五　炮5进4　　　9. 车一平四　象3进5

以上双方都属于常见变化，此时除了象3进5之外，也有炮2平1和炮5平9等选择。试举炮2平1变化：车四进二，炮5退2，车九平六，车1平2，车六进六，象3进5，车六平七，车2进2，炮八进四，车8进5，车四平八，士4进5，各有顾忌。

10. 车四进二　炮5退2　11. 车九平六　炮2进1

炮2进1是比较好的变化,在获得物质优势后转攻为守,于卒林处安营扎寨,其首要目的是防止红车攻击黑马。另有车8进5和车1进2变化,也很常见。

12. 车六进四　……

此局面为红方的裁决之地,红方有车六进八、车六进七、兵一进一等变化。

12. ……　　士4进5

13. 兵一进一　车8进6(图1)

进车兵林企图造成一些牵制,黑车在左翼确实无用武之地。也可以考虑车1平4,先兑车缓解右翼压力,然后再车8进1寻求黑车出路。

14. 炮八平七　……

红方平炮瞄卒,针对黑方马不活的弱点,给黑方3路线施以压力,也可以考虑走车四平八兑炮,兑后黑方防守子力减少,马的弱点凸显,右翼有一定的压力。

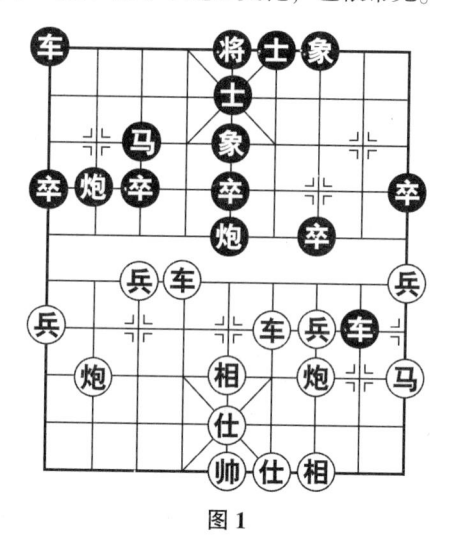

图1

14. ……　　车1平2　　15. 车四平八　卒9进1

16. 炮七进四　……

打兵略显急躁,炮还是在后方牵制黑3路线含蓄待发更能发挥其最大效用。可先送七兵,试演如下:兵七进一,象5进3,兵一进一,炮5平9,炮三进三,如此局势比较明朗,红方稳持先手。

16. ……　　卒9进1　　17. 车六平一　炮5平6

18. 车一平五　……

限制中卒不让其挺起,一旦让黑达到其目的,不仅黑左车有畅通之地,红炮也会有危险。也可车一平二邀兑黑车,兑换后红方各子力位置灵活,简明占优。

18. ……　　炮2进1　　19. 炮七平六　……

好棋,与前几回合衔接成一套组合拳打在黑方薄弱的右翼。眼看红兵直驱而入,黑方该如何解围?

19. ……　　车2进3

进车抓炮,非此着不可,不然无法阻挡红兵肆意入侵。

20. 炮六退四　……

顺势调形,准备炮六平八拉住黑方车炮,显现出唐丹如巨蟒般的中局缠绕能力。

20. ……　　　　马3退1
21. 车五平四　　炮6退2
22. 车四进二（图2）　车8退2

黑方车8退2嫌软，意图保护7卒并且在必要时弃7卒解围。不如马1进3，有马3进4暗保7卒的手段，并且阵型工整富有弹性。

23. 兵九进一　……

也可简化局势走炮六平八，试演如下：炮六平八，炮2进3，车八进三，马1进2，炮三平八，马2进4，车四平五。由于黑方1路卒必掉，红方净多双兵，局势乐观。

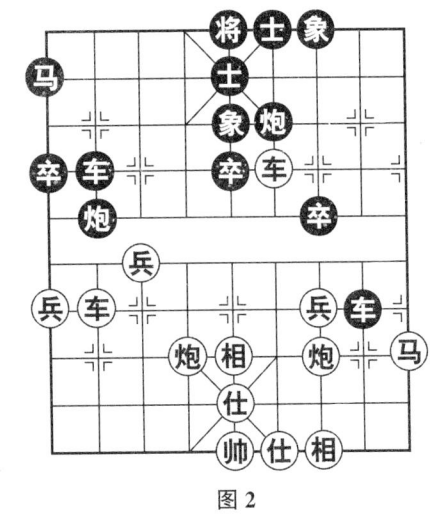

图2

23. ……　　　炮2平5　　24. 车八进三　马1进2
25. 兵七进一　……

弃一兵使黑象高飞，打乱黑方阵型以益于红车在卒林的杀戮。直接车四平五吃卒也可以，黑如马2进3，红方可炮六进二，都是红优势。

25. ……　　　象5进3　　26. 车四平五　马2退4
27. 车五平六　象7进5　　28. 炮三平四　马4退3
29. 炮四进二　炮5进2

进炮有些漫无目的，在黑车被困左翼苦于支援不到主战场的情况下，马3进2试探一下红方反应也不失为在逆境下较顽强的应法。

30. 炮四平八　马3进2　　31. 车六平八　炮5平2
32. 炮八平五　炮2平4　　33. 炮六平八　马2退3
34. 炮八进三　……

以上几步红方行棋谨慎紧凑，不给黑方喘息的机会，至此红方限制住黑方散乱的阵型，黑方空有搏杀之力而无处施展，大势已去。

34. ……　　　炮4退6　　35. 车八平五　马3进2

最后的败着，没有看到红方车八平五的意图，略显随手之意。而从大局观上看，问题的关键在于黑车不能投入战斗。应车8进4或退车逃离，尚可支撑。

36. 炮五进三

黑方漏算打象，藩篱尽毁，苦苦支撑已无济于事，遂含笑认负。

综观全局，唐丹以微弱的子力位置优势控制着整盘棋局的发展，思路明确，控制力如巨蟒般使人窒息，很多精彩着法亦可圈可点。

第62局　赵冠芳 负 唐丹

2014年第6届句容茅山·半岛杯全国象棋冠军邀请赛于2014年5月在茅山游客中心拉开帷幕，本轮唐丹对阵来自云南的特级大师赵冠芳。

1. 兵七进一　炮2平3　　　**2.** 炮二平五　象3进5

3. 马八进九　卒7进1

另有车9进1的应法，炮五进四，士4进5，马二进三，马2进4，炮五退一，车9平6，兵三进一，卒7进1，兵三进一，车6平7，相三进五，车7进3，兵五进一，马8进7，马三进五，车1平2，车九平八，马7进5，均势。

4. 马二进三　马8进7　　　**5.** 车一平二　车9平8

6. 车九平八　……

先出动左车导致右翼被封锁，而换来的是自身左翼的展开，利弊参半。正常情况下红方此时多车二进四，士4进5，车九平八，炮8平9，车二进五，马7退8，炮五进四，马8进7，炮五退一，炮3进3，炮八平七，马2进3，相七进五，炮3退1，车八进六，马7进5，兵九进一，车1平2，车八进三，马3退2，炮七进四，均势。

6. ……　　　炮8进4　　　**7.** 炮八进一　马2进4

8. 兵五进一　炮8退1　　　**9.** 炮八平五　车8进3

10. 车二进一（图1）　……

柳大华与张强在赛场曾弈至此局面，红方当时选择的是车八进八，马4进6，车八平七，车1进2，仕六进五，马7进6，前炮进三，士6进5，车七平六，前马进7，前炮平一，车8平9，车二进四，车1平2，车六退五，马7进5，相三进五，均势。

10. ……　　　马7进6

进马好棋！红方双炮若被兑掉一个则中路攻势荡然无存。

11. 车二平四　马6进7

可马6进5，红只能马三进五，车1平2，车八进九，马4退2，黑方稳控先手。

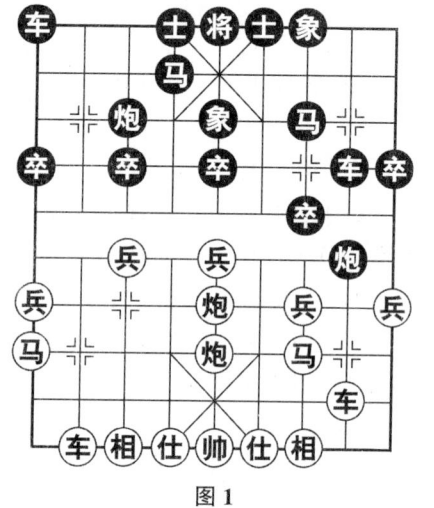

12. 兵五进一　马7进5　　　　13. 相七进五　卒5进1
14. 车四进七　马4进6　　　　15. 炮五进四　……

打象不够细腻，应车八进七，车1平3，马三进二，车8进2，炮五进四，这样交换后红方兵种与位置都很好。

15. ……　　　车8平5　　　　16. 马三进二　车5退1
17. 马二进三　车5平4

一番交换后，黑方多两卒，红方多一相，但红方已然无炮，应属黑方较好一点。

18. 车八进五　士4进5　　　　19. 马三退五　马6进5
20. 车八平五　车1平2　　　　21. 相五退七　车2进6
22. 兵九进一　车4进6　　　　23. 仕四进五　卒7进1
24. 车四平三　卒7平6
25. 车三进一（图2）　……

以上几个回合，红方虽吃回中卒，但黑方趁机获取攻势，已获优势。现红方吃象使局势更加恶劣，应该先相三进五保住七兵，这样黑方并无很好的手段。

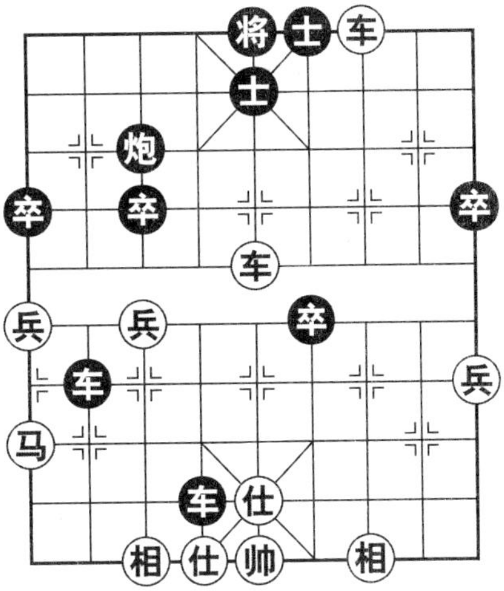

25. ……　　　炮3进3
26. 车三退七　炮3平5
27. 帅五平四　车2平6
28. 车三平四　车6进1
29. 仕五进四　车4进1
30. 帅四进一　车4平3

图 2

一番交换后摧毁红方藩篱，物质优势过于强大，胜势已定。

31. 马九进八　车3退1　　　　32. 帅四退一　车3进1
33. 帅四进一　车3退1　　　　34. 帅四退一　车3进1
35. 帅四进一　车3退4　　　　36. 马八进九　卒6进1

黑胜定。

第63局　唐丹 和 王琳娜

2014年第6届句容茅山·半岛杯全国象棋冠军邀请赛第4轮，唐丹执先与王琳娜狭路相逢。两人在职业生涯上已是老对手，旗鼓相当。

1. 兵七进一　炮2平3　　　　2. 马二进三　卒3进1
3. 炮二平一　卒3进1　　　　4. 马八进九　马2进1
5. 车一平二　象7进5　　　　6. 车二进四　马8进6

跳拐角马直接穿宫奔象台，占领较好的位置；更为流行的弈法是马1进3保卒，以下红方炮八平七，马3进4，炮七进五，炮8平3，车九平八，马8进7，兵五进一，车9平8，车二进五，马7退8，相七进五，卒5进1，兵五进一，马4进6，车八进一，马6退5，均势。

7. 车二平七　马6进4　　　　8. 兵九进一　马4进3
9. 车七平六　车1进1　　　　10. 相七进五　车9进1
11. 仕六进五　车1平4　　　　12. 车九平六　炮3平4
13. 前车平二　炮4平3　　　　14. 车六进八　车9平4
15. 马九进八　炮8平9　　　　16. 炮一进四　士4进5
17. 炮八平六（图1）……

红方虽多一兵，但是无法推进，遂平仕角炮稳固阵型；此时也可考虑车二平四，然后再兵三进一的思路。

17. ……　　　　车4进2
18. 炮一平二　炮9平8
19. 车二平四　炮3平4
20. 炮六进五　车4退1
21. 兵三进一　……

一番交换之后，红方位置较佳，且多一边兵，应属红先手。但黑方阵型稳固，尚无大碍。

21. ……　　　　马1退3

退马好棋，以退为进，弈得十分灵活。

22. 车四平七　……

平车必然，否则黑方马3进2后，红方无立脚点来支援空虚的左翼。

22. ……　　　　后马进2　　23. 车七退二　马2进1
24. 炮二退二　……

退炮有些保守，应选择马三进四！给黑方制造压力。黑如车4进3，则车七进二；又如车4平2，则马八进六，红方保持先手。

24. ……　　　　卒7进1　　25. 兵三进一　车4进3

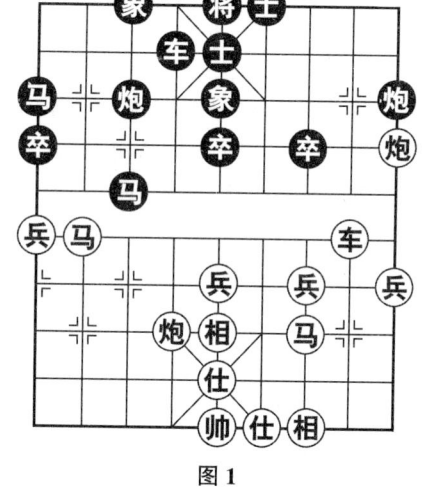

图1

26. 车七进二　车 4 平 3　　　27. 相五进七　象 5 进 7

一番交换过后，双方子力物质相当，均占不到便宜。

28. 相七退五　马 1 退 2　　　29. 炮二进二　马 2 退 4

30. 马三进四　卒 1 进 1

双方均无便宜，遂握手言和。

综观全局，红方以先手控制整盘棋局，展现了其强大的局面控制力，但是虽取得先手却没有手段进行突破；黑方冷静对峙，慢慢调整阵型，第 24 回合抓住了红方松懈的一丝机会，强行弃卒兑子，乃是稍劣势情况下的神来之笔。

第 64 局　唐丹 胜 张国凤

2014 年第 6 届句容茅山·半岛杯全国象棋冠军邀请赛，唐丹与张国凤相遇。

1. 兵七进一　卒 7 进 1　　　2. 炮二平三　炮 2 平 5
3. 马八进七　马 2 进 3　　　4. 车九平八　马 8 进 7
5. 相三进五　……

2012 年第 4 届句容茅山杯全国象棋冠军邀请赛上，两人曾弈至相同局面，当时唐丹没有相三进五而是选择炮三进三，马 7 进 6，马二进三，马 6 进 5，马三进五，炮 5 进 4，马七进五，炮 8 平 5，炮八平七，炮 5 进 4，车八进三，炮 5 退 1，车一平二，红方先手，最终红胜。

5. ……　　马 7 进 6　　　6. 炮三进三　车 1 进 1

在决赛的第一轮，双方以相同布局对阵，当时黑方没有选择车 1 进 1，而是马 6 进 5 踏中卒，应是此着的改进，以下红方马七进五，炮 5 进 4，仕四进五，车 1 平 2，炮八进四，卒 5 进 1，马二进三，炮 8 平 5，车一平二，车 9 进 1，车二进六，后炮进 1，马三进五，炮 5 进 3，车八进五，象 3 进 5，车八平五，结果红胜。

7. 马二进三　车 1 平 7（图 1）

车 1 平 7 抓炮看似先手，实则不然，首先，黑方杀不死红炮，车 1 平 7 这步早晚会是无用之着，红方兵三进一可活马和保炮；其次，红方弱点在于七路马，

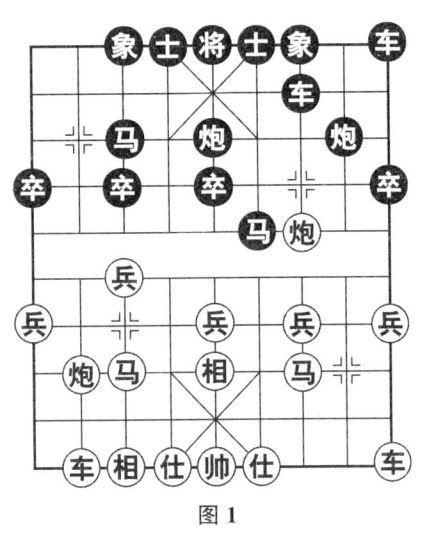

图 1

而非过河炮,战略性失误会使局面难以对抗。因此,此着应改车1平4,车一平二,炮8平7,黑方无大碍。

8. 兵三进一　车9平8　　　　**9.** 仕四进五　炮5平6

面对黑方象7进5抓死炮,红方应该如何抉择呢?

10. 兵五进一　炮8进2

防止红方兵五进一,如改象7进5,则兵五进一,象5进7,兵五平四,红优。

11. 车一平二　车8进1　　　　**12.** 炮八进五　象7进5
13. 兵五进一　象5进7　　　　**14.** 兵五平四　象7退5
15. 车二进三　……

一番交换后,红方已经全盘压制黑方,现红方车二进三占领要道,压制黑方活动空间,局面已是红方大优。

15. ……　　炮6平7　　　　**16.** 马三进四　炮8进1
17. 马四进六　车7平6　　　　**18.** 兵三进一　炮8平5
19. 车八进三　卒3进1
20. 兵七进一　象5进3(图2)

象5进3吃兵,失策!以为先弃后取能够缓解一些压力,但深度分析后发现,红方能够再次得回一子。应马3进4,炮八平三,象5进3,黑方还能坚持。

21. 马六进七　车8进5
22. 车八平二　炮7平2
23. 前马退五　车6平3
24. 车二进一　象3退5
25. 马七进五　炮5平2
26. 相七进五　炮2进7
27. 相五退七　车3进8
28. 车二平八　炮2平1　　　　**29.** 兵四进一　……

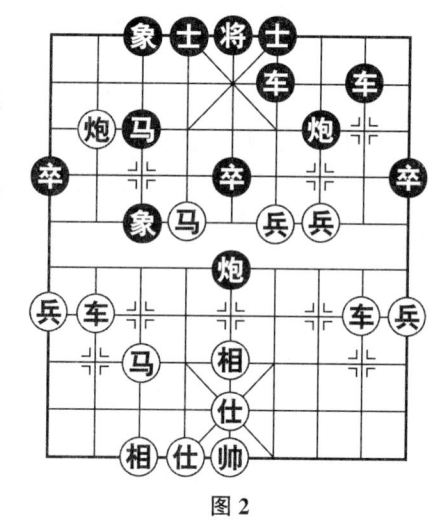

图2

激烈搏斗后,红方获得一子和两个过河兵的物质优势,胜势已定。

29. ……　　车3退3　　　　**30.** 车八退四　炮1退2
31. 后马进六　炮1平5　　　　**32.** 仕五进四　车3平6
33. 兵三进一　士6进5　　　　**34.** 车八进四　炮5退3
35. 马六进八　车6进1　　　　**36.** 马八进七　将5平6
37. 车八平二　炮5平7　　　　**38.** 车二进五　象5退7

39. 兵三平二　象3进5　　　40. 马七退五　车6退4
41. 车二平三　将6进1　　　42. 车三退三

红胜定。

综观全局，由于黑方布局时刻车1平7抓炮假先手，红方抓住机会持先手稳步进取，从空间优势慢慢向物质优势转化，最后蚕食对手获得胜利，其对棋局的控制力颇值得研究学习。

第65局　唐丹 胜 张国凤

2014年第6届句容茅山·半岛杯全国象棋冠军邀请赛，决赛阶段第1轮，唐丹又遇特级大师张国凤。

1. 兵七进一　卒7进1　　　2. 炮二平三　炮2平5
3. 马八进七　马2进3　　　4. 车九平八　马8进7
5. 相三进五　马7进6　　　6. 炮三进三　马6进5

在此次比赛的预赛阶段，双方以相同布局对阵，当时黑方选择车1进1，结果不是很理想；这次改进应法，显然是有备而来。

7. 马七进五　炮5进4　　　8. 仕四进五　车1平2
9. 炮八进四　卒5进1（图1）

挺起中卒使阵型漂浮，应炮5退2更为合适，原因有二：第一，挡住红炮，致使红方没有炮八平五的棋；第二，先行躲避红方跳马抓炮。

10. 马二进三　炮8平5
11. 车一平二　车9进1

至此布局阶段结束，红方虽少中兵但多一个三兵，且子力空间有优势，已然扩先。此时黑方可先炮5退1，红方车二进六时黑方可后炮进1挡住并使红方没有马三进五兑子的棋。

12. 车二进六　后炮进1
13. 马三进五　炮5进3　　　14. 车八进五　……

图1

车八进五好棋！是冷静分析盘面后一针见血的好棋。只要赶走黑炮，红方便可放手进攻。

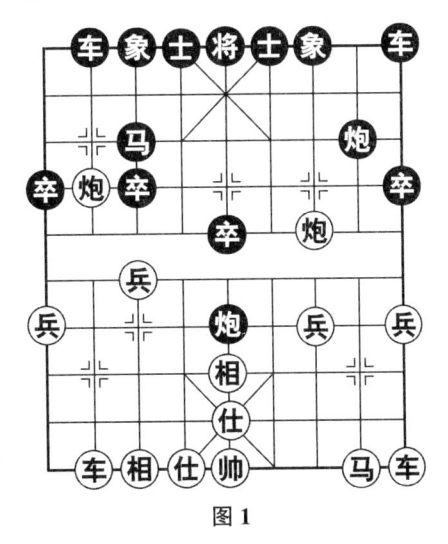

14. ……　　　　象3进5　　　　15. 车八平五　炮5平9
16. 车二平七　车9平8　　　　17. 炮三平二　……

挡住黑车，不给黑方丝毫的反击机会。

17. ……　　　　炮9退2　　　　18. 炮二进一　士4进5

若改马3退1企图打破封锁，红方应该如何应对呢？答案是车五平四！马1进2，帅五平四！士4进5，炮二平八，黑方还是处于被压制状态。

19. 车五平四　车8进1　　　　20. 车七平四　车8平6
21. 兵七进一　……

白丢一兵有点不划算，可以选择前车进一，士5进6，炮八平一，车2进4，车四平八，马3进2，炮一平九，红方形成必胜残局。

21. ……　　　　车6进1　　　　22. 车四进一　象5进3
23. 炮二进三　象3退5　　　　24. 车四平七　马3退1
25. 炮八平一　车2进4　　　　26. 炮一平二　卒1进1
27. 车七平五　车2退2　　　　28. 后炮平一　车2进2
29. 炮一平二　车2退2
30. 前炮平一　车2进2（图2）

黑方丢象已是必然，所以黑车企图左移造成一点干扰，局面至此只得如此。

31. 车五进一　车2平8
32. 炮二平三　……

平炮正确，如车五退一，则车8进5，再炮9进5，黑方有反击。

32. ……　　　　车8退4
33. 车五平三　象7进5
34. 炮一退一　……

也可选择车三平五，车8平9，车五平一，车9平7，炮三平五，士5进6，车一退二，车7进6，车一平九，红方刚好弈成必胜残局。

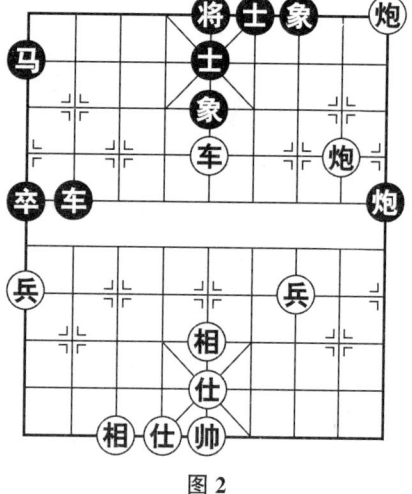

34. ……　　　　马1进2　　　　35. 车三平五　马2退4
36. 车五平二　……

此着一出，黑方只有防御的份，红方胜利只是时间的问题。

36. ……　　　　车8平7　　　　37. 炮三退二　炮9进2
38. 车二退四　炮9退1　　　　39. 车二进二　卒1进1
40. 兵九进一　炮9平1　　　　41. 炮三平五　士5进6

42. 车二平五　将 5 平 4　　　43. 车五平六　将 4 进 1

44. 炮五平六

红得子胜定。

此局红方抓住黑布局挺中兵致使其阵型漂浮的弱点，一举扩大了先手，优势情况下控制局面，运用封锁等战术手段蚕食对手，不给黑方反击机会，值得我们研究学习。

第 66 局　唐丹 胜 唐思楠

2014 年第 6 届杨官璘杯全国象棋公开赛于 2014 年 9 月在广东省东莞市凤岗镇杨官璘象棋馆拉开帷幕，唐丹与唐思楠又一次不期而遇。

1. 兵七进一　炮 8 平 5　　　2. 马二进三　马 8 进 7
3. 车一平二　车 9 平 8　　　4. 马八进七　……

双方第二次较量此布局，2013 年全国象棋个人锦标赛上唐丹选择的是炮二进四，由于策略的不同这次选择了马八进七先手屏风马的变化，相对于炮二进四而言更为稳健。

4. ……　　卒 7 进 1

较为古老的变化是车 8 进 4，以下炮二平一，车 8 进 5，马三退二，马 2 进 1，相七进五，炮 2 平 4，车九平八，车 1 平 2，炮八进六，卒 7 进 1，均势。

5. 相七进五　马 2 进 1　　　6. 仕六进五　炮 2 进 4
7. 车九平六　炮 2 平 7　　　8. 车六进五　……

以上几个回合双方借局布势循规蹈矩，现红方进车拿卒好棋，进攻犀利，抓住了局面的矛盾点，给予黑方犯错误的机会。

8. ……　　车 8 进 4

直接升车保卒，意图兑车后再象 7 进 9 保卒，是五八炮阵型常用的手段。此时也可考虑卒 7 进 1，试演如下：卒 7 进 1，炮八进二，车 1 平 2，炮二平一，车 8 进 9，马三退二，卒 1 进 1（不可炮 7 平 1，否则帅五平六，黑难办），局面两分。

9. 炮二平一　象 7 进 9

保留 7 路炮压马瞄相的态势，但不如先兑车后再飞象。

10. 车二进五　马 7 进 8　　　11. 马七进八　车 1 进 1
12. 帅五平六　……

出帅好棋！断了黑车的出路，局面成为封锁态势，棋局主要矛盾转化为封锁与突破，总体还是红方较好一点。

12. ……　　　士6进5　　　13. 炮一进四　马8退7
14. 炮一平二　卒7进1　　　15. 兵九进一　……

以上几步红方先断黑车路，又炮击边兵取得物质均衡，对黑是一个封锁的状态，局面前景较好，此时挺边兵制马是想封锁得更牢固一些，更好的应法为炮二进二打车，炮5平4，帅六平五，士5退6，炮二平八，红方优势。

15. ……　　　炮7平6
16. 车六平三　车1平4
17. 帅六平五　炮6平7（图1）

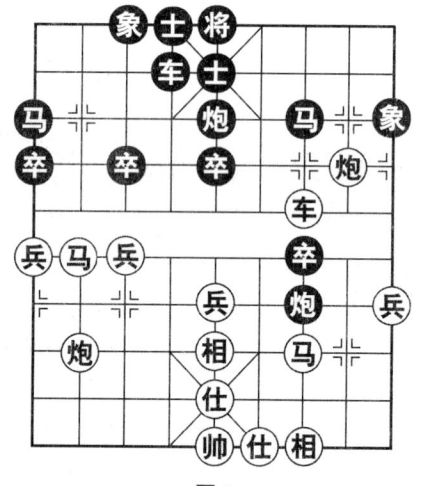

平炮打车再马7进6保炮解围，不失为一个构思佳想，但子力容易被牵制且左翼易空虚，不如退炮保马，保持阵型工整。

18. 车三退一　马7进6
19. 炮二进三　炮5平7
20. 马八退七　车4进3
21. 炮八进五　车4退2

以上几个回合双方班攻墨守，弈来颇有棋理可循，现红方进炮打象是打开局面的好棋，黑如车4退2，则炮八退一瞄向中卒，黑方被动。

22. 炮八退一　马1退3　　　23. 炮八平五　车4平5
24. 炮五平一　……

平炮错失良机，应马七进六！试演如下：前炮进3，相五退三，马6进4，车三进三，马4退5，红方子力位置占优且具有多兵优势，局面乐观。

24. ……　　　马3进4
25. 马三退二　……

也可走炮一平三简化局势获得一个优势残棋，试演如下：炮一平三，车5平6，炮三退三，炮7进4，车三进五，车4退2，车三退六，车6平8，车三进三，红方净多双兵，残棋略优。

25. ……　　　车5进1（图2）

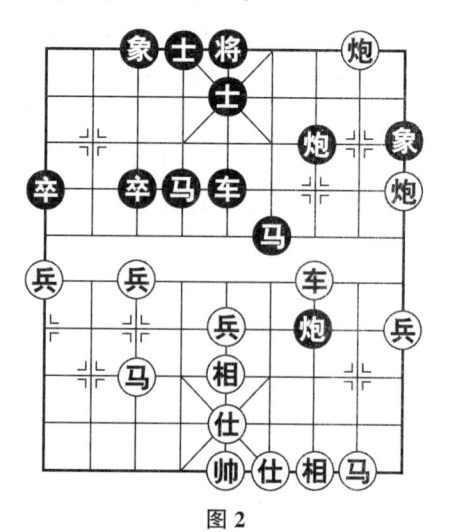

图1

图2

进车败着！应前炮平 8，再退炮固守，局面虽劣但尚可支撑。

26. 炮一平六　车 5 平 4　　　**27.** 马二进一　车 4 平 8

28. 炮二平一　前炮平 8

平炮是最后的败着，漏算红车三进一的棋，应车 8 进 4，不致速败。

29. 车三进一　炮 8 进 1　　　**30.** 马七进八

黑必丢子，投子认负。

综观全局，黑方开局一着进车保卒不慎失利，以致局面被红封锁压制，中局时刻双方班攻墨守依理行棋，进炮瞄象进而退炮打卒，黑方亦顽强抵抗，其间虽有瑕疵但尚无大碍，其后黑不慎走漏一子以致棋局崩溃，实为可惜。

第 67 局　唐丹 负 陈幸琳

2014 年第 6 届杨官璘杯全国象棋公开赛第 4 轮，比赛的焦点转至专业女子组中的第一台，唐丹位居第一且持先手对阵陈幸琳。

1. 炮二平五　马 8 进 7　　　**2.** 马二进三　车 9 平 8

3. 车一平二　卒 7 进 1　　　**4.** 车二进六　卒 3 进 1

5. 兵五进一　……

红方过河车后黑方抢挺三卒，想必是有备而来，此时选择最多的是马八进七，还原成中炮过河车对屏风马双头蛇。红方此时选择兵五进一，除此之外还有炮八平七、炮八平六、马八进九、炮五进四、车二平三等变化可选择。

5. ……　　马 2 进 3

6. 兵五进一　士 4 进 5

7. 兵五进一　……

红方连冲三步中兵，强行在中路打开攻势，因进攻急速俗称"牛头滚"。互联网时代的到来使中国象棋焕然一新，而"牛头滚"却随之被束之高阁。显然，唐丹定是有备而来。

7. ……　　马 3 进 5

8. 马三进五　马 5 进 6（图 1）

除马 5 进 6 之外，更多的是马 5 进 4，试演如下：马 5 进 4，马八进七，象 3 进 5，兵七进一，马 4 进 3，马五退七，

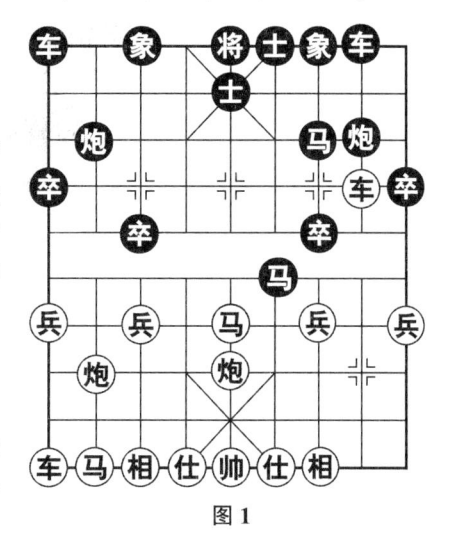

图 1

卒3进1，马七进五，炮8平9，车二进三，马7退8，马五进七，车1平4，均势。

9. 马八进七　炮2平5　　　　**10.** 车九平八　车1平2
11. 仕六进五　炮8平9　　　　**12.** 车二平七　……

平车避兑保持复杂变化，但此时多车二平四，车8进5，炮八进三，炮5进5，相七进五，马7进5，纠缠中红略优。

12. ……　　炮9进4　　　　**13.** 炮八进五　炮5进5

兑炮是求稳的着法，积极点应该马7进8，兵三进一，马8进7！对攻中黑势不弱。

14. 相七进五　象3进5　　　　**15.** 车七平四　……

由此可见第12回合红方车二平七浪费了步数，收获甚微，不如直接车二平四。

15. ……　　马6进4（图2）

进马错失良机！此时黑方各个子力位置俱佳，可考虑马6进5弃子搏相！红只得相三进五，炮9进3，相五退三，车8进9，仕五退六，炮9平7，仕四进五，马7进8，黑有攻势。若求稳健也可以考虑车8进5，黑亦占优。

16. 车四平六　车8进3
17. 车六退一　……

退车导致局面恶化，应该退车吃马！黑方马7进6，炮八退四，马6进5，马七进五，车8平2，兵七进一，卒3进1，车六退三，前车进3，车八进三，车2进6，马五进七，均势。

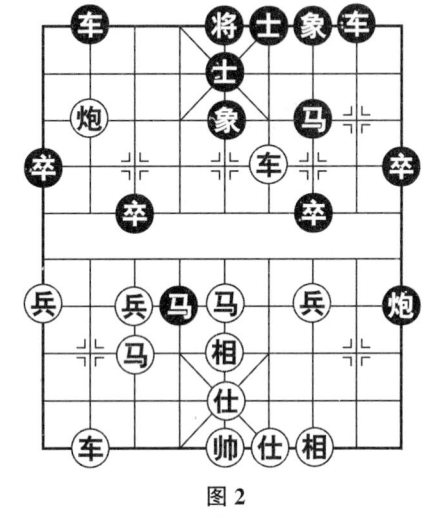

17. ……　　车8平5　　　　**18.** 兵三进一　车2平4

兑车好棋！以弱换强，逐步扩大优势，并且设下陷阱，诱惑红方打马。

19. 炮八平三　……

吃马中计！红方看似固若金汤，实则凶险万分，应车六进四，将5平4，车八平七，士5进4，炮八退六，红方虽处于劣势，但战线漫长，仍可周旋。

19. ……　　马4进3　　　　**20.** 帅五平六　车5平4

好棋！此着一出，红方顿显尴尬，黑方先弃后取获得攻势，战术手段可谓娴熟。

21. 帅六进一　炮9进2

图2

进炮叫将过于草率，为红方解除了危险，应前车进1，马五进六，车4进4，仕五进六，炮9平4，帅六平五，炮4平5，相五退七，车4进3，红方难以支撑。

22. 仕五进六　前车进1　　　　**23.** 马五进六　车4进4

因黑方已炮9进2，遂没有了炮9平4的手段，黑方并不能打破防御，给了红方喘息的机会。

24. 车八进九　士5退4　　　　**25.** 车八退三　卒9进1
26. 炮三退一　车4平6　　　　**27.** 炮三平五　士6进5
28. 兵三进一　车6进5

由于进入中局红方处理不当以致劣势过大，虽暂时无碍但红马过弱以致残局无法抗衡，现黑方发动攻击先擒一仕，谋划攻击红方的弱马。

29. 帅六平五　……

不能让黑车退1叫将，否则会瞬间失守。

29. ……　　　将5平6　　　　**30.** 炮五平四　车6退3
31. 炮四退一　象5进7　　　　**32.** 车八平四　士5进6
33. 车四进一　将6平5　　　　**34.** 车四退一　车6平3

以下红方只得马七退九，马3退4！马九退七，车3进2，帅五退一，车3进1，黑得子胜定。

红方见棋局已是无力回天，遂含笑认负。

第68局　唐丹　胜　左文静

2014年第6届杨官璘杯全国象棋公开赛比赛的最后一轮，唐丹执先对阵湖北左文静。

1. 炮二平五　马8进7　　　　**2.** 马二进三　车9平8
3. 车一平二　卒7进1　　　　**4.** 车二进六　卒3进1
5. 炮五进四　……

黑方抢挺3卒，此着变化又见第4轮的时候唐丹执先对陈幸琳，黑方同样是抢挺3卒，唐丹当时选择的是兵五进一，最终落败。现故技重施，定有良策。

5. ……　　　马7进5　　　　**6.** 车二平五　炮2平5
7. 相七进五　马2进3　（图1）

黑方应该先炮8平9，下步再考虑马2进3，避免被车五平二拉上无根车炮。红方虽然多一中兵，但黑方子力位置较优，应属均势。

棋王唐丹
经典百局

8. 车五平二 ……

红方拉上无根车炮后，局势顿时好转，黑方子力位置的优势已不复存在。

8. ……　　　车1平2
9. 马八进六　车8进1
10. 炮八进四　车8平4
11. 马六进四　炮8平6

炮8平6放任红马跳上来过于保守，应该马3进4比较有对抗性，红不可炮八平五，否则炮5进4，仕四进五，车2进3！黑方获优。

12. 马四进五　车4进3
13. 车九平八　……

局面处理不太细腻，应车二平七，车4平5，马五进七。

13. ……　　　车4平5

平车挡马非当务之急，应炮5进1，不让红方平车压马，否则黑方子力难以动弹。

14. 车二平七　……

平车压马必然！黑方没有炮5进3的棋，因兵五进一是先手，至此红方稳持优势。

14. ……　　　马3退1　　　15. 炮八退一　卒3进1
16. 马五进七　炮5进4　　　17. 仕四进五　车5退2
18. 兵七进一　炮5平3

黑方在劣势局面下仍旧顽强抵抗，对红方造成最大的牵制，是我们需要学习的"棋外"知识。

19. 车八进三　炮6进6　　　20. 车八平七　车2进4
21. 前车平四　炮6平8　　　22. 车四平二　炮8平6
23. 车七平四　象3进1　　　24. 车四退二　……

交换后红方控制卒林，物质与位置皆简明占优。

24. ……　　　象1进3　　　25. 车四进二（图2）……

进车兵林线，稳控局面，以多兵的优势来蚕食对手。激进点可直接车四进四！车2进2，车四平三，象3退1，车二平九，红方多兵，残局胜势。

25. ……　　　象3退1　　　26. 车二平一　马1进3
27. 车一平三　象7进9　　　28. 车三平七　……

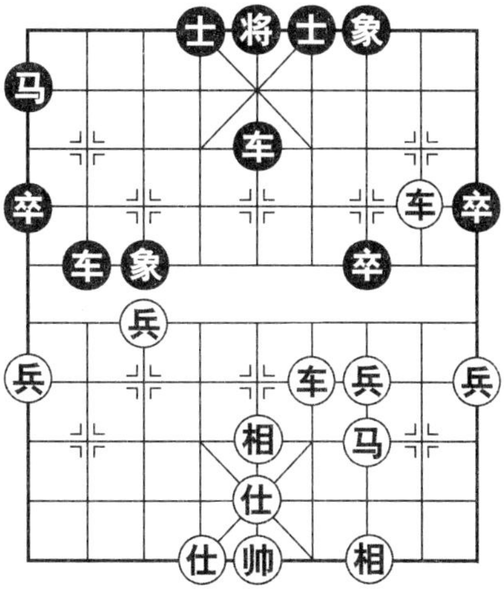

先抓象使黑象飞边，打散黑方阵型，虽然短时间内不能显现什么效果，但水滴石穿的精神告诉我们如何积小优为大优。

28. ……　　　　车 2 平 5
29. 兵一进一　　前车退 1
30. 车七平五　　车 5 进 1
31. 兵一进一　　象 1 退 3
32. 马三进一　　……

交换后红方净多双兵，目前唯一缺点是马的位置不佳，遂当务之急便是调整马位。

32. ……　　　　象 3 进 5
33. 兵三进一　　士 4 进 5
34. 兵三进一　　象 9 进 7
35. 马一进三　　……

红方马位已调整好，且净多双兵，已然是必胜之势。

35. ……　　　　马 3 进 4　　**36.** 仕五进六　　车 5 进 2
37. 车四平八　　马 4 退 6

图 2

黑方唯一能守和的方法便是控制红马，伺机兑子，但双方都明白其中的道理，红方定不会给这样的机会。

38. 马三退四　　车 5 退 2　　**39.** 仕六进五　　象 7 退 9
40. 兵九进一　　象 9 退 7　　**41.** 车八进六　　士 5 退 4
42. 车八退四　　马 6 进 5　　**43.** 马四进三　　车 5 平 7
44. 兵一平二　　……

至此，黑方不能限制红马，败势已定。

44. ……　　　　士 6 进 5　　**45.** 车八退二　　车 7 平 4
46. 车八平四　　车 4 平 2　　**47.** 相五退七　　士 5 进 4
48. 相三进五　　士 4 进 5　　**49.** 车四进一　　马 5 进 3
50. 兵七进一　　……

巧渡七兵，黑不可象 5 进 3，否则红方车四平七，既控黑马又得黑象。

50. ……　　　　车 2 进 6　　**51.** 车四平七　　车 2 退 3

不可马 3 进 5，否则马三退四困死黑马。至此，红方双兵已安全渡河，胜势已定。

52. 兵七平六　　马 3 进 2　　**53.** 马三进四　　车 2 平 8
54. 车七平六　　马 2 退 3　　**55.** 车六平七　　马 3 进 4

56. 车七平三　将5平4　　　57. 兵六进一　车8平4
58. 兵六平五　车4平3　　　59. 帅五平六　马4进2
60. 帅六平五　马2退3　　　61. 兵二进一　车3退2
62. 兵五平六　卒1进1　　　63. 兵二平三　车3平2
64. 车三平七　马3退1　　　65. 车七平六

下步强行破士，黑方已无法抵抗，遂含笑认负。

综观全局，黑方布局时刻一着不慎被红方拉住无根车炮，让红方抓住问题夺取优势，后因子力位置不佳以致残局时刻缺少物质力量，被对手蚕食致败。

第69局　唐丹 胜 梅娜

2014~2015年高密棋协杯全国象棋女子甲级联赛于2014年10月在高密市拉开序幕，这是正赛的第1轮，唐丹对阵梅娜。

1. 兵七进一　象3进5　　　2. 炮八平六　……

平炮意在转回中炮阵型，在此次比赛的第9轮比赛中，唐丹对阵张婷婷时也弈至此局面，当时唐丹选择的是马八进七，卒7进1，马七进六，马8进7，炮二平六，车9进1，马二进三，马2进4，车一平二，炮8进2，相三进五，卒3进1，兵七进一，车1平3，炮八平九，炮8平3，车九平八，红方略优。

2. ……　　　卒7进1　　　3. 马八进七　马2进3
4. 车九平八　车1平2
5. 炮二平五　马8进7
6. 马二进三　车9平8
7. 车一平二　士4进5（图1）

支士软着，在此局面下黑方多走炮8进4，车八进六，士4进5，仕六进五，炮8退3，车二进四，炮8平7，车二进五，马7退8，相三进一，马8进7，兵三进一，卒7进1，相一进三，均势。

8. 车二进六　炮2进4

此时进炮不如马7进6。

9. 马七进六　炮2平7
10. 车八进九　马3退2

图1

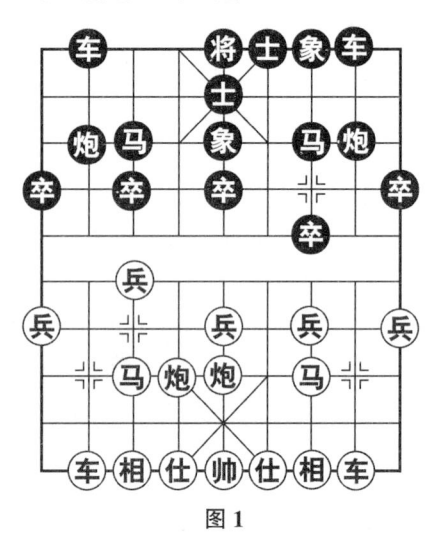

11. 炮五进四 ……

好棋！此时弃相打中卒非常果断，为将来下残局储蓄物质优势，如果此着随手飞相，黑可马 2 进 3 保护中卒，形成一个均势局面。

11. ……　　炮 8 平 9　　　**12.** 车二进三　炮 7 进 3

13. 帅五进一 ……

起帅不如联仕，可仕四进五再相七进五，局面也是红方优势。

13. ……　　马 7 退 8　　　**14.** 炮五平九　……

平炮打卒先得实惠，在棋局中兵卒的价值会随着中局到残局的过渡而提升，到了残局阶段，兵卒便成为衡量优劣的标准之一。

14. ……　　马 2 进 1　　　**15.** 炮九平一　……

连吃两卒取得较大的物质优势且控制局面，黑方局势已不容乐观。

15. ……　　卒 7 进 1　　　**16.** 相七进五　炮 7 平 4

17. 马六进四　炮 9 平 7（图 2）

以上几个回合黑方弃卒希望能造成一些牵制，现平炮瞄马希望保住黑卒，红棋该如何应对？

18. 兵五进一 ……

冲中兵寻马路稍缓，应马四进二叫杀，黑只能马 8 进 9（因如炮 7 进 5，则炮六平三，卒 7 进 1，帅五平六！黑丢子），红顺势马二退三再吃一卒，多三兵且位置俱佳，红方胜势。

18. ……　　炮 7 进 2

进炮挡住马路且不让中兵渡河，也可以炮 4 平 2 迅速回防，由于平炮闪开，红方再马四进二时便无帅五平六的后续手段。

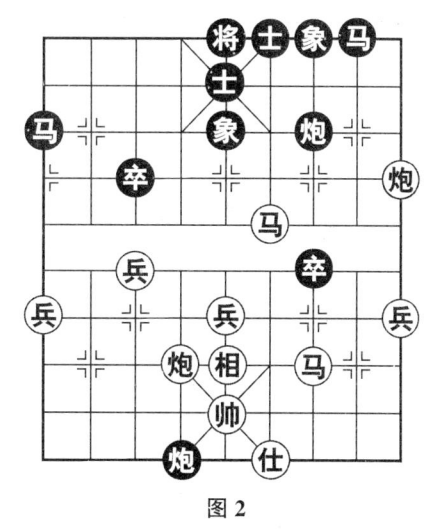

图 2

19. 炮一平三　马 1 进 2　　　**20.** 炮三退二　马 2 进 1

21. 马三进五　马 1 退 2

退马有些软，没有看到红方困炮的手段，不如马 1 进 2，炮六平七，炮 4 平 1，对红方保持牵制。

22. 兵一进一 ……

错失良机！应相五退七，马 2 进 3，炮六退一，下步帅五退一吃死炮，得子胜定。

22. ……　　炮 4 平 1　　　**23.** 兵一进一　炮 1 退 5

24. 兵一平二　炮 7 退 3　　　　　**25.** 兵七进一　卒 3 进 1

随手冲卒以致丢子，应炮 1 平 3 打兵，黑不丢子仍可支撑。

26. 炮六进三

红得子，黑方见抵抗也无济于事，遂投子认负。

此局黑方在布局阶段随手支士使局面略亏，中局时刻正应"多算胜少算不胜"的经验忽略了红有帅五平六的后续手段，红方于第 18 回合未走出马四进二的妙着有些可惜，但全局思路清晰，局面控制有力，棋局精彩之处可圈可点。

第 70 局　唐丹 胜 唐思楠

2014~2015 年女子象棋甲级联赛于 2014 年 10 月 14 日在高密开战。本轮是联赛第 3 轮，唐丹与唐思楠展开一场遭遇战。

1. 兵七进一　卒 7 进 1

在以往双方的对决中唐思楠选择的都是炮 8 平 5，这次选择相对稳健的对兵局。

2. 炮二平三　炮 8 平 5　　　　**3.** 马八进七　马 8 进 7

4. 相七进五　马 2 进 1　　　　**5.** 炮三进三　……

打兵是比较冷门的变化，唐思楠经过过去的失败必定有备而来，唐丹选择打兵先得实惠并且给马让路，此时一般多仕六进五或者马二进一。试举一例：马二进一，炮 2 平 4，车一平二，车 1 平 2，车九平八，车 2 进 4，仕六进五，卒 1 进 1，兵一进一，士 6 进 5，炮八平九，车 2 平 4，车八进三，卒 9 进 1，兵一进一，车 9 进 4，均势。

5. ……　　　　炮 2 平 3　　　　**6.** 马七进八　炮 5 进 4

7. 仕六进五　象 3 进 5

象 3 进 5 是为了士 4 进 5 后直接出肋车，如象 7 进 5 则黑方右翼子力受制。

8. 马二进三　炮 5 退 1　　　　**9.** 炮三退一　车 9 平 8

10. 车九平六　车 8 进 6　　　　**11.** 车六进三　……

进车保兵官着，兵林线不能被打破。

11. ……　　　　士 4 进 5　　　　**12.** 车一平二　车 8 进 3

13. 马三退二　车 1 平 4（图 1）

兑车后黑 7 路马被压制，可考虑先马 7 进 8，马二进三，卒 5 进 1，车六进二，马 8 进 6，车六退一，炮 5 平 7，兵三进一，马 6 进 7，炮八平三，车 1 平 2，马八退七，车 2 进 6，均势。

14. 车六进六　士5退4
15. 马八进九　炮3退1
16. 炮三进二　……

好棋！压制黑7路马控制其活动空间，红方已占据主动。

16. ……　　　　卒5进1
17. 马二进三　炮5平4

此时已进入马炮残棋，局面节奏变得缓慢，一时都没有较好的进攻手段，因此不如炮3进4，黑方已经是劣势残局，不如先得实惠。

18. 兵三进一　卒5进1
19. 炮八进三　炮3平5

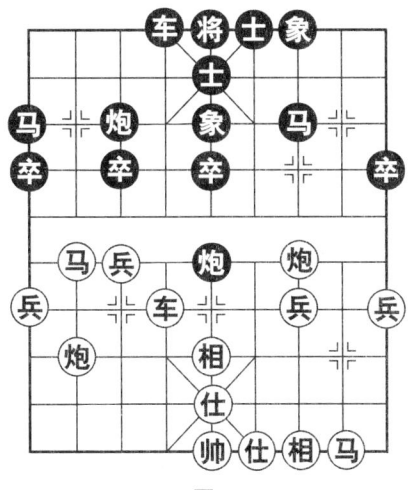

平中炮意义不大，不如马7进5，炮八平九，象5退3，炮九进二，象3进1，炮三平七，炮3平7，马三退一，卒5平6，炮七平一，炮4平5，黑虽少卒但子力位置俱佳，且反过来封锁红马，尚可一战。

20. 炮八平九　马1退3　　**21.** 兵三进一　炮4退2
22. 马九进七　炮4退1　　**23.** 炮九进一　……

进炮防止黑方马7进5，企图对黑方子力进一步压制，也可兵三平四，马7进5，炮三平七，马3进1，炮七平六，红大优。

23. ……　　　　马3进1　　**24.** 兵三平四　炮5平3
25. 炮九退二　……

消灭黑方有生力量，也可兵九进一继续压制，但不可兵四进一，因黑有马7退5的棋，红方反而弄巧成拙。

25. ……　　　　马1进2（图2）

中卒不能丢！唯一能造成牵制的中卒一丢，相当于给红方肆无忌惮的进攻机会。应炮4进3保护中卒，还能坚持。

26. 炮九平五　士6进5
27. 马七进九　炮4平1

平炮关马意义不大，黑方并不能抓死红马，弃中卒的目的在于通过弃卒的手段调整位置减缓红方压制，前后有些

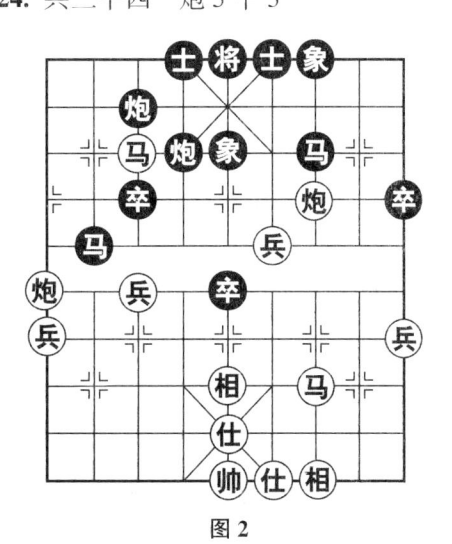

图1

图2

不衔接之感，应马 2 退 4，马九退八，炮 4 平 2，炮五进二，马 4 进 3，马八退七，马 7 进 5，较为顽强。

28. 兵九进一　……

兵四进一更为精确！

| **28.** ……　　　马 2 退 4 | **29.** 炮五进一　马 4 进 6 |
| **30.** 兵九进一　炮 1 平 4 | **31.** 马九退八　炮 3 平 4 |

应炮 3 进 1 或炮 3 退 1 较为顽强。

32. 兵七进一　……

好棋！黑方漏算弃兵，3 卒不敢吃兵反被红吃，此时红必多双兵，获胜只是时间问题。

32. ……　　　前炮进 4	**33.** 马三进四　前炮平 5
34. 兵七进一　马 6 进 8	**35.** 炮三退二　马 7 进 6
36. 马八进七　马 8 退 7	**37.** 马四退六　马 7 进 6
38. 马六进八　后马退 8	**39.** 炮五平二　马 8 退 6
40. 炮二进四　士 5 退 6	**41.** 炮二退五　前马退 7
42. 炮三平五　士 4 进 5	**43.** 马八进六　马 7 进 8
44. 马六退五　马 8 退 6	**45.** 仕五进四　后马进 5
46. 兵七平六　将 5 平 4	**47.** 仕四进五　马 6 退 7
48. 炮五平八　马 5 退 4	**49.** 炮八进二　马 4 进 3
50. 帅五平四　马 7 进 5	**51.** 马五进三　士 5 进 4
52. 兵六进一　炮 4 平 6	**53.** 炮八平四　士 6 进 5
54. 马七退八　士 5 进 4	**55.** 马八进六　象 7 进 9
56. 马六退五　象 9 进 7	**57.** 兵九进一　马 5 进 7
58. 相五进七　马 7 进 8	**59.** 帅四进一　马 8 退 7
60. 帅四退一　马 7 进 8	**61.** 帅四进一　马 3 退 2
62. 马三退二　马 2 退 4	**63.** 炮四退二　马 4 退 6
64. 马五进四　炮 6 平 9	**65.** 兵一进一　炮 9 平 7
66. 马四退二　炮 7 进 2	**67.** 相七退九　马 6 进 4
68. 前马退三　马 4 进 5	**69.** 炮四进二　马 5 进 6
70. 炮四退一　马 6 退 4	**71.** 相九进七　象 7 退 9
72. 相七退五　象 9 进 7	**73.** 马三退一　马 4 进 5
74. 炮四退二　炮 7 平 3	**75.** 兵九平八　炮 3 进 5
76. 仕五进六　马 5 退 6	**77.** 炮四进一　马 6 进 4
78. 炮四平二　马 4 进 6	**79.** 马二进四　马 8 退 9

80. 炮二平七	炮 3 退 2	81. 马四进二	马 9 进 8
82. 马二进四	炮 3 平 6	83. 帅四平五	马 8 退 6
84. 兵八平七	炮 6 退 1	85. 兵七平六	炮 6 平 5
86. 帅五平四	马 6 进 8	87. 炮七退三	马 8 退 9
88. 炮七进五	马 9 进 7	89. 马四退三	

黑方虽顽强抵抗但因缺少物质力量而告负。黑棋溃败的根源在于开局时的兑车。

第71局　唐丹 胜 刘钰

2014~2015年高密棋协杯全国象棋女子甲级联赛第7轮，唐丹对阵刘钰。

1. 炮二平五　马 8 进 7　　**2.** 马二进三　车 9 平 8

3. 兵七进一　炮 8 平 9

布局未几，双方形成中炮进七兵对三步虎阵式，三步虎是避免形成流行的中炮对屏风马布局。

4. 马八进七　象 3 进 5

先飞右象是另辟蹊径的着法，其目的是通过拐角马阵式快速打击红方七路线，此时较多的弈法是炮 2 平 5，形成列炮的变化。

5. 炮八平九（图1）　……

炮八平九是以不变应万变的弈法，此时流行的变化是兵三进一，试演如下：兵三进一，士 4 进 5，炮八进七，车 1 平 2，车九平八，卒 3 进 1，兵七进一，车 8 进 4，车八进五，车 8 平 3，车八平七，象 5 进 3，均势。

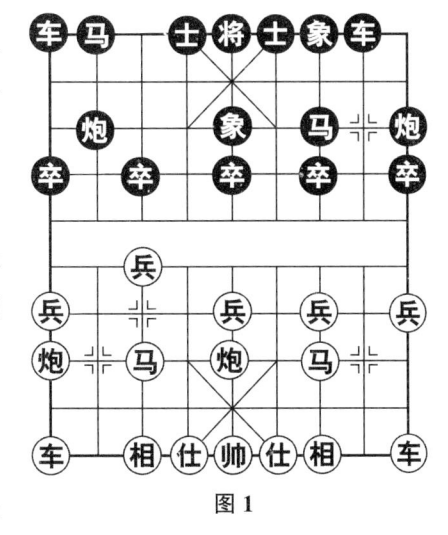

5. ……　　　　　马 2 进 4

如卒 3 进 1，兵七进一，车 8 进 4，马七进八，车 8 平 3，马八进九，黑方得不偿失。

6. 车一进一　士 4 进 5　　**7.** 车一平六　炮 9 退 1

8. 车九平八　车 8 进 4　　**9.** 兵五进一　……

以上几个回合双方皆无过错，现在红方挺起中兵，准备盘头马发起中路进攻，也可选择车六进三再炮五平六的进攻方式，亦为红方先手。

9. ……　　炮2退2

退炮准备车1进2，借打车之力调整子力布置，但计划性太强，很容易落空。不如卒3进1打开局面，试演如下：卒3进1，马七进五，炮2平3，兵五进一，卒5进1，车六进五，卒3进1，马五进七，卒5进1，马七进五，车8平6，虽为红方先手，但黑方仍可周旋。

10. 马七进五　车1进2　　11. 兵五进一　……

面对黑方准备跳马打车，红方却不为所动，加紧发起中路攻势，其目的在于，当黑马4进2打车时，炮九平八进行兑子取势，黑方会陷入尴尬境地。

11. ……　　卒5进1　　12. 马五进三　车8平7

13. 后马进五　卒5进1

弃卒以延缓红方攻势，是面对盘头马进攻时常用的手段。

14. 炮五进二　炮2平4　　15. 车六平四　车1平4

16. 仕六进五　车4进4

17. 炮五进一（图2）　……

好棋！是此局的点睛之笔！此着一出，黑方面临失子的危险，子力顿显尴尬。

17. ……　　车4平5

一车换双已是无奈之举，否则红方马五进四得子。

18. 马三退五　车7平5

19. 马五进四　……

一番交换后，红方子力位置优越，兵种齐全，已获得大优。

19. ……　　马4进5

20. 马四进二　……

红马既出，犹如天马行空般奔向战场，现踏雪寻梅准备卧槽叫杀，黑方难以抵御。

20. ……　　炮4进1　　21. 车八进九　士5退4

22. 马二进一

黑不能马7退9去马，因红可车八平六！左右危难之际，黑选择不再抵抗，遂投子认负。

综观全局，红方紧握先行之利，在布局、中局中如巨蟒般围困黑棋，没有给予对方一点反击机会，控制手法细腻又不失力度，可谓一盘佳棋。

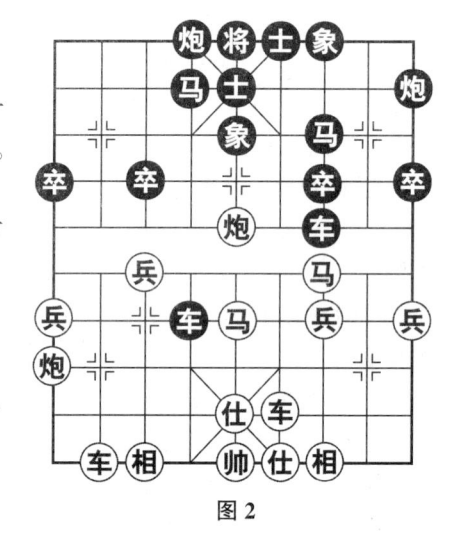

图2

第72局　唐丹 胜 尤颖钦

2014~2015年高密棋协杯全国象棋女子甲级联赛第8轮，唐丹执先对阵尤颖钦。

1. 兵七进一　炮2平3　　　　**2.** 炮二平五　象3进5
3. 马二进三　卒3进1　　　　**4.** 相七进九……

此时车一平二或者马八进九更为常见，相七进九也属于流行的弈法，意图是不想让黑方过卒，但是飞相也浪费了两步棋，各有利弊。

4. ……　　　　卒3进1
5. 相九进七　车9进1（图1）

此外亦有马8进7和马2进4的选择，这些变化都是很流行的，各有攻守。①马8进7，车一平二，车9平8，炮八平六，卒7进1，车二进四，炮8平9，车二进五，马7退8，炮五进四，士4进5，炮五平六，卒1进1，马八进六，车1进3，前炮退二，车1平2，相三进五，马8进7，均势。②马2进4，炮八平六，车1平2，马八进七，卒7进1，车一平二，车9进1，马七进六，车9平6，车二进四，马8进9，兵三进一，卒7进1，车二平三，车2进5，马六进五，车6进2，炮六进四，车6平5，炮五进四，马4进5，相七退五，车2退2，炮六退一，车2进1，炮六进一，均势。

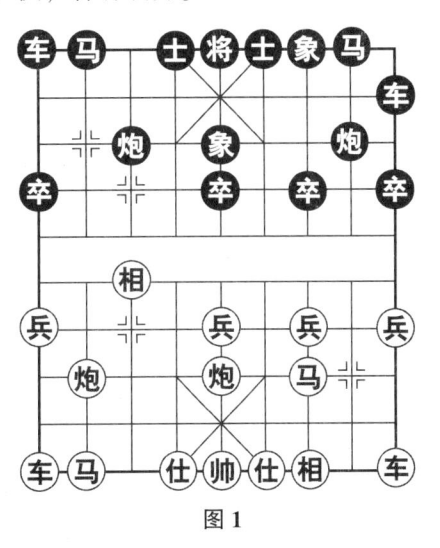

6. 炮五进四　士4进5　　　　**7.** 车一平二　车9平6

车9平6比较少见，大多先马2进4，待红方炮五退二后再车9平6。

8. 炮五退二　车6进3　　　　**9.** 马八进七　车6平3

车6平3有点心急，目的是不想让红七相落回去，虽然抢到了先手但是车的位置也变得不佳。不如马8进9，下步考虑卒9进1。

10. 相三进五　马8进9　　　**11.** 马七进八　马2进4
12. 仕六进五　炮3平2　　　**13.** 炮八平九……

红方左炮是子力联系的中枢，是肯定不会与对方交换的。

13. ……　　　　车3平2　　**14.** 炮九平八　车2平3

15. 炮八平九　车3平2　　　16. 炮九平八　车2平3
17. 炮八平九　车3平2　　　18. 炮九平八　车2平3
19. 炮八平七　车3平2　　　20. 炮七平八　车2平3
21. 炮八平七　车3平2　　　22. 车九平六　……

红方见循环未果，又不甘心和棋，遂平车抓马，保持棋局的复杂性。

22. ……　　　马4进5　　　23. 炮七平八　车2平3
24. 炮八平七　车3平2　　　25. 炮七平八　车2平3
26. 炮八平七　车3平2
27. 车六进六　马5进6（图2）

以上双方着法都很严谨，此时第一感觉是马5进6，红不能炮七平八，否则马6进7，炮八进三，马7进8，黑得子。再往下算：当黑马6进7时红假如车二进七，黑可车2进1，炮五平八，炮2平8，亦是黑方多子。但冷静分析会发现，红可以车二进六，黑方计划全部泡汤。因此，此着马5进6稍有疑问，不如马5进7，红方如炮五平六，马7进6，炮七平八，车2平6，双方互缠，黑方不弱。

28. 炮七平八　马6进7

按照原计划行事，并未察觉红方的巧着，如若发现还为时不晚，可以车2平6保持变化，红方如兵三进一，炮2进5，马三进四，炮8平6，车六退四，炮2退1，马四退三，车1平4，效果优于实战。

29. 车二进六　车2平1　　　30. 炮八平三　……

红方弱马与黑强马交换后，子力位置都较黑好，局势已明显占优。

30. ……　　　前车进2　　　31. 马八退七　前车平3
32. 车六平三　炮8平7　　　33. 车三平九　车1平4
34. 炮三平四　……

经过这几回合的一番搏斗，红方净赚两兵，且位置又好，已是胜势。

34. ……　　　卒9进1　　　35. 兵三进一　车3平4
36. 兵三进一　前车退2　　　37. 车二平四　……

好棋！一着奠定胜局。这盘棋红方从头至尾弈得都精准无比，到对局结束，双方都还有五个大子相互纠缠，充分表现了红方的控制力，直至稳稳获胜。

37. ……　　　炮2平1　　　38. 兵三平四　炮7平6

39. 车九进一

红得子，黑方见局势已然无力回天，遂含笑认负。

综观全局，双方以平稳的开局布阵，弈至中局时刻，红方见局面难以开展，遂卖个破绽以诱敌深入，黑方未经深算便弈出马5进6，使红方巧着破敌，控制了局面，是整个棋局的关键所在。

第73局　余欣如 负 唐丹

2014年中骏·黄金海岸杯第18届亚洲象棋锦标赛于11月25日在石狮中骏黄金海岸拉开了帷幕，本轮唐丹对阵东马（东马来西亚，为马来西亚东部地区，简称东马）选手余欣如。

1. 兵七进一　炮2平3　　2. 炮二平五　象3进5
3. 马二进三　卒3进1　　4. 车一平二　卒3进1
5. 马八进九　马2进4

双方以常见的进兵对卒底炮开局。此时黑方马2进4快速出动右翼子力，配合过河卒获取优势，但缺点是左翼车马炮出动缓慢，利弊参半。更为流行的是车9进1，车九平八，车9平4，炮五进四，士4进5，炮五平一，以下黑方有马2进1和马8进9的变化，由于黑方子力位置较好，红方多兵，应属各有利弊的局面。

6. 车二进四　……

也有选择车九平八的，士4进5，炮八平六，马4进3，炮五进四，卒3平2，相七进五，马8进7，炮五退二，车9平8，车二进六，炮3平2，炮六平八，炮2平4，仕六进五，双方互缠。

6. ……　　　马4进3
7. 炮五进四　士4进5
8. 炮八平七（图1）　……

炮八平七被黑方利用，被抢先手，应相七进五，马3进4，炮五退二，马4进3，马九退八，车1平2，马八进七，车2进7，车九平八，车2进2，马七退八，车9进1，炮五进一，红方优势。

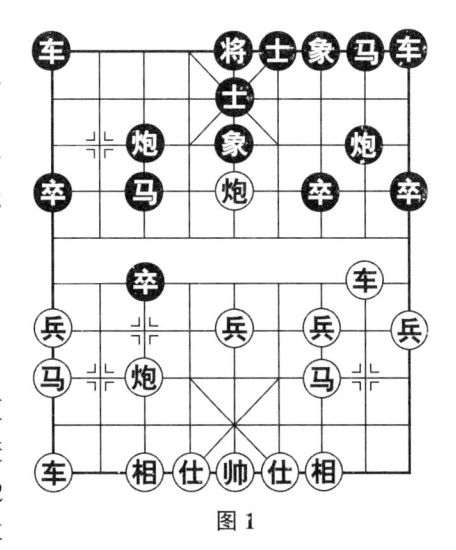

图1

8. ……　　马3进4　　　9. 炮七进五　炮8平3
10. 炮五退二　马4进3

交换后，黑方左翼不好展开的弊端消失，局势已慢慢向黑方靠拢。

11. 车二进一　车1平4　　12. 仕四进五　马8进7
13. 车二平七　马7进5　　14. 车七退一　马3退4
15. 车九平八　……

红方虽吃回过河卒，但子力位置较差，黑方反先。此时红方车九平八随手，应马九退七再马七进八，红方还能周旋。

15. ……　　车9平8　　　16. 兵九进一　……

挺边兵太缓，红方右翼已经出现严重问题，亟待解决。

16. ……　　车8进4　　　17. 车八进七　炮3退2
18. 车七进四　马5进6　　19. 车八退五　车8进3
20. 车八平四　车8平7　　21. 车四进二　车7进2
22. 车四退四　车7退3
23. 车四进四（图2）　……

车四进四丢失中兵实为不该，应车七退五保护中兵扼守要道，虽然劣势但不致溃败。

23. ……　　车7平5
24. 车七退四　马4退5
25. 车四平二　车4进4

此时黑方如象5进3则直接获取胜利，红方只能车七进一，车5退1，车二平五，马5进3，黑胜。

26. 车七进二　车4平7
27. 车二平四　车7进5
28. 车四退四　车7平6　　29. 帅五平四　车5退1

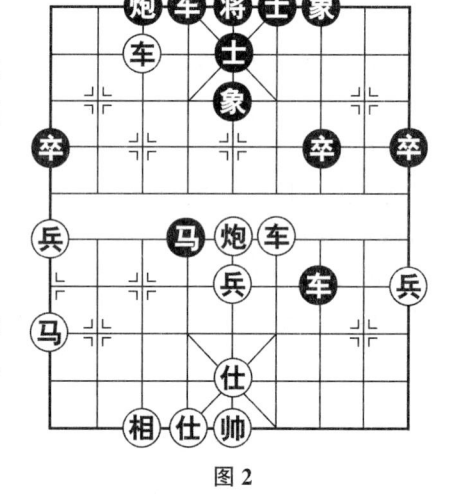

多子多卒多象，红方在残局中无法抵御黑方的强大攻势，遂投子认负。

综观全局，黑方在布局时选择较为少见的拐角马阵式效果明显，中局时刻，黑方抓住一个破绽先解决左翼缓慢的问题，再弃掉过河卒保证了右翼的速度与位置，最终对红方右翼弱马进行打击，获得物质力量，全局连贯，一气呵成，颇显大师风范。

图2

第74局　阮氏菲廉 负 唐丹

2014年中骏·黄金海岸杯第18届亚洲象棋锦标赛第3轮，唐丹执后对阵越南阮氏菲廉。

1. 炮二平五　马8进7
2. 马二进三　车9平8
3. 车一平二　马2进3
4. 兵三进一　卒3进1
5. 马八进九　象3进5
6. 炮八平七（图1）　……

炮八平七还原成正常，更多的是炮八进四，卒7进1，兵三进一，象5进7，马三进四，炮8平5，炮八平七，炮2进2，车九平八，车1平2，兵七进一，卒3进1，马四进六，马3退5，车二进一，象7退9。双方互缠。

6. ……　马3进2
7. 车二进六　……

先车二进六，再车九进一，虽能压制黑方左翼子力，但不能封住黑方右车。如先车九进一，再车九平六，那么黑方便能炮8进4封锁红方左翼。均不能两全其美，各有利弊。

7. ……　士4进5
8. 车九进一　车1平4
9. 车九平四　车4进7

趁机解除压力，行棋相当机警。

10. 炮七退一　炮8平9
11. 车二进三　马7退8
12. 车四进三　车4平2

解决自己的弱点后，开始对红方位置较差的左翼施加压力。

13. 兵九进一　马8进7

此时也可直接马2进3获取物质优势。

14. 炮五平四　马2进3
15. 相三进五　车2进1
16. 马九进七　车2平3
17. 马七进六（图2）　……

进马过于急躁，应先车四平八做细腻处理，黑如车3退2，车八进三，车3平5，炮四进五，车5平7，炮四平一，车7进1，炮一进二，均势。

17. ……　车3平7
18. 马三进二　炮9进4

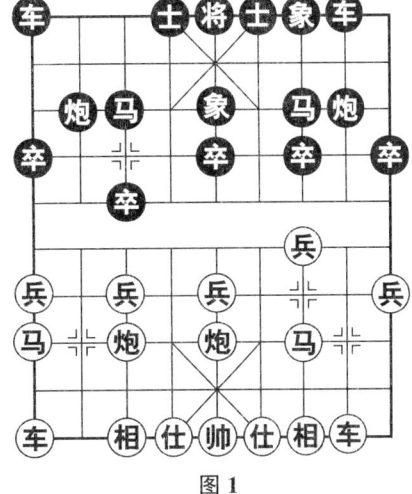

红方右翼底线漏风，为防守此问题而疲于应付。

19. 炮四平一　炮 9 平 8

20. 炮一平二　车 7 退 2

简明点可选择卒 7 进 1，车四平八，炮 2 平 4，黑方占优。

21. 车四平八　炮 2 平 4

22. 仕六进五　炮 8 平 9

23. 炮二平一　炮 9 平 8

24. 炮一平二　炮 8 平 9

25. 炮二平一　炮 9 平 8

26. 炮一平二　炮 8 平 9

27. 炮二平一　炮 9 平 8

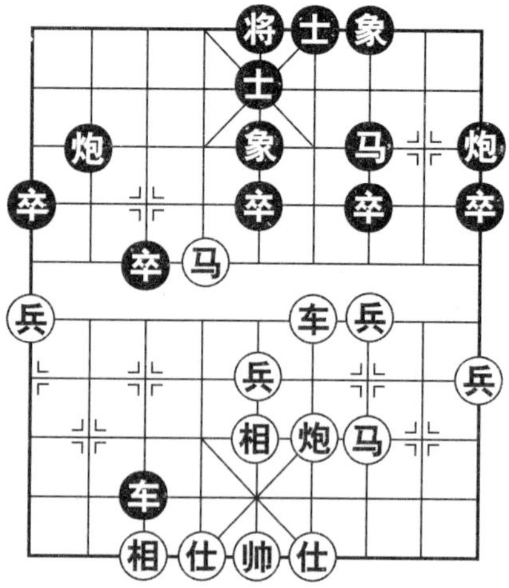

28. 炮一平二　卒 9 进 1

29. 马二进三　卒 9 进 1

30. 马六进四　士 5 进 6

31. 车八平五　……

图 2

车八平五意义不大。车 7 平 6 后，红不敢车五进二，否则炮 8 退 3 得子。

31. ……　　　　车 7 平 6

32. 车五平四　车 6 平 5

通过顿挫白吃一中兵，奠定了物质基础，扩大了优势。

33. 兵三进一　车 5 平 7

34. 车四平一　车 7 进 1

35. 炮二退二　炮 8 平 1

与上回合车 7 进 1 相配合的声东击西战术，此时红方四处漏风，已陷入尴尬境地。

36. 车一平八　车 7 退 3

37. 车八平三　炮 1 进 3

38. 仕五退六　车 7 平 4

兑掉车再炮 4 平 1 也是黑方简明胜势。

39. 仕四进五　炮 4 平 3

40. 炮二进一　车 4 进 4

41. 相五进七　车 4 退 2

42. 相七退九　车 4 平 1

43. 车三退二　车 1 进 1

44. 仕五进六　车 1 进 1

下步绝杀无解，红方投子认负。

黑方在整局棋中弈得行云流水，无懈可击。开局未几，先解决自身弱点，再洞悉对手的弊病，进行了精准的打击，从而确立优势，为胜利做了铺垫。

第75局　唐丹 和 王琳娜

2014年5月17日,第6届句容茅山杯全国象棋冠军邀请赛在江苏省句容市隆重开幕。第4轮,唐丹与王琳娜相遇。

1. 兵七进一　炮2平3　　**2. 马二进三　……**

正马是比较古老的应法,相较于还中炮属于比较稳健的变化,其特点是局面不复杂,双方可选择的变化较少,红方比较好控制局面。而唐丹和棋就能出线,既定的战略肯定是稳健,所以选择这样的布局。

2. ……　　卒3进1

卒3进1是必应之着,否则无论黑方选择任何别的变化,红方马八进七跳起来后,黑方卒底炮就失去意义了。

3. 炮二平一　卒3进1　　**4. 马八进九　马2进1**

以上几个回合双方都属于正常变化,此时黑方选择比较多,有马2进1、象7进5、象3进5、马8进7等可以任由黑方选择,几个变化都可与红方一战,无可厚非。

5. 车一平二　象7进5　　**6. 车二进四　马8进6**

马8进6比较稳健,是简明的应法。也有马1进3的变化,试举一例:马1进3、车九平八、马8进6、相七进五、卒3平2、兵九进一、卒2进1、马九进八、卒2进1、马八进七、车1平2、车二平八、车2进5、马七退八、炮3平2、车八平七、马6进4、马八退六,均势。

7. 车二平七　马6进4　　**8. 兵九进一　……**

不可吃炮,因为黑可马4进3打死车,开局时一车换二总是要亏一点的。

8. ……　　马4进3

黑方急进8路马,穿宫至象台,虽然损失一过河卒但获得一个利攻利守的位置,足可满意。

9. 车七平六　车1进1　　**10. 相七进五　车9进1**
11. 仕六进五　车1平4　　**12. 车九平六　炮3平4**
13. 前车平二　炮4平3　　**14. 车六进八　车9平4**（图1）

从布局至此,黑方先弃过河卒而跃马至象台,后又启双横车抢占要道。在兑车之后各子都很活跃,布局成功,局面基本均势。

15. 马九进八　炮8平9　　**16. 炮一进四　士4进5**
17. 炮八平六　车4进2　　**18. 炮一平二　炮9平8**

19. 车二平四　炮3平4

以上回合双方稳步进取，行棋有理有据，现在黑方平炮兑子也是稳健着法，不给红方机会。

20. 炮六进五　车4退1
21. 兵三进一　马1退3
22. 车四平七　后马进2
23. 车七退二　马2进1

马踏边兵使位置不佳，但如走马2进4的话红可炮二平五，试演如下：马2进4，炮二平五，马4进3，炮五退一，炮8进4，马三进四，车4进3，兵五进一，车4平2，车七进一，红优势。

24. 炮二退二（图2）　……

红方退炮过于求稳，也是赛前既定的战略目标。此时红方可马三进四，车4进3，车七进二，兑子取势，交换后红方残棋略优。

24. ……　　卒7进1
25. 兵三进一　车4进3
26. 车七进二　……

进车兑换必应之着，不然红马无好点，况且黑骑河车控制要道，不易驱除。

26. ……　　车4平3
27. 相五进七　象5进7
28. 相七退五　马1退2
29. 炮二进二　马2退4
30. 马三进四　卒1进1

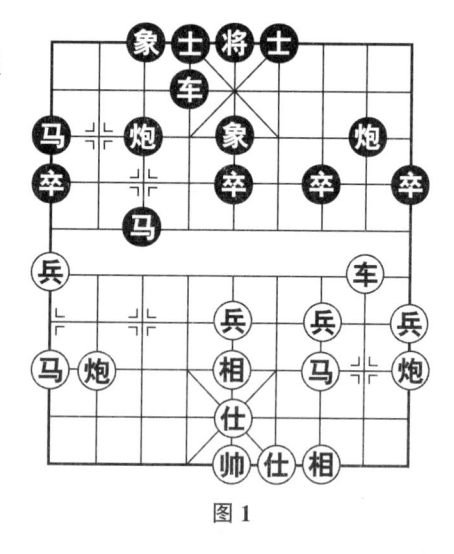

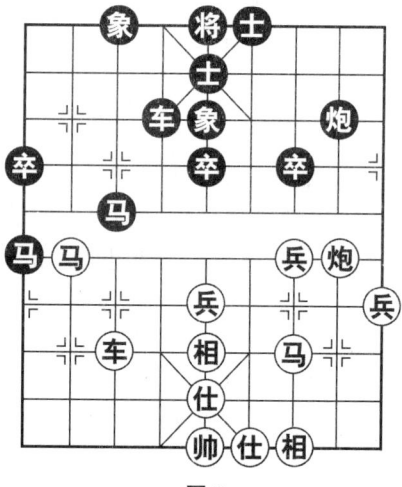

此时局面相对缓和，子力物质相等，位置都可接受。双方见无便宜可占，遂不恋战，握手言和。

第76局　唐丹　胜　张育绮

2014年中骏·黄金海岸杯第18届亚洲象棋锦标赛第2轮，唐丹执先对阵中国台湾选手张育绮。

1. 兵七进一　炮 2 平 3　　　　　**2. 炮二平五　象 3 进 5**

3. 仕六进五　……

补仕防止黑方冲 3 卒，是主流变化之一，除此之外，另有马二进三、相七进九、马八进九、炮五进四等变化。

3. ……　　　卒 7 进 1　　　　　**4. 马二进三　马 8 进 7**

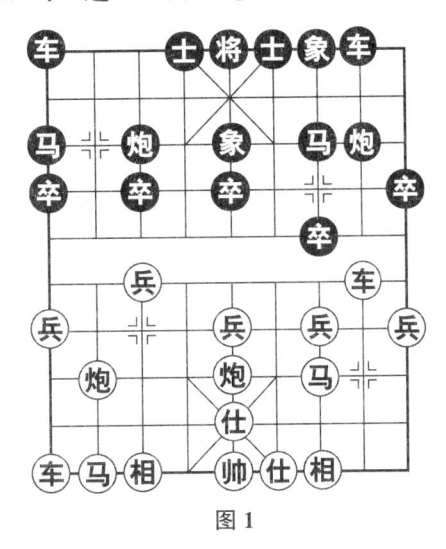

5. 车一平二　车 9 平 8

6. 车二进四　马 2 进 1（图 1）

马 2 进 1 不常见，流行应法是炮 8 平 9，炮五进四，士 4 进 5，车二进五，马 7 退 8，兵五进一，马 2 进 4，炮五平六，马 4 进 2，相七进五，炮 3 平 4，炮六平二，卒 3 进 1，马三进五，车 1 平 3，兵三进一，马 2 进 4，兵五进一，马 4 退 6，炮二平四，车 3 进 3，兵五平四，卒 7 进 1，兵七进一，象 5 进 3，马五进三，均势。

7. 马八进七　士 4 进 5

8. 车九平八　车 1 平 2

9. 炮八进六　卒 3 进 1　　　　　**10. 炮八平九　车 2 进 9**

11. 马七退八　马 1 进 3

跳马正确，如炮 3 进 3 打兵，红方则炮五平八，炮 8 平 9，车二平六，红方有攻势。

12. 兵七进一　炮 3 进 2　　　　　**13. 兵九进一　炮 8 平 9**

路线不对，导致局面受制。应炮 8 进 1，再炮 8 平 7，因红不能兵三进一，否则马 7 进 8 打死车。

14. 车二平八　士 5 进 4

士 5 进 4 导致阵型散乱，将位不稳，以致溃败。可考虑炮 3 平 4，车八进五，炮 4 退 4，炮九进一，马 3 进 4，炮五平八，马 4 退 6（如马 7 进 6，炮八平六，黑难办），黑可周旋。

15. 车八进五　将 5 进 1　　　　　**16. 炮五平八　将 5 平 6**

17. 车八退一　士 6 进 5　　　　　**18. 车八退二　马 3 退 4**

19. 炮八平六　炮 3 平 4　　　　　**20. 车八平六　车 8 进 4**

21. 车六退一　……

得子胜势。

| 21. …… | 卒7进1 | 22. 车六退一 …… |

如车六平二，马7进8，炮六进六，红得两子。

22. ……	卒7进1	23. 车六平四	车8平6
24. 炮六平四	车6退2	25. 车四平三	车6进5
26. 仕五进四	马7进6	27. 车三平四	炮9平6
28. 车四进一	卒7进1	29. 马八进七 ……

黑方已无子可动弹，并净少一车，红方胜势已定，余着评述从略。

29. ……	将6退1	30. 车四平八	炮6平7
31. 马七进六	炮7进7	32. 仕四进五	卒7平8
33. 马六进七	炮7退8	34. 炮九进一	卒8平7
35. 车八进四	将6进1	36. 车八平三	炮7平8
37. 马七进五	炮8进1	38. 马五退三	将6进1
39. 车三退二	将6退1	40. 车三平二

绝杀，红胜。

此局黑方由于开局不利致使右翼空虚，被红方洞悉弱点并一举攻城，以致丢失一子，导致棋局溃败。反观红方，行棋思路清晰，前后衔接行云流水，是我们学习的典范。

第77局　唐丹 和 王琳娜

2015年第7届句容茅山杯全国象棋冠军邀请赛于4月在江苏省句容市拉开帷幕，本轮唐丹对阵王琳娜。

| 1. 炮二平五 | 马8进7 | 2. 兵三进一 …… |

抢挺三兵，引导棋局进入自己熟悉的布局体系内。

| 2. …… | 车9平8 | 3. 马二进三 | 卒3进1 |
| 4. 车一平二 | 马2进3 | 5. 车二进六 | 象7进5 |

红方以中炮三兵过河车开局，此时黑方选择象7进5是对抗性比较强的应法，除此之外黑方还有车1进1、象3进5、炮8平9等应法，各有其攻守。试举炮8平9为例：炮8平9，车二进三，马7退8，马八进九，象7进5，车九进一，车1进1，车九平二，马8进6，车二进七，车1平4，车二平三，炮2退1，车三退一，车4进6，炮八进四，炮9退1，仕四进五，车4退2，炮五平六，车4平7，相三进五，车7进1，均势。

6. 马八进九　车1进1
7. 炮八平六（图1）……

炮八平六平仕角是稳健的应法，亦可选择炮八平七，试演如下：炮八平七，马3进2，马三进四，车1平6，马四进五，马7进5，炮五进四，士6进5，仕六进五，马2退3，炮五平七，马3进5，车九平八，车8平7，均势。

7. ……　　　　车1平4
8. 车九平八　炮2进2
9. 仕六进五　车4进3

以上几个回合均属常见应法，此时黑方车4进3比较稳健，积极点的话可以考虑车4进4！兵九进一，卒7进1，双方互缠。

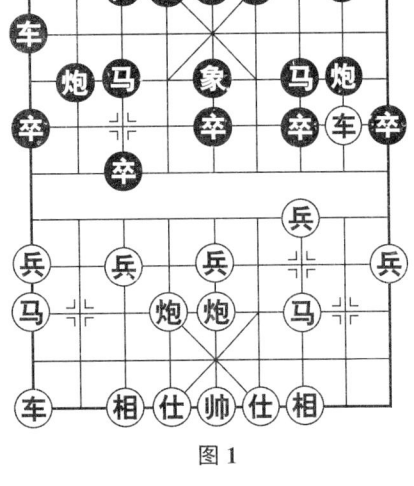

10. 炮六退二　……

退炮打算炮五平六调整阵型，但有些保守了，并且忽略了黑方有炮8退1的棋，仔细分析之后，车八进四更合时宜一点。

10. ……　　　　炮8退1　　　11. 炮五平六　炮8平2
12. 车二进三　后炮进8　　　13. 马九退八　车4进3
14. 仕五进六　马7退8

一番交换后双方均没占到便宜，局面缓和，基本和棋。

15. 相七进五　卒7进1　　　16. 马八进六　卒7进1
17. 相五进三　马8进7　　　18. 相三退五

双方各为双马炮四兵卒，均不多物质力量，鏖战下去并无意义，遂握手言和。

图1

第78局　金海英 负 唐丹

2015年第7届句容茅山杯全国象棋冠军邀请赛于4月14~18日在江苏句容余坤开元大酒店拉开帷幕。第1轮，唐丹执后手对阵金海英。

1. 炮二平五　马8进7　　　2. 马二进三　车9平8
3. 兵七进一　卒7进1　　　4. 马八进七　马2进3
5. 车一进一　象3进5　　　6. 车一平四　士4进5

7. 炮八平九　　炮2进4
9. 相三进一　　卒7进1
11. 相一进三　　炮8平9
8. 车九平八　　炮2平7
10. 车八进七　　车1平3
12. 马七进八（图1）……

双方以横车七路马对黑方屏风马右炮过河开局，以上回合双方都属常见应法。此时红方选择马七进八比较少见，金海英老师下棋非常积极，不落俗套。一般此时都车四进二，车8进4，兵五进一，马7进6，炮九进四，炮9平6，炮九退一，双方另有攻守。

12. ……　　　　车8进5
13. 炮九进四　　车8平7
14. 炮五平九　　马3退4

也可以考虑车7平3，相七进五，前车退1，前炮进三，马3退4，车八退一，马7进6，黑方多象，红方有攻势。

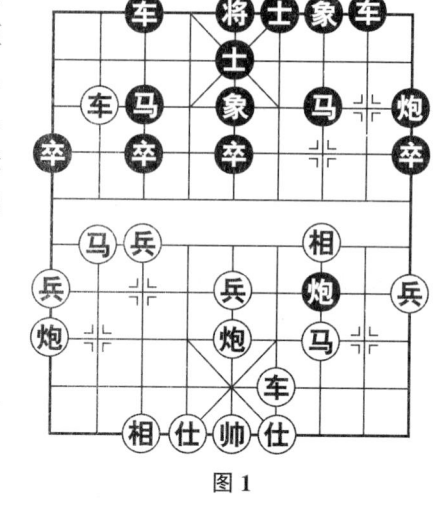

15. 相七进五　　车7平4
16. 仕四进五　　炮7平1

打兵心急，正好被利用，不如先车4退1，下步可以考虑马7进6或炮7平1。

17. 马八退七　　车4进1
18. 马三进四　　车4平3
19. 车八退五　　卒5进1
20. 马四进三　　……

进马压马伏踩中兵，看似是必然应法，但其实错失良机！应前炮进一，马7进6，前炮平一，象7进9，炮九退二，红方占优。

20. ……　　　　卒5进1

送卒好棋，强行打开局面。

21. 兵五进一　　炮9进4

也可考虑炮1平9，否则暂时不能沉底炮。

22. 兵五进一　　炮9进3

进炮操之过急，不如先前车平7占位，下步再考虑下底炮。

23. 车四平一　　炮9平8
25. 车二平一　　炮9平8
24. 车一平二　　炮8平9
26. 车一平三　　……

好棋，红方右翼虽然空虚，但红车抢占三路线后，可谓"一夫当关万夫莫开"，黑方子力松散，不好发挥作用。

26. ……　　　　卒3进1
27. 马三退四　　卒3进1

28. 车三进六　卒 3 平 2

红方得子，黑方过卒，仍属红优。

29. 马七退八　后车平 2　　　　**30.** 马四进六　……

马四进六着急，导致局面复杂。应先车八平七，车 3 平 6，马四进六，车 6 平 8，车三退五，炮 8 平 9，马八进六，红方多子优势。

30. ……　　车 3 平 8　　　　**31.** 车三退五　卒 2 进 1

32. 车八平六　卒 2 进 1　　　　**33.** 前炮进三　象 5 退 3

34. 后炮退二　炮 1 平 2　　　　**35.** 马八进九　……

送回一子换掉最危险的过河卒，但实际效果不如马八进六。

35. ……　　卒 2 平 1

吃回一子，黑方反获优势。

36. 车六平九（图 2）　……

车六平九吃卒放任黑方进攻，红方局面难以支撑，此时比较好的应法是后炮平八，车 2 平 1，马六进八，马 4 进 5，兵五进一，红方尚可纠缠。

36. ……　　炮 8 平 9

炮 8 平 9 看似形成抽将之势，实则是较缓着法，应直接炮 2 进 3，相五退七，炮 8 平 4，红方难以防守。

37. 相五退七　车 8 进 3

38. 仕五退四　车 8 退 5

39. 仕四进五　车 8 平 5　　　　**40.** 马六退五　车 5 平 8

有些画蛇添足之感，直接走车 5 进 2 得子便可胜定。

41. 后炮平八　炮 2 平 1　　　　**42.** 车九进一　车 8 进 5

43. 仕五退四　车 2 进 9　　　　**44.** 车三进七　车 2 平 3

45. 车三退七　车 8 进 3　　　　**46.** 仕四进五　车 8 退 3

47. 仕五退四　炮 9 平 6　　　　**48.** 马五退六　炮 6 平 4

49. 帅五进一　车 8 退 1　　　　**50.** 帅五退一　车 8 进 1

51. 帅五进一　车 8 退 1　　　　**52.** 帅五退一　车 8 平 4

至此，红方无法防守黑棋强大的攻势。

53. 车九退一　车 4 平 8　　　　**54.** 车九平七　车 3 平 1

55. 车七平九　车 1 平 2　　　　**56.** 车九平八　炮 4 退 7

57. 车八退二　车 8 进 1　　　　**58.** 帅五进一　车 8 平 2

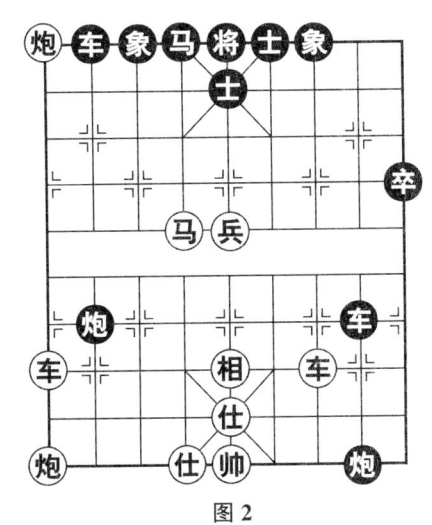

图 2

59. 车三平七　车2退9　　　60. 炮九退七　车2进8
61. 帅五退一　象3进1　　　62. 车七进四　车2退1
63. 炮九进四　车2平5　　　64. 帅五平四　炮4平6
65. 炮九平一　士5进4

黑胜。

综观全局，红方在布局占先的情况下未能找到正确的进攻点，反被黑方强行弃子打开局面，后没能积极对攻，送回失子使得棋局无法抗衡，以致落败，实为可惜。

第79局　胡明 负 唐丹

2015年第7届句容茅山杯全国象棋冠军邀请赛于2015年4月在江苏省句容市隆重开幕。第4轮唐丹执后对阵特级大师胡明。

1. 马八进七　卒3进1　　　2. 兵三进一　马2进3
3. 马二进三　车1进1　　　4. 炮二平一　……

此时是红方的布局选择点，除炮二平一外，也有车九进一、车一进一、炮八平九等主流变化。例如：车九进一，车1平7，马三进二，马8进9，车九平六，卒7进1，兵三进一，车7进3，车六进三，炮8平6，相三进五，象7进5，车一平三，车9平7，车三进五，车7进4，兵七进一，均势。

4. ……　　　车1平7　　　5. 车一平二　卒7进1
6. 兵三进一　车7进3
7. 炮一退一　马8进9
8. 炮八平九　车9平8
9. 车九平八　炮2平1

以上几个回合双方都属常见弈法，此时黑方也可以考虑卒3进1，兵七进一，马3进2，炮一平八，象7进5，黑势不错。

10. 炮一平三　车7平6
11. 车八进四　车6进4
12. 马七退五（图1）　……

马七退五防止黑车吃炮是屏风马布阵常用的手段，其作用有二：一是黑车

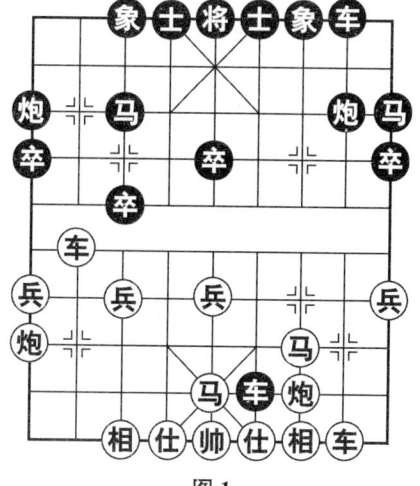

图1

不能吃炮；二是使弱马重新找到出路。但此时由于红方升起巡河车，下步便可兵七进一消除弱点，退马的意义也就不那么大了。因此，此着马七退五可以考虑换成车二进一，炮8平7，车二进八，马9退8，炮三进六，炮1平7，兵七进一，均势。

12. ……　　马3进4　　　　13. 车八平六　车6退4

14. 炮三进八　士6进5　　　　15. 炮三退二　……

退炮有些着急，以至于失去了车二进六攻守兼备的位置。可车二进六，下步再考虑炮三退二，因为黑方不会轻易地车8平7吃炮兑子的。

15. ……　　炮1平4　　　　16. 车六平三　炮8进1

进炮好棋，既防止红方车二进六压制，又可卒9进1进行反击。

17. 车二进三　炮4平5

炮4平5显得重复，意义不大，且红方中路可谓固若金汤，不易强攻。不如马4进3先得实惠。

18. 车二平四　……

面对黑方预谋的强攻，红方计划车二平四速度简化局势以便减少压力，但从结果上看有点帮忙，此时应该兵七进一，卒3进1，炮九平七，红方占优。

18. ……　　车8平6　　　　19. 车四进二　车6进4

20. 马五进七　卒5进1

一番交换之后，黑方瞄准中路大举进攻，已成反先姿态。

21. 相三进五　卒5进1（图2）

送卒是打开局面的好棋，红方如兵五进一，则顺势马4进3；红方又不可车三平五吃兵，不吃兵也不行，否则黑方卒5进1或者卒5平6更是难办。

22. 兵五进一　马4进3

23. 炮九进四　……

打兵随手，增加了防守难度，比较顽强的应法是炮三平二以攻制攻，下步车三进五将军后再车三退二兑炮。

图2

23. ……　　炮8平5　　　　24. 仕四进五　卒3进1

25. 炮三进二　卒3平4

平卒缓着，此时可以强行弃子突破，前炮进4，相七进五，马3进5，马三进五，卒3进1，红方防守困难。

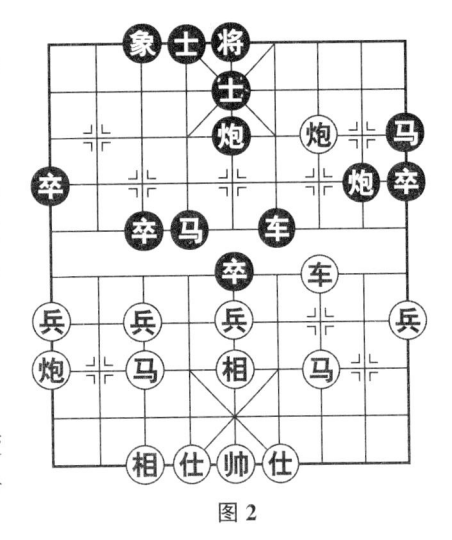

26. 炮三平一　士5进4　　　　**27.** 兵五进一　……

当务之急应该车三平四兑车，黑如不兑而车6平7，则马三进二进行对攻，双方皆有机会。

27. ……　　　后炮进2　　　　**28.** 车三平四　……

现在兑车亦为时不晚，化解黑方攻势。

28. ……　　　车6进1

交换后黑方虽然稍优，但是战线漫长。

29. 马三进四　后炮平3　　　　**30.** 马七退九　马3进2
31. 马九进八　卒4平3　　　　**32.** 帅五平四　马9退7
33. 马四进三　炮3平6　　　　**34.** 炮一平二　马7进5
35. 炮九平五　马5进7　　　　**36.** 炮五平三　……

以弱马兑掉红方的强马，解除红方的攻势。

36. ……　　　卒3平2　　　　**37.** 马八进六　炮5平6
38. 帅四平五　前炮平5　　　　**39.** 帅五平四　马2退3
40. 马六进七　炮5退1　　　　**41.** 炮三进三　将5进1
42. 马七退八　……

几番交换后红方吃掉了黑方过河卒，瞬间扭转了局势，岁月流逝，胡明的功力不仅不减当初，更是炉火纯青。其战略思想并未随着棋局的劣势而一味求和，第41回合红方若打炮则大体和势。

42. ……　　　马3退5　　　　**43.** 炮三退八　象3进5
44. 炮二退五　卒9进1

但当局面大好之际，红方并没有注意时间的转瞬即逝，当棋钟鸣响之时，也伴随了几分惋惜。

第80局　唐丹 胜 张国凤

2015年第7届句容茅山杯全国象棋冠军邀请赛第5轮，唐丹执先相逢"红颜杀手"张国凤。

1. 炮二平五　马8进7　　　　**2.** 马二进三　卒7进1
3. 兵七进一　马2进3　　　　**4.** 马八进七　炮2进4
5. 兵五进一　车9平8　　　　**6.** 车一进一　象3进5
7. 车一平四　士4进5　　　　**8.** 炮八平九　……

为何不车四进二呢？因黑可先炮2退2（过河炮已无作用，趁着被抓提早撤回），接着炮8进4反抢回先手。

8. ……　　车1平2　　　9. 车九平八　炮8平9
10. 车四进二　炮2进2　　11. 兵九进一　……

双方以横车七路马对屏风马右炮过河开局，红方此时除了兵九进一还有炮九平八、车四退二、马七进五等应法。

11. ……　　车8进6

车8进6打算强过7卒，但意义并不是很大，因红方可以瞬间摆脱牵制。可以考虑车8进8，仕六进五，车8平7，马七进五，车2进7！双方互缠之势。

12. 车四退二　炮2退2　　13. 炮九进一　卒7进1

送卒打算通车路，但是牺牲太大，不如车8退1看局势如何发展。

14. 兵三进一　车8退2　　15. 车四进二　炮2进2

经过几个回合的交手，局面没有太多的变化，红方却白多一兵，已经扩先。

16. 马三进五　卒3进1　　17. 炮五平三　马7进6
18. 兵七进一　马6进5　　19. 车四平五　……

更为精准的弈法是马七进五，车8平3，相七进五，红优。不怕黑方车进兵线牵制，因红可随时车四进五摆脱。

19. ……　　车8平3　　　20. 相七进五　炮9平6
21. 车五平四　车2进4　　22. 仕六进五　……

红方虽多一兵，但黑方子力位置俱佳，战线漫长。

22. ……　　炮2退1

话音未落，黑方便弈出了退炮这一疑问手，给了红方打破局面的机会。

23. 炮九平八（图1）　　……

红方炮九平八错失良机！应马七进六！黑只得车2进1，马六进五，马3进5，车八进二，车2进2，炮四平八，红方净多两兵，且边兵也是红方的控制范围，很有可能形成多三兵的胜势残局。

读者可能不同意了，黑不能车2平5不兑车吗？答案是不可以的，否则红方车八进七，黑只得士5退4，车四进四得子。

23. ……　　炮2平1　　　24. 车八平九　炮1平2

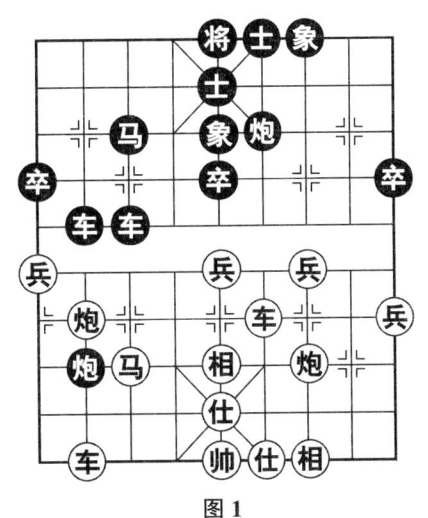

图1

25. 车九平八　炮2平1　　　　**26.** 车八平九　炮1平2
27. 车九平六　车2退1　　　　**28.** 炮八平五　炮6平7

兑炮好棋！所谓"优则求胜劣则谋和"，红方不能躲避，否则炮7进7强行兑子，红方反而吃亏。此番交换后双方均势，黑可满意。

29. 炮三进五　车3进3　　　　**30.** 炮五平八　车2进2

由战略防守渐渐转向进攻态势。想要谋和就得向对方施加压力，可谓"寓攻于守"。

31. 炮三平二　……

红方不愿和棋，展现一代大师风范，如炮三平七大体和势。

31. ……　　　车3退3　　　　**32.** 车四平六　炮2平1
33. 后车平九　炮1平2　　　　**34.** 车九平八　炮2平1
35. 车八平九　炮1平2　　　　**36.** 车九平八　炮2平1
37. 车八平九　炮1平2　　　　**38.** 车九平六　炮2平1
39. 后车平九　炮1平2　　　　**40.** 车九平六　炮2平1
41. 后车平九　炮1平2　　　　**42.** 车九平八　炮2平1
43. 车八平九　炮1平2　　　　**44.** 兵一进一　……

双方都是无棋可走，皆走闲着等待对手犯错误。

44. ……　　　马3进4　　　　**45.** 车九平八　炮2平1
46. 车八平九　炮1平2　　　　**47.** 车九平八　炮2平1
48. 车八平九　炮1平2　　　　**49.** 炮二退四　马4进3

进马试探一下红方应着，细细体味应该马4退6吃中兵，黑势不错。

50. 车九进三　马3退4　　　　**51.** 车九退三　马4进3
52. 车九进三　马3退4　　　　**53.** 兵五进一　……

眼看双方不变作和，红方不甘和棋，遂冲兵发起攻势，且看黑方如何应对。

53. ……　　　马4退3

如果求稳的话可以选择卒5进1，炮二进二，车3进2！

54. 炮二进一　车2退2　　　　**55.** 兵五进一　马3进5
56. 炮八进一　炮2进2　　　　**57.** 车六平七　车3进2
58. 车九平七　马5进3　　　　**59.** 炮八平五　车2平5（图2）

车2平5坏棋！是全局失败的根源，它导致黑车被牵制，应将5平4，黑方虽少一卒，但子力位置俱佳，形势不错。

60. 炮五退一　炮2退7　　　　**61.** 炮五平三　……

应直接炮五进四打象，红方残局占优。

61. ……　　　车5进1

62. 炮二退二	车 5 平 8		
63. 炮三平二	车 8 平 4		
64. 车七平五	车 4 退 1		
65. 后炮平三	车 4 平 5		
66. 车五平七	车 5 进 1		
67. 炮二进五	车 5 平 8		
68. 炮二平一	炮 2 平 3		
69. 车七平五	马 3 退 4		
70. 车五进三	车 8 退 3		
71. 炮一进一	车 8 退 1		
72. 炮一退一	车 8 进 1		
73. 炮一进一	车 8 退 1		
74. 炮一退一	车 8 进 1		
75. 炮一进一	车 8 退 1	76. 炮一退一	车 8 进 7
77. 炮三退一	车 8 进 1	78. 炮三进一	车 8 退 7
79. 炮一进一	车 8 退 1	80. 炮一退一	马 4 进 3
81. 车五平一	……		

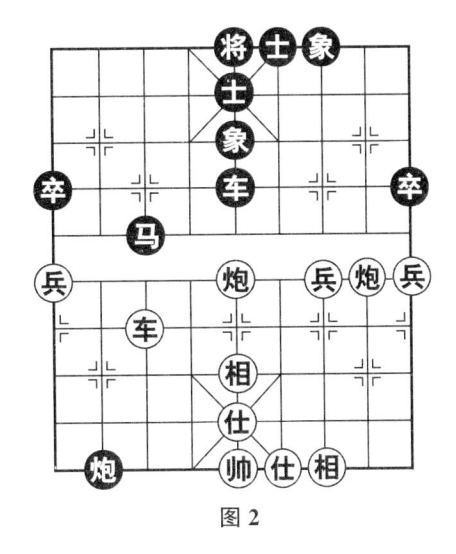

图 2

再吃一兵，经过艰难险阻，红方终于在对峙中擒获一卒，现净多两兵，残局胜势。

81. ……	车 8 进 1	82. 炮一进一	炮 3 平 4
83. 车一平七	马 3 进 1	84. 炮一退三	车 8 进 5
85. 车七退二	卒 1 进 1	86. 车七平八	……

控制黑马，残局处理得细腻无比。

86. ……	车 8 退 3	87. 炮一退一	车 8 进 1
88. 炮一进一	车 8 退 1	89. 兵一进一	象 7 进 9
90. 炮三进一	炮 4 进 2	91. 炮三平九	象 5 进 7
92. 兵三进一	炮 4 平 9	93. 炮九平一	……

以下双方皆不得动弹，红方如何处理尴尬的局面？这一问题也需要读者们细细思考分析。

93. ……	士 5 退 4	94. 兵三平四	士 6 进 5
95. 后炮退一	车 8 平 7	96. 后炮进一	将 5 平 6
97. 后炮平四	将 6 平 5	98. 炮四平一	将 5 平 6
99. 后炮退二	将 6 平 5	100. 仕五进四	将 5 平 6
101. 后炮进三	将 6 平 5	102. 仕四进五	将 5 平 6

103. 车八平二 ……

红方见无法在控制黑马的情况下摆脱被牵的双炮，遂抓住机会解放双炮，但同时也放出了黑马，局面还得缠斗。

103. ……	将6平5	104. 前炮平二	马1退3
105. 炮二进三	车7退1	106. 车二进一	炮9退1
107. 车二进一	炮9进1	108. 车二退一	炮9进1
109. 车二进一	炮9进1	110. 车二平一	车7平8
111. 炮二平一	炮9平8	112. 后炮平二	炮8平7
113. 炮二平八	车8平2	114. 炮八平七	……

应直接炮八平二！红方胜势。

114. ……	炮7进2	115. 车一平三	车7平2
116. 兵四进一	车2平8	117. 车三进三	士5退6
118. 车三退四	车8退2	119. 车三平五	士4进5
120. 车五平七	……		

兑子后红胜定。

120. ……	车8平9	121. 炮七平五	士5进4
122. 兵四平五	将5平4	123. 炮五平六	将4平5
124. 兵五进一	士4退5	125. 炮六平五	

以下黑方如炮2平4，车七进四，炮4退6，帅五平六，绝杀。又如将5平4，车七平六，将4平5，帅五平六，绝杀。黑方见无法解救，遂投子认负。

第81局　张婷婷 和 唐丹

2014~2015年高密棋协杯全国象棋女子甲级联赛第11轮，唐丹执后手对阵张婷婷。

1. 炮二平五	马8进7	2. 马二进三	车9平8
3. 车一平二	马2进3	4. 兵七进一	卒7进1
5. 马八进七	炮2进4	6. 兵五进一	炮8进4
7. 兵五进一（图1）	象3进5		

双方以中炮进七兵对屏风马双炮过河的布局展开，此时红方兵五进一是经过老谱翻新的改进，旧谱记载，第8回合红方兵五平六，士4进5，兵六进一，车1平4，兵六平七，马3退1，红方虽多一过河兵，但失去了好几步先手，从棋理上讲是吃亏的。翻新后改进如下，第8回合红方兵五平六，士4进

5，仕六进五！车1平4，马七进五，封锁与反封锁，在接下来的变化中会详细举出。

8. 兵五平六　马7进6

此时黑方有更为常见的士4进5的变化，士4进5，仕四进五，炮2平3，马七进五，车1平2，车九平八，车2进6，兵三进一，炮3平1，兵三进一，炮1平5，马三进五，车2平5，兵三进一，炮8平7，车二进九，马7退8，炮八进六，炮7平8，车八进七，双方对攻。

9. 仕六进五　士4进5
10. 马七进五　……

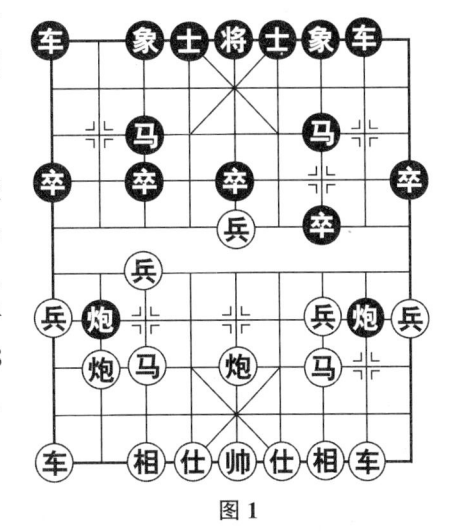

图 1

以上弈法均是正常变化，此时红方马七进五的选择有疑问，给了黑方可乘之机，一般多兵九进一、相七进九或者马三进五，各有攻守。

10. ……　　　马6进4

好棋！黑方如若马6进7则只是获取一个卒的物质力量，红可炮八平七进行反击。黑方这着马6进4，下步便可以马4进6卧槽叫将，一个不经意间黑方已反夺先机。

11. 相三进一　炮2平7　　**12. 车九平八　车1平2**
13. 炮八进六　车8进5

进车错失良机！不如直接马4进6！红方马五进四，卒7进1，马四进六，车8进4，黑方胜势。

14. 车二进一　马4进6　　**15. 马五进四　车8平3**
16. 马四退三　卒7进1　　**17. 后马进五　车3进1**
18. 马五进四　……

以上几个回合黑方走得巨细无遗，显出强大的中局缠斗力量，此时红方马五进四不甘苦守，意图对攻，但从客观分析不如马三退四，炮8平5，马四进五，车3平5，相一进三，红方尚可支撑。

18. ……　　　卒7进1　　**19. 马四进二　卒7进1**

随着局势向黑方渐渐倾斜，黑方只是打算顺水推舟拿下比赛。此时第一感觉便是冲7卒，红不可车二进二吃炮，否则马6进7抽将得子；但是冷静分析会发现，红方将会不可为而为之，弃子后将会得到强大的攻势！黑未能发现，错误估计了红方的立体攻势，弈出卒7进1的惊天大漏着！应该先车3平4占据要道，依然胜势。

20. 车二进二	马6进7	21. 帅五平六	车3平8
22. 马二进三	将5平4	23. 炮五平六	车8平4
24. 车八进三	车4退1	25. 兵六进一	……

当黑方察觉危险的时候已是全盘受制，红方虽少一子但位置俱佳，又下一兵，局势反转，红方胜势。

25. ……　　　车2平3
26. 车八进四（图2）……

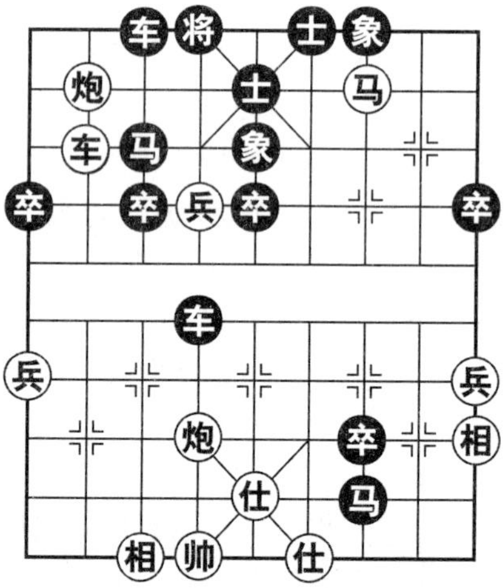

车八进四错失良机！致使黑方车3进1后尚可支撑。战局瞬息万变，一步棋看似无可厚非，却使之后局势又有了巨大变化。此时红方应该直接兵六平七，黑方只能车4进2（如士5进4，则车八进四，红方得回失子），仕五进六，车3进1，兵七进一，红方多子胜定。

26. ……　　　车3进1
27. 兵六平七　士5进4
28. 车八平七　……

还是没有把握住战机。应兵七进一，车3平7，炮八平六！将4进1，车八进一，黑方丢车。

当局面至此，红方没有抓住机会一举溃敌，之后便再也没有这等好机会了。

28. ……	车4进2	29. 仕五进六	车3平2
30. 车七平六	车2平4	31. 车六进一	将4进1
32. 相一退三	……		

交换后黑方虽多一卒但却少士，基本和势。

32. ……	卒7平6	33. 马三退四	马7退6
34. 兵七平六	马6退4	35. 仕六退五	马4进3
36. 帅六平五	马3退1	37. 仕五进四	马1退3
38. 兵六平五	马3退5	39. 兵一进一	马5进6
40. 马四退五	马6退7	41. 马五进三	

图2

兑马后，双方均无法取胜，遂握手言和。

综观全局，双方对攻难解难分，局面更是一波三折，像在悬崖边跳舞，惊险万分。红方没能把握机会，两次被对手逃脱，最终成和。

第 82 局　赵冠芳 负 唐丹

2014~2015 年高密棋协杯全国象棋女子甲级联赛第 10 轮，唐丹执后手与特级大师赵冠芳相遇。

1. 相三进五　炮 2 平 4
2. 车九进一　马 2 进 3
3. 车九平六　马 8 进 7
4. 兵三进一　车 1 平 2
5. 炮二平四　……

除炮二平四外还有马八进九的变化，为本次比赛第 15 轮张国凤对阵唐丹的时候所使用。区别在于平仕角炮打算跃马盘河，而跳边马则是准备炮八平七解除牵制并且打击黑方 3 路马。

5. ……　　　车 9 平 8
6. 马二进三　炮 8 平 9
7. 马三进四　士 6 进 5

士 6 进 5 另辟蹊径，一般都士 4 进 5，车六进五，卒 3 进 1，仕四进五，车 8 进 4，车六平七，炮 4 退 1，兵三进一，车 8 平 7，车一平二，双方另有攻守。

8. 马八进九　炮 4 平 5

还中炮是唐丹改进后的应法，此阵法详见王天一对阵刘宗泽之局，当时刘宗泽选择的是卒 3 进 1，以下兵九进一，象 7 进 5，车六进五，车 2 进 2，车六平七，炮 4 退 1，仕四进五，炮 4 平 3，车七平六，卒 7 进 1，兵三进一，象 5 进 7，最后结果是和棋。

9. 兵九进一　卒 5 进 1
10. 仕四进五　车 8 进 6
11. 马四进六（图 1）　……

马四进六看似踩马兼保中卒，顺势准备打车，一着多用，实则不然，这种思维是建立在黑方下步马 3 进 5 的基础上的，但黑方如车 2 进 6，局势便不能被红方掌控。因此不如先车六进五比较好控制局势。

11. ……　　　车 2 进 6

车 2 进 6 好棋！弃子取势打破了红方的计划。红方如马六进七，黑方可卒 5 进 1，车六进五，卒 5 进 1，黑方攻势强大。

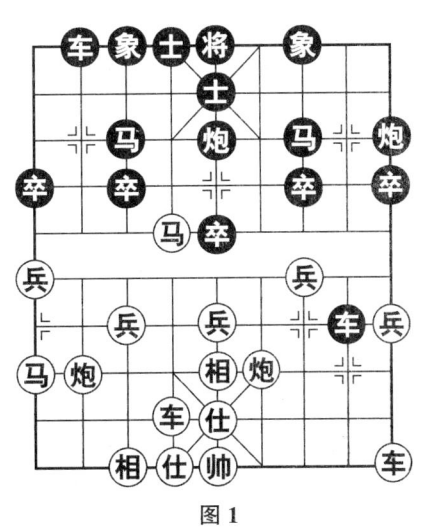

图 1

12. 车六进三　炮5进4　　　　**13.** 车六退一　炮5平6

14. 车六平五　卒3进1

兑掉红方恶马之后，黑方阵型舒展，已是反先之势。

15. 马六进七　炮9平3　　　　**16.** 车五进二　炮6平9

17. 车五平七　车2平3

交换后黑方简明主动。

18. 车七退二　炮9平3　　　　**19.** 马九进八　前炮退1

一番交换后黑方稍好，此时炮3退1是控制局面的好棋，致使红马位置不佳。

20. 兵三进一　马7进5

不可卒7进1，否则车一进四，黑方反而尴尬。

21. 车一进四　……

抓炮有帮忙之嫌，不如马八进九，后炮退1，兵三进一，马5进6，车一平三，保持纠缠，效果优于实战。

21. ……　　　前炮平8

好棋！既断了红方车路，又为马开道，黑方阵型舒展，占优。

22. 兵三平四　马5进6　　　　**23.** 马八进七　车8进3

24. 仕五退四　马6进8

错失良机！应该卒9进1！车一进一，马6进4，炮八平六，炮3进7，仕六进五，炮3平6，黑方胜势。

25. 仕六进五　……

补仕先行防守，但炮四退一更为顽强。

25. ……　　　马8进7

26. 炮四退一　车8退3

27. 仕五进四（图2）　……

支仕打算解决右翼底线问题，但是黑方献9路卒后便可顺势铁门栓打击红方中路，因此支仕还是有不小问题的，应炮八进二，黑方如卒9进1，炮八平五，象3进5，车一退三，车8平7，仕五进四，红方尚可纠缠。

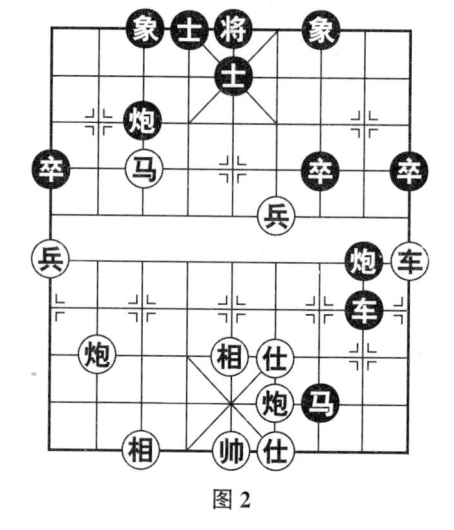

27. ……　　　卒9进1

弃卒好棋，逼迫红车离开巡河线，黑方占领中路，已然胜势。

28. 车一退三　炮8平5　　　　**29.** 相五进七　车8平5

图2

30. 帅五平六　马7退8　　　　31. 车一进一　车5平4
32. 帅六平五　车4退3　　　　33. 兵四平五　……

无奈，如炮八平七，炮5退2，黑方胜定。

33. ……　　　车4平3

黑方得子胜定。

34. 车一平二　车3平2　　　　35. 车二进一　车2进4

多子后迅速简化局势，以压倒性的物质优势进入残局。

36. 车二进六　车2平6　　　　37. 车二平三　士5退6
38. 炮四平二　车6平8　　　　39. 炮二平九　车8退3
40. 帅五平六　车8平5

红不能炮八平五，否则象3进5，车三退三，车5平4，炮五平六，炮3平4得子。

红方无法再周旋下去，遂投子认负。中局时刻，黑方于第11回合弃子反压制红方，是整盘棋胜利的关键所在。在劣势情况下，红方于第27回合支羊角仕给了黑方中路打击的机会，导致了全局的溃败。

第83局　唐丹 胜 刘钰

本局是2014~2015年高密棋协杯全国象棋女子甲级联赛的第12轮，唐丹对阵刘钰。

1. 炮二平五　马2进3　　　　2. 马二进三　炮8平6
3. 车一平二　马8进7　　　　4. 炮八平六　……

除炮八平六之外还有兵七进一、兵三进一和马八进九等应法。

4. ……　　　卒7进1　　　　5. 马八进七　卒3进1
6. 车九平八　士4进5

补士巩固阵型，也可车1平2，车八进四，象7进5，兵七进一，双方另有攻守。

7. 车二进六　……

车二进六是唐丹自己研究的弈法，曾在2011年第3届句容茅山·碧桂园杯全国象棋冠军邀请赛中战胜胡明。

7. ……　　　车1平2　　　　8. 兵三进一（图1）　……

兵三进一是改进后的应法，当时对阵胡明选择的是车二平三，车9进2，车八进六，象3进5，兵五进一，马3进4，兵五进一，卒5进1，车三平六，炮6进2，车八退三，双方可战。

  8. …… 卒7进1
  9. 车二平三 车9进2
  10. 车三退二 象3进5
  11. 炮五平四 炮2进2

  升炮巡河堡垒，防守有余攻击不足，可马7进6，炮四进五，车9平6，双方基本均势。

  12. 兵七进一 马7进8

  跳马丢象是失败之根源，在双方均势情况下先丢一象，加大了防守的难度。应该卒3进1，车三平七，炮2平5，相七进五，车2进9，马七退八，车9平8，黑可战。

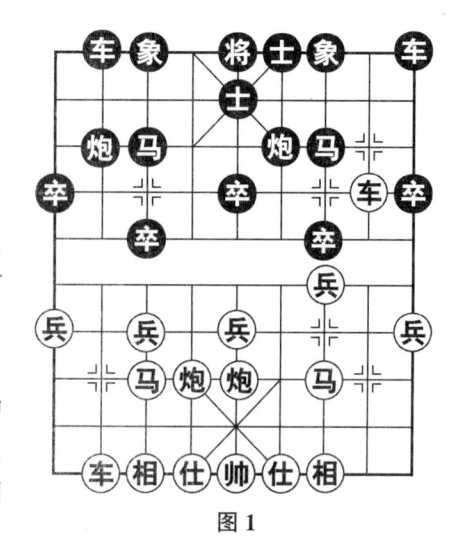

  13. 兵七进一 象5进3

  平炮关车，但不如马8退7。

  15. 马三进二 马8进6

  17. 炮四平二 ……

  强行兑子好棋！凭借多一相的优势更利于残局战斗。

  17. …… 车8进3

  交换后黑方防守力量散乱，又少一象，使河头堡垒产生缺陷，红方优势明显。

  18. …… 马3进4（图2）

  跃马盘河寻求对攻，其实却是导致局面恶化的关键之着，应马6退4控制红马出路，尚可与红方周旋。

  19. 马七进六 ……

  红马既出犹入无人之境，已经势不可当。

  19. …… 炮2进4
  20. 马六进四 车8退4
  21. 马四进六 ……

  14. 车三进五 炮6平7
  16. 相七进五 车9平8

  18. 车三退二 ……

图1

图2

  踏雪寻梅奔卧槽，立体攻势既成，车马炮三子围绕九宫盘旋，黑方危矣。

21. …… 士5退4 **22.** 车三平五 ……

由于黑方残象,中路将门无可防御,红方遂趁机劈头叫将,打断黑方防御,形成卧槽马攻势。

22. …… 士6进5 **23.** 炮二平四 马6进8

24. 马六进七 将5平6 **25.** 车五平三 ……

车五平三好棋!准备车三退四瞌马做杀,如车五平四,车8平6,车四退四,也是红胜,但不如此着简练。

25. …… 马4进3 **26.** 车三退四 马3进4

27. 炮四退一 马4进2 **28.** 相五退七

计算精准,绝杀无解,黑方无奈投子认负。

第84局　董波 负 唐丹

2014~2015年高密棋协杯全国象棋女子甲级联赛第13轮,唐丹与董波相遇。

1. 炮二平六 马8进7 **2.** 马二进三 车9平8

3. 车一平二 炮8进4(图1)

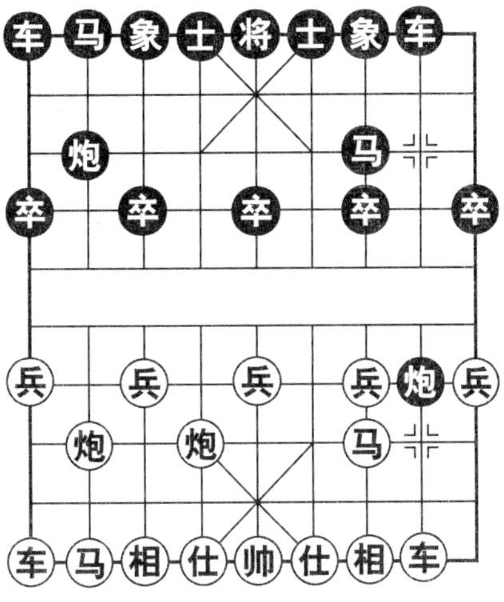

炮8进4形成左炮封车,是较为流行的变化,如卒7进1则形成常见的屏风马,试举一例:卒7进1,车二进四,炮8平9,车二平四,马2进3,马八进九,卒3进1,炮八平七,马3进2,兵九进一,车8进1,马九进八,车1进1,兵七进一,车8平4,仕四进五,车4进3,均势。

4. 兵三进一 炮8平7

5. 兵七进一 炮2平5

6. 马八进七 车8进9

7. 马三退二 炮5进4

图1

以上双方都是正常变化,此时红方虽然弃掉中兵,但是大子出动较快,所以也是有所补偿的。

8. 车九平八 ……

此时也可先马二进一,待黑方炮7平6后再车九平八。区别就是先马二进一,黑方只能炮7平6或者炮7平8,但先车九平八,黑方炮5退2后可以炮7平5先手躲避红方的马二进一。

8. ……　　　炮 5 退 2　　　9. 帅五进一　车 1 进 1
10. 炮八进六　……

炮 8 进 6 是此布局的关键之着，必须控制黑车，否则黑方空头炮攻势猛烈。这也是红方弃空头战术的必然选择。

10. ……　　　车 1 进 1　　　11. 马七进六　……

也有炮八退一常拦车的应法，但是本次比赛实行 25 回合内如出现循环应法红方则必须变着的规则。因此马七进六便是当前局面的必然选择，因为如车八进三，黑可车 1 平 4 对抓炮，红先手尽失。

11. ……　　　炮 7 平 5　　　12. 帅五平六　前炮平 4
13. 帅六平五　……

红方以为只是平常的循环打将，有些随手，其代价便是藩篱尽毁。应炮六平七，车 1 平 4，炮八退四更为顽强。

13. ……　　　炮 4 进 3　　　14. 马六进七　车 1 平 4
15. 车八进二　炮 4 平 7　　　16. 相七进九　马 7 退 5

马退窝心寻出路是化腐朽为神奇的妙着！也是全局进攻的点睛之笔。黑方虽然多士多象，但是子力比较松散难以组织攻势，此时退马准备下步马 5 进 6 正面出击，至此黑方大优。

17. 炮六平七　车 4 进 4　　　18. 马七进六　车 4 平 5
19. 帅五平四　车 5 平 6　　　20. 帅四平五　马 5 进 4
21. 炮七进七　士 4 进 5

红方见难以防御遂转守为攻，向黑方发起挑战，黑方欣然接受，一场白刃战即将上演。

22. 马六退七　车 6 平 8

抓马抽车，看红方如何应对。

23. 帅五平六　车 8 平 4

稍缓，不如马 4 进 5，马七退五，车 8 平 4，帅六平五，卒 5 进 1，黑方胜势。

24. 帅六平五　车 4 平 8
25. 帅五平六　车 8 平 4
26. 帅六平五　象 7 进 5
27. 炮七退二（图 2）　……

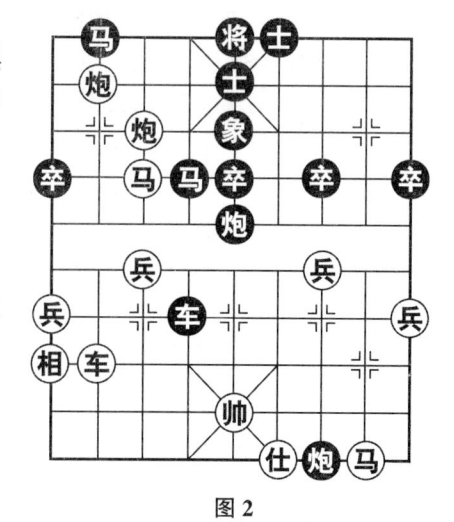

图 2

炮七退二准备再炮七平九重新组织攻势，但进攻相对变缓，不如炮八平六，马 4 进 5，马七退五，卒 5 进 1，车八进七，车 4 退 5，相九退七，红方尚能支撑，优于实战。

27. ……　　马2进4　　　　**28.** 炮八进一　后马退2

29. 车八进七　士5退4　　　**30.** 炮七平九　马4进5

31. 马七退五　卒5进1

交换后黑方胜定。

32. 炮九进二　马5进3

以下红方只得帅五平四，车4平6，帅四平五，车6平8，黑方胜定。红方见无法抵抗，遂投子认负。

综观全局，黑方获得空头炮后，积极开动子力，待红一不留神之际获其仕相，随后退马窝心找出路，踏雪寻梅取胜果，战术手段值得学习与借鉴。

第85局　陈丽淳 和 唐丹

本局是2014~2015年高密棋协杯全国象棋女子甲级联赛第14轮，唐丹执后手迎战陈丽淳。

1. 兵七进一　炮2平3　　　　**2.** 炮二平五　象3进5

3. 仕六进五　……

补仕防患未然，是一种比较含蓄的应法，其主要目的是不想让黑方卒3进1顺利渡卒。

3. ……　　马8进7

此时是黑方的布局选择点，除了马8进7外还有卒7进1、马8进9、马2进4、车9进1、士4进5等应法，通过云数据显示，马8进7是目前棋坛上最多的选择。当然其他变化也无可厚非，试举卒7进1为例：卒7进1，马二进三，马8进7，车一平二，车9平8，车二进四，炮8平9，炮五进四，士4进5，车二进五，马7退8，兵五进一，马2进4，炮五平六，马4进2，相七进五，炮3平4，炮六平三，卒3进1，马八进七，卒3进1，相五进七，马2进4，马七进五，马4进5，炮八平五，马5进3，均势。

4. 马二进三　车9平8　　　　**5.** 兵三进一　炮8平9

6. 炮八平六　马2进1　　　　**7.** 马八进七　车1平2

8. 马七进六　士6进5（图1）

以上着法均是正常变化，此时黑方选择士6进5比较少见，应属改进之着。一般多士4进5，马六进五，马7进5，炮五进四，车2进4，补右士的区别在于同样的发展，一番交换后黑方车2进4更好，没有后顾之忧。

9. 马六进五　马7进5

10. 炮五进四　车2进4

至此红方虽多一中兵，但双车较缓，黑方子力位置优越，应属均势。

11. 相七进五　卒7进1

12. 兵三进一　车2平7

13. 车九平八　……

此时再车九平八意义不大，黑方右翼无明显弱点，中路也固若金汤不易打击，在此情况下可炮五平九先吃一卒比较实惠。

13. ……　　　车8进3

14. 炮五退二　炮3进3

黑炮打兵比较简明，如若想保持变化可以卒1进1，双方基本均势，战线漫长。

15. 车一进二　……

车一进二的出路过窄，意图也过于明显，不如车一平二，车8进6，马三退二，炮3进1，马二进三，车7进2，车八进五，红方稍优。

15. ……　　　炮9平7（图2）

平炮打马好棋！置3路炮在相口而不问，强行对攻，逼迫红方表态，战局直接进入白热化阶段。

16. 炮五平三　炮7进3

17. 相五进三　卒1进1

18. 相三退五　炮3进2

19. 马三进四　……

在一番激烈交换之后，双方分庭抗礼，形成均势。

19. ……　　　车7平2　　**20. 车八平七　炮3平2**

21. 车一平三　车8平6　　**22. 马四退六　炮2进2**

23. 炮六退二　炮2平4　　**24. 车七平六　……**

再兑一子，基本和棋。

24. ……　　　车6平5　　**25. 兵九进一　车5进3**

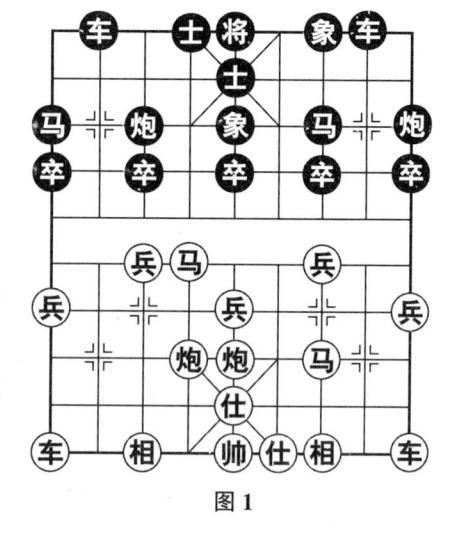

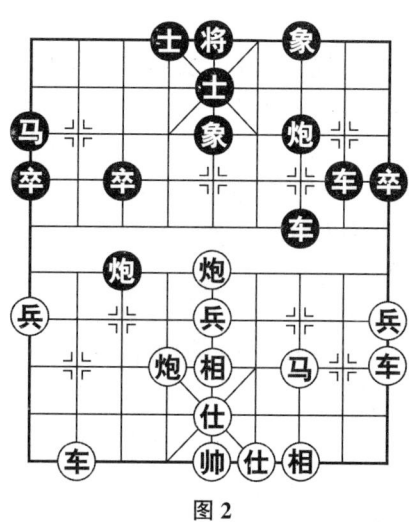

图1

图2

26. 兵九进一	车 2 平 1	27. 兵一进一	车 1 进 1
28. 车三进二	车 1 平 7	29. 相五进三	马 1 进 2
30. 马六退八	车 5 平 2	31. 马八进六	马 2 进 4
32. 马六退四	马 4 进 6	33. 车六进三	

至此黑方只得兑车，形成例和残局，遂握手成和。

第 86 局　张国凤 负 唐丹

2014~2015 年高密棋协杯全国象棋女子甲级联赛第 15 轮，北京队相遇江苏队。唐丹执后手对阵张国凤大师。

1. 相三进五　炮 2 平 4　　2. 车九进一　马 2 进 3
3. 车九平六　马 8 进 7　　4. 兵三进一　……

战局开始，双方便以飞相对右士角炮的阵势展开，此时红方兵三进一较为流行，另一种常见的应法是马八进九，车 1 平 2，兵九进一，车 2 进 4，马二进一，车 2 平 6，兵一进一，车 6 进 1，兵三进一，士 6 进 5，炮二平三，象 7 进 5，车六进五，卒 9 进 1，车六平七，马 3 退 2，车一平二，炮 8 平 9，马一进二，车 9 平 8，兵一进一，卒 7 进 1，兵三进一，车 8 进 5，车二进四，车 6 平 8，兵三进一，马 7 退 8，车七平五，红方优势。

4. ……　　车 1 平 2　　5. 马八进九　……

也有炮二平四的变化，第 10 轮唐丹执后对阵特级大师赵冠芳之时，赵冠芳便采取炮二平四。

5. ……　　炮 8 平 9（图 1）

炮 8 平 9 较为少见，依稀记得老谱中的 1997 年首届林河杯象棋名人赛，于幼华对阵李来群时出现过。现在选择最多的变化是车 2 进 4，以下马二进四，士 6 进 5，车六进五，炮 4 平 6，车一平三，象 7 进 5，炮八平七，炮 8 平 9，车六平七，车 9 平 8，炮二平一，卒 9 进 1，兵九进一，车 8 进 6，兵七进一，马 7 退 8，双方互缠。

6. 炮八平七　士 6 进 5　　7. 马二进三　车 9 平 8

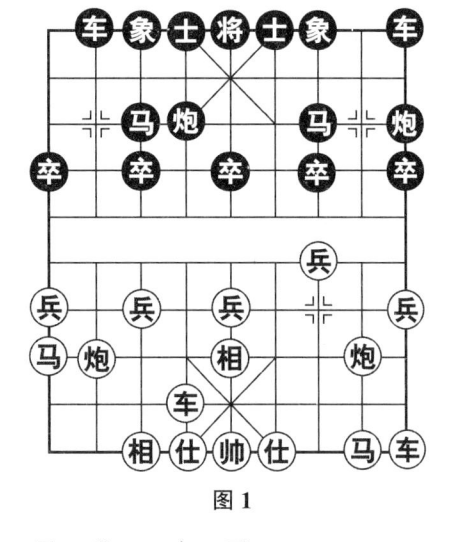

图 1

8. 车一平二　车8进4　　　9. 炮二平一　车8进5
10. 马三退二　车2进4　　　11. 兵七进一　象3进5

现在黑方阵式不大舒展，尤其是3路线压力很大，所以改成炮4平6调整阵型更好一些。

12. 车六进五　炮9进4　　　13. 车六平七　马3退1
14. 马二进三　炮9平8　　　15. 车七平九　马1进2
16. 兵九进一　……

兵九进一好棋！见缝插针，准备逼走黑方位置最好的巡河车，至此，红方位置较好，已获优势。

16. ……　　　车2进2　　　17. 车九退一　炮4进2
18. 仕四进五　炮8退2　　　19. 车九进二　马2退4
20. 炮七平六　……

炮七平六意图打马破士，但是黑方躲开后并无后续手段，这是黑方在劣势下占据要道，红方找不到正确的进攻点，略有着急的结果。此时红方应该先炮一进一打车，看看黑方如何应对。黑方如车2进1，则炮七平六，炮4平6，马三进四，红优；又如车2退2，则马九进七。

20. ……　　　炮4平6　　　21. 马九退七　车2平3
22. 马七进九　车3平2　　　23. 马九退七　车2平3
24. 马七进九　车3平2　　　25. 马九退七　车2平3
26. 炮一退一　炮6进4　　　27. 马七进九　车3平2
28. 炮一进二　车2退2
29. 马九进七　炮6平7

准备卒7进1活马，黑方在劣势情况下行棋极为顽强。

30. 车九退一（图2）　……

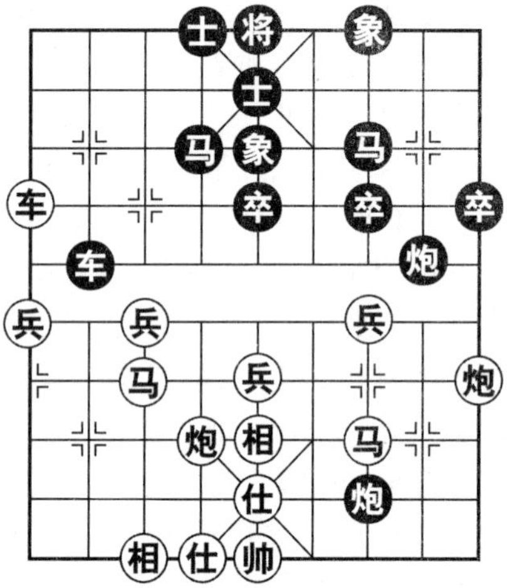

车九退一有些随手，感觉上是通过车九平六打马破士来突破，但是最优走法应是马七进五，黑方如卒5进1，则可以马五退七！既断了黑方车2平6的路，也伏有兵七进一渡兵的手段，仍是红方占优。

30. ……　　　车2平6
31. 车九平六　……

图2

没有察觉到黑方的进攻，仍旧在寻找自己的突破点，导致局势恶化，此时比较好的应法是马七进五，黑方如炮8进5，则炮一平三，双方互缠。

31. …… 炮8进5　　**32.** 炮六退一 ……

面对黑方三子奇袭，红方没有弈出正确的应着而导致局面直接告负，此时正确的解法为炮六进一，黑方如炮8平9，则马三退一；又如将5平6，则炮一平四，尚可支撑。

32. …… 将5平6

红方无法解决黑棋的强大攻势，遂投子认负。

第87局　吴可欣 负 唐丹

2014～2015年高密棋协杯全国象棋女子甲级联赛于2014年10月14日在山东省高密市拉开帷幕，唐丹执后手对阵吴可欣。

1. 炮二平五　马8进7　　**2.** 马二进三　车9平8
3. 兵七进一　卒7进1　　**4.** 马八进七　马2进3
5. 车一进一　象3进5　　**6.** 车一平四　炮8平9

双方以流行的中炮横车七路马对屏风马右象的布局开局。此时黑方除了炮8平9外，还有士4进5、炮2进4、炮8进2、马7进8等多种选择。

7. 车九进一　士4进5

补士阵型比较工整扎实，积极的选择是炮2进4，马七进八，士4进5，车九平六，炮2平7，相三进一，双方另有攻守。

8. 车九平六　炮2平1

此时是黑方的布局选择点，除炮2平1之外，还有马7进8、车1平4、车8进5等着法，但经过实践的检验，可行性应属炮2平1与马7进8最高，试举马7进8为例：马7进8，兵五进一，马8进7，车四进二，炮9平7，马七进五，炮2进4，车六进二，炮2平5，车六平五，车1平2，炮八平六，车2进4，兵五进一，卒5进1，炮五进三，双方对攻。

9. 马七进八　炮1进4　　**10.** 车六进二　炮1退1
11. 马八进七　车8进5　　**12.** 相七进九　车8平6
13. 车四进三　炮1平6　　**14.** 炮八平七（图1）……

平炮对黑方3路线施加压力，现有马七进五强行交换得象的手段。在此局面下也有兵五进一的应法，试举一例：兵五进一，炮6退2，兵五进一，车1平4，车六进六，将5平4，兵五进一，炮6平3，兵五平六，炮3平2，兵六平七，先弃后取，双方可战。

14. ……　　马7进8

进马看似凶悍，实则轻率，不如炮6退3稳扎稳打，黑方足可抗衡。

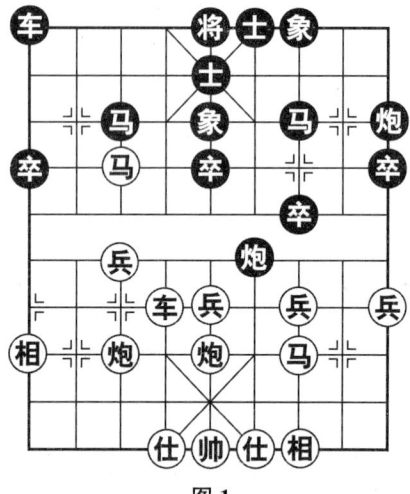

15. 车六进一　炮6退2

16. 马七退八　炮6退1

退炮稳固阵型，但反击也随之消殆，对攻的着法是马8进7，兵七进一，车1平4，车六进五，将5平4，兵七进一，马7进5，相三进五，马3退1，均势。

17. 车六平二　马3进4

18. 兵七进一　马4退6

19. 车二平七　……

以上几个回合红方进车捉炮准备闪击黑方盘河马，但黑方退炮看似打马的虚晃一枪使得红马稍作犹豫回马避兑，给了黑方双马连环的机会，细节处理稍有松弛，但红兵渡河，攻势尤存。

19. ……　　炮6平7　　　　**20. 兵七平六　车1平4**

21. 车七平六　炮7进4　　　**22. 相三进一　炮7平8**

23. 炮五进四　卒7进1

24. 兵五进一（图2）……

以上几个回合双方皆无过错，此着挺起中兵看似好棋，准备再次渡兵"联手"，但使阵型漂浮，阵型不整，是整局溃败的根源所在。应马八进七，卒7进1，马七进八，车4平2，车六平八，双方对攻，各有顾忌。

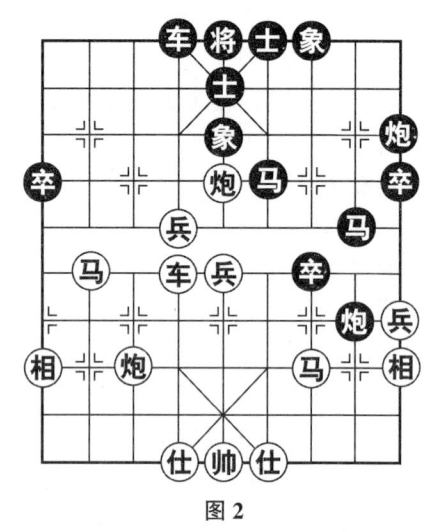

24. ……　　马8进7

见缝插针！红方不能冲兵渡河，位置有些尴尬，局面开始陷入被动。

25. 炮七进二　车4平2

26. 马八进九　……

在如此复杂对攻的情况下，应马八进七，赶往战场中心是当务之急。

26. ……　　炮8退1　　　　**27. 相一进三　车2进7**

可直接马6进7得相。

28. 兵六平五　马6进7　　　**29. 车六退三　前马退5**

简明兑子获取胜势。

30. 炮五退二　炮8平5　　　　**31.** 炮七平三　车2平7

交换后黑方提炮抽马,红方必丢一子,局面大势已去,无法挽回。

32. 炮三平一　车7平5　　　　**33.** 仕四进五　车5平1

34. 仕五退四　炮9进3　　　　**35.** 兵一进一　车1退4

得子后简明胜势,余着评述从略。

36. 车六进三　炮5进1　　　　**37.** 车六退一　炮5退1

38. 车六进一　炮5进1　　　　**39.** 车六平五　炮5平1

40. 仕六进五　车1平2　　　　**41.** 车五平九　炮1平9

42. 仕五退六　车2进3　　　　**43.** 仕四进五　炮9进3

44. 车九平二　车2平9　　　　**45.** 兵五平四　炮9退4

红方见无力抵抗,遂投子认负。

综观全局,双方布局未几便兵戎相见,你来我往互有攻守。中局互缠时刻红方随手冲中兵发起进攻,黑方见缝插针获取优势,反戈一击,一举击溃红棋阵型,巧妙交换获得一子,获取胜利。

第88局　董嘉琦　负　唐丹

2014～2015年高密棋协杯全国象棋女子甲级联赛第17轮上海队对阵北京队,代表上海队出战的是近年来的新秀董嘉琦。

1. 炮二平五　马8进7

2. 马二进三　车9平8

3. 车一平二　马2进3

4. 兵七进一　卒7进1

5. 车二进六　炮8平9

6. 车二平三　炮9退1

7. 炮八平六　……

炮八平六是比较稳健的应法,除此之外,红方还有马八进七、马八进九、兵五进一等选择。

7. ……　　　　车1平2(图1)

车1平2是比较流行的应法,此时黑方也可选择车8进5的变化,试举一例:

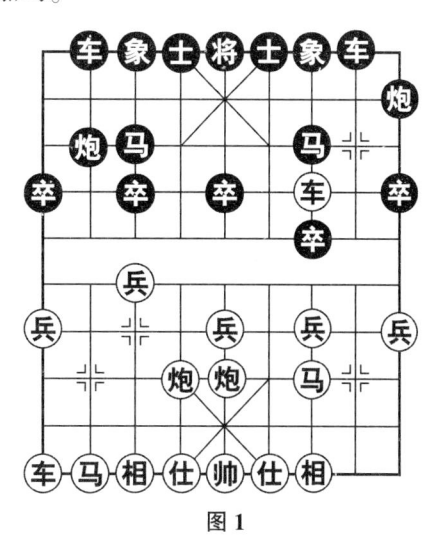

图1

车8进5，马八进七，车8平3，车九平八，车1进2，车八进三，卒3进1，兵五进一，炮9平7，车三平四，炮7平5，马三进五，马3进4，车四平三，马4进5，车八平五，双方对攻。

8. 马八进七　炮2平1　　　　9. 马七进六　……

跃马盘河加强控制力度，此时如想稳健发展可车九进二，如急于对攻可选择兵五进一的变化，皆是无可厚非的选择。

9. ……　　士6进5　　　　10. 马六进七　……

进马踏兵，准备兑子取势，顺手牵羊消灭敌方有生力量。

10. ……　　炮9平7　　　　11. 马七进九　炮7进2

12. 马九进八　马3退2　　　　13. 车九平八　……

一番交换后红方在子力位置上获得一些优势，目前黑方右翼马较弱，成为红棋率先打击的对象。

13. ……　　马2进1　　　　14. 车八进七　……

进车卡马好棋！抓住局面的矛盾点，对黑方实施了困子打击战术。

14. ……　　炮7进3　　　　15. 相三进一　象7进5

16. 炮六进六　……

探炮卡象眼是凶悍的弈法，伏有炮五平七和炮六平八两种进攻手段，优势扩大。此时亦可选择炮六平七，车8平6（若车8进5，炮七进七，象5退3，车八平二！红大优），仕四进五，车6进4，炮七进七，象5退3，炮五平七，红亦优。

16. ……　　车8进5

17. 相七进九　……

面对黑方寓攻于守的着法，红方亦可选择炮六平八先得一子，但黑方会有稍许的攻势，这是红方不愿面对的选择。

17. ……　　车8平4

18. 炮五平七　士5退6

19. 炮七进七　士4进5

20. 车八平九（图2）　……

车八平九过于急躁！交换后红方车炮构不成应有的威胁，虽得一象却失了攻势，是本局攻守转换的根源所在。应炮七退二用炮打马，黑只得车4退4，炮七平九，马7进6，车八进二，士5退4，炮九进二，将5进1，车八退八！红方依然保持攻势。

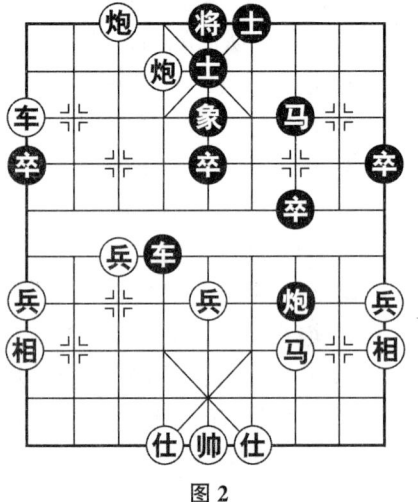

图2

| 20. …… | 车4退4 | 21. 车九平五 | 车4进6 |

细细品味，红方一个选择错误导致攻守之势异也，红虽得双象但战马被困，黑方已反夺战机。

| 22. 马三退二 | 车4平1 | 23. 车五平八 | 马7进6 |
| 24. 炮七平九 | …… | | |

不如车八进二背水一战。黑方如车1平5，仕四进五，炮7平1，炮七平四，士5退4，炮四平六，炮1进3，车八退九，局面还很混乱。

24. ……	将5平4	25. 车八进二	将4进1
26. 车八退一	将4退1	27. 车八退一	将4进1
28. 车八退四	……		

退车捉马看似是能得子的妙着，实则掉入黑方铺设的陷阱，不如兵七进一对攻，破釜沉舟的气势往往能收到意外效果。

| 28. …… | 马6进5 | 29. 车八平三 | 炮7平8 |
| 30. 车三退二 | 炮8退4 | | |

红方误以为能趁乱获得一子，却反被黑方困死红马，此时红方唯有炮九平五可解，然过于隐蔽而未能发现。红方未能得解，遂放弃抵抗，投子认负。

第89局 赵冬 负 唐丹

2014~2015年全国象棋女子甲级联赛的第18轮也是最后一轮，唐丹执后手对阵赵冬。

1. 炮二平五	马8进7	2. 马二进三	车9平8
3. 车一平二	马2进3	4. 兵三进一	卒3进1
5. 马八进九	卒1进1	6. 炮八平七	马3进2
7. 车九进一	象3进5	8. 车九平六	马2进1

此时黑方除了马2进1之外，还有车1进3、士4进5、卒1进1和炮8进4等变化，均有复杂攻守。

9. 炮七平八（图1） ……

此时红方还有炮七退一和车六平八的变化，皆为主流：①炮七退一，车1进3，车二进六，士6进5，马三进四，炮8平9，车二进三，马7退8，马四进三，战线漫长。②车六平八，炮2平4，炮七平六，车1进3，车二进六，双方皆可接受。

实战炮七平八的应法并不常见，其目的想必是出其不意以奇制胜。

9. ……　　　　卒 3 进 1

卒 3 进 1 好棋！针对红方形异而选择迅速反击。

10. 车六进六　炮 2 平 1
11. 炮八进四　……

如兵七进一，马 1 退 3，炮八平七，士 4 进 5，也是黑方反先。

11. ……　　　　士 4 进 5
12. 车六退二　……

退车导致局面恶化，应该车六平七，炮 1 进 1，炮八进一，车 1 平 2，车七退一，车 2 进 2，车七平九，红方可战。

12. ……　　　　炮 1 平 3

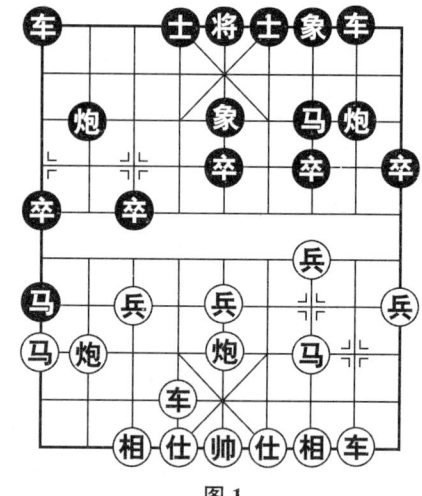

好棋！一来躲避红车抓卒，二来威胁红方最为薄弱的七路底相，弈棋行云流水，颇有四两拨千斤之感。至此，黑方已经获得优势。

13. 车六进一　……

进车使局势雪上加霜。因黑方顺势炮 8 进 1，防守加反击。红不如炮五平四调整阵型，效果优于实战。

图 1

13. ……　　　　炮 8 进 1
15. 炮八平九　卒 1 进 1
16. 炮九退三　卒 1 进 1
17. 马九退八　卒 3 平 2

一番交换后，黑方白渡两卒，"联姻"之后对红方左翼形成巨大威胁，红方已呈败势。

18. 炮五平七　炮 3 平 4
19. 车七平八　卒 2 进 1
20. 马三进四　车 1 进 2（图 2）

车 1 进 2 稳健，阻止了红方盘河马的前进，控制了局面，简明有力。

14. 车六平七　车 1 进 2

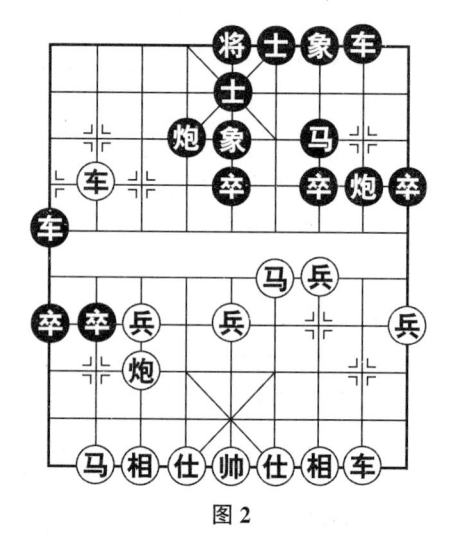

21. 车八进三　炮 4 退 2
22. 马四进三　炮 8 进 3
23. 炮七平五　车 1 平 6

准备车 6 进 2 进攻红方薄弱的中路，但此时车 1 进 1 更有针对性。

图 2

24. 仕六进五　车 6 进 2　　　　25. 马八进七　车 8 进 3
26. 兵七进一　车 8 平 7

再吃一马，物质优势已能奠定胜局。

27. 马七进六　车 6 平 5　　　　28. 马六进四　车 5 平 3
29. 炮五平三　车 7 进 2　　　　30. 炮三进五　车 7 退 1

先弃后取简化局势，大局已定。

31. 马四进六　……

漏着！没有看到黑方车借炮力兜底仕相，趁打将再吃一马。但局面已崩，除此之外也并无好棋可走。

31. ……　　车 3 进 3　　　　32. 仕五退六　车 3 平 4

趁将军再吃马，黑方胜定。红方见不能抵抗，遂投子认负。

综观全局，黑方抓住红方布局阶段一个疑形，毅然决然发起反击，纠缠中巧渡双卒奠定了胜利的基础，随后控制局势慢慢蚕食对手，终得子胜利。

第 90 局　唐丹 胜 陈丽淳

2015～2016 年全国象棋女子甲级联赛第 2 轮比赛，唐丹对阵陈丽淳。

1. 马八进七　卒 3 进 1　　　　2. 炮二平四　马 2 进 3
3. 马二进三　马 8 进 9
4. 车一平二　车 9 平 8
5. 兵三进一　炮 8 平 7

红方起马转仕角炮开局，黑方选择的是众多应法中最具对抗性的。

6. 车二进九　马 9 退 8
7. 马三进四　卒 7 进 1
8. 相三进五　卒 7 进 1
9. 相五进三　车 1 进 1
10. 车九进一　车 1 平 8
11. 车九平六　象 7 进 5（图 1）

以上双方均属常见应法，此时黑方也可考虑炮 7 平 9，相三退一，炮 9 进 4，炮四平五，象 7 进 5，兵五进一，士 6 进 5，黑势满意。

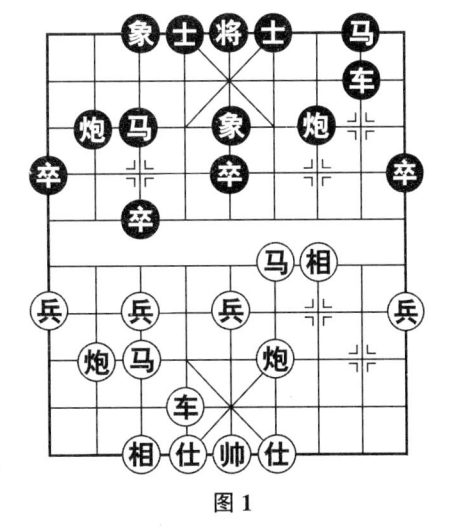

12. 相三退五　……

图 1

不如先车六进三，待兑兵后再考虑落相。

| 12. ……　　　车 8 进 6 | 13. 仕六进五　炮 7 平 9 |
| 14. 车六进五　炮 9 进 4 | 15. 车六平七　马 3 退 5 |

黑方如炮 9 平 3，相五进七，马 3 退 5，马四进六，炮 3 进 3，相七退五，炮 3 平 1，车七进二，马 5 进 7，车七平六，亦是红优。

| 16. 车七平五　马 5 进 7 | 17. 车五平六　车 8 退 2 |
| 18. 马四进六　士 6 进 5 | 19. 相五退三　…… |

调整阵型的好棋！

| 19. ……　　　马 8 进 6 |

如车 8 平 4，则兵七进一。

| 20. 相七进五　马 6 进 5 | 21. 炮八进三　炮 9 退 2 |
| 22. 炮四平三　炮 2 平 4 | 23. 车六平九　马 5 进 4 |

急躁！此时可以考虑车 8 平 2，车九平八，马 5 进 7，马六进四，前马退 5，炮三进四，车 2 退 1，车八平六，卒 3 进 1。黑势满意。

| 24. 兵七进一　马 4 进 6 | 25. 炮三平四　卒 3 进 1 |
| 26. 马六进四　炮 4 退 1 | |

此时若炮 9 平 7，马四进六，士 5 进 4，车九平四，卒 3 进 1，车四退三，卒 3 进 1，车四进四，马 7 退 8，炮八进四，红方亦是大优。

27. 车九平六　马 7 进 8	28. 马四退二　炮 9 平 2
29. 马二进四　士 5 进 4	30. 马四进三　将 5 进 1
31. 马三退四　将 5 退 1	32. 马四进三　将 5 进 1
33. 马三退四　将 5 退 1	34. 车六进一　炮 4 平 6
35. 车六退二　卒 3 进 1	36. 车六平八　卒 3 进 1

一番交换后，黑方残士，红方大优。

| 37. 马四进六　炮 6 平 4 | 38. 车八平四　士 4 进 5 |
| 39. 马六退八　…… | |

退马给了黑方喘息之机，不如车四退二，士 5 进 4，炮四平七，红方大优！

39. ……　　　车 8 平 2	40. 马八退七　车 2 进 4
41. 仕五退六　卒 3 进 1	42. 车四平六　炮 4 平 1
43. 仕四进五　车 2 退 1	44. 炮四退一　马 6 进 7
45. 帅五平四　炮 4 退 2	46. 车六进一　车 2 平 4
47. 车六平三　马 7 退 6	48. 炮四平七（图 2）　……

再吃掉黑方过河卒，至此红方多兵多仕，已然胜势。

| 48. ……　　　马 6 退 5 | 49. 车三平八　车 2 退 1 |

50. 马七进八 ……

兑车后红方胜定，余略。

50. ……	士5进6
51. 兵五进一	马5退7
52. 马八进七	将5平6
53. 马七退六	炮4进1
54. 帅四平五	士6退5
55. 马六进七	士5进4
56. 仕五进四	卒9进1
57. 炮七平五	炮4平5
58. 马七退八	马7退6
59. 兵五进一	炮5退1
60. 马八退七	炮5进1
61. 炮五平四	象5进3
62. 兵九进一	卒9进1
63. 兵九进一	炮5平3
64. 马七退五	士4退5
65. 兵九平八	象3进1
66. 兵八进一	将6平5
67. 兵五平六	马6进5
68. 马五进四	马5退3
69. 马四进六	士5进4
70. 马六进四	炮3平6
71. 兵六平七	士4退5
72. 炮四平五	马3退1
73. 马四退六	马5进7
74. 相五进三	将5平6
75. 相三进五	士5进4
76. 兵七平六	炮6平4
77. 马六退四	马7退6
78. 兵八平七	炮4平5
79. 兵六平五	象1退3
80. 兵五进一	炮5平1
81. 马四进三	将6进1
82. 兵五平四	马6退4
83. 马三退五	

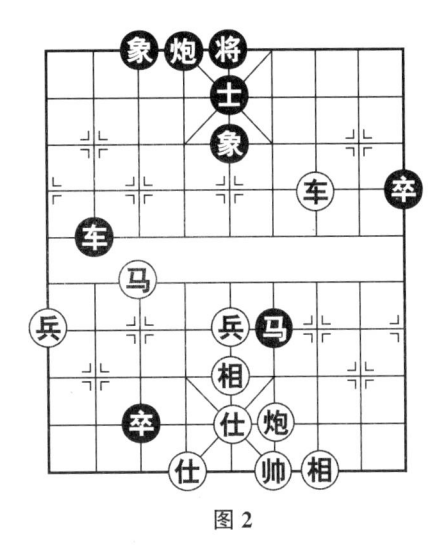

红胜。

第91局　唐丹　胜　张婷婷

2015~2016年全国象棋女子甲级联赛于2015年10月9日在山东高密拉开帷幕，这是比赛的第1轮，与唐丹对阵的是女子大师张婷婷。

1. 炮二平五	马8进7	2. 马二进三	卒7进1
3. 兵七进一	车9平8	4. 马八进七	马2进3

5. 车一进一　象7进5

红方以横车七路马开局，此时最多的选择是象3进5。象7进5也算是常见的应法。

6. 车一平四　马7进8

比较常见的应法是车1进1和士6进5。

7. 兵五进一　马8进7　　**8.** 兵五进一　卒5进1
9. 车四进二　卒7进1　　**10.** 马七进五　卒5进1

也可以考虑炮2退1，炮五进三，炮2平5，炮五进三，士6进5，炮八进二，车8平7，黑势不错。

11. 炮五进二　士6进5　　**12.** 炮五进一　车8平7
13. 车九进一　炮2进2　　**14.** 车四进三　车7进4（图1）

进车不如马7退5，车九平二，卒3进1，车四退一，炮2平5，车四平五，马5退7，黑可满意。

15. 车九平二　车7平5

应炮8进2，炮五平二，炮2平8，黑可战。

16. 车二进六　士5退6
17. 车二平三　炮2进1
18. 仕四进五　……

交换后黑方子力受牵制，右车缓慢，红方形势大优。

18.　……　　士4进5
19. 车四平七　马3进5
20. 车三退一　马5进7　　**21.** 车七平八　炮2退1
22. 马五进三　……

再消灭掉黑方的过河卒，红方大优，接近胜势。

22.　……　　车5进1　　**23.** 后马进五　炮2平5
24. 马三进五　车5退1　　**25.** 马五进三　车5进1
26. 炮八平二　……

打开局面的好棋，黑方已无力抵抗。

26.　……　　车5平7　　**27.** 炮二进七　象5退7
28. 车三进三　车7平8　　**29.** 炮二平四（图2）　……

红炮打士后胜定，余着从略。

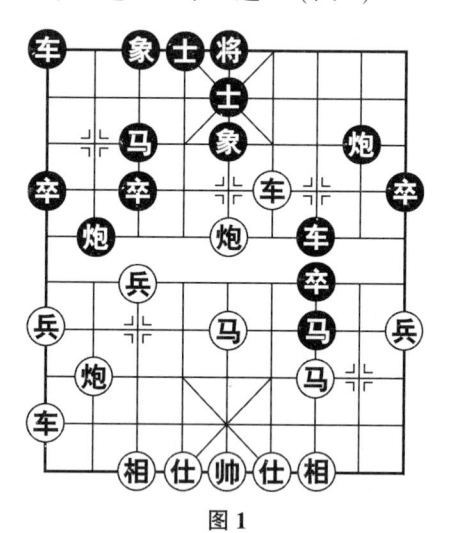

29. ……　　　后马退8
30. 车三平二　车1进1
31. 炮四平七　士5退6
32. 炮七平四　车8平7
33. 炮四退一　马8退7
34. 车八进三

最终，红胜。

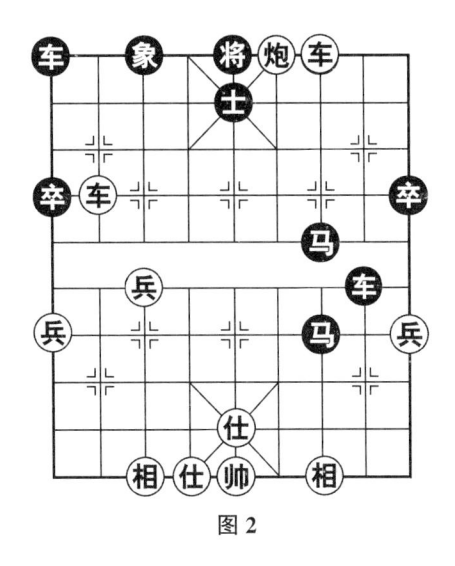

图2

第92局　吴可欣 和 唐丹

2015~2016年全国象棋女子甲级联赛的第3轮。唐丹执后手对阵吴可欣。

1. 炮二平五　马8进7　　　**2.** 马二进三　车9平8
3. 车一平二　马2进3　　　**4.** 兵三进一　卒3进1
5. 马八进九　卒1进1　　　**6.** 车九进一　卒1进1
7. 兵九进一　车1进5　　　**8.** 炮八平七　炮8进2

红方以三兵五七炮开局，此时黑方选择的是炮8进2的变化。除此之外，黑方还有车1平7、炮2平1、马3进2等选择。

9. 车二进四　象7进5　　　**10.** 车九平六　士6进5
11. 炮七退一　炮2进6　　　**12.** 车六进一　炮8平6
13. 车二进五　马7退8　　　**14.** 炮五退一　炮2平5
15. 马三退五　炮6退2　　　**16.** 车六平二　马8进7
17. 相三进五　马3进4　　　**18.** 兵七进一　（图1）……

以上几个回合双方都属常见的弈法，也是经过多名男子棋手实践过的弈法。此时兵七进一是正确的应法，巧合的是吴可欣在本次比赛第7轮对阵广东陈丽淳的时候，在此基础上改进了应法，选择了直接马五进七，车1平6，仕四进五，卒7进1，车二进四，卒7进1，车二平三，马7退6，车三平五，马4退6，双方局势复杂，最终黑胜。

205

18. ……	车1退1
19. 马五进七	卒3进1
20. 炮七进三	卒7进1
21. 兵三进一	象5进7

一番交换后，双方子力均等，阵型相对平稳，基本均势。

| 22. 车二进四 | 炮6平4 |
| 23. 车二平三 | …… |

基本均势，红方车二平三稍有疑问，可考虑先炮七平三，待黑方象7退5后再马九进八，马4进6，马七进六，红方双马位置较好，可以满意。

23. ……	象7退5
24. 马九进八	车1平2	25. 炮七平三	马4进6
26. 车三平四	马7进8	27. 车四平一	炮4进6
28. 帅五进一	……		

帅五进一疑问手，帅位不安，给了黑方机会。不如仕六进五，看黑方如何应对。黑方如马6进5，则马七进六，马5进7，帅五平六，车2平7，炮三平五，卒5进1，炮五进三，象3进5，帅六进一，红方稍好。

| 28. …… | 炮4平2 | 29. 车一退一 | 士5退6 |

错失良机，应车2平6，帅五退一，炮2平9，炮三平一，炮9平8，黑方形势大优。

| 30. 兵五进一 | 马6进7 | 31. 帅五退一 | 炮2平9 |

此时选择打车这个顿挫没有必要，不如直接炮2平8，保留炮8平9的选择。

| 32. 炮三平一 | 炮9平8 | 33. 马八退六 | 车2平7 |

缓着。应该直接炮8进1，仕四进五，车2平6，马六退四，马7退8，马四进三，车6进2，黑有攻势。

| 34. 仕四进五 | 炮8进1 | 35. 马六退四 | …… |

好棋！防守要点。

| 35. …… | 马7进6（图2） |

进马也属无奈，如马7退9，相五进三，马9进7，马七进五，马9进7，马五退四，炮8退3，后马进二，红方局面满意。

此时黑方虽然车马炮集结红方右翼，但红方占据着防守要点，黑方难以打

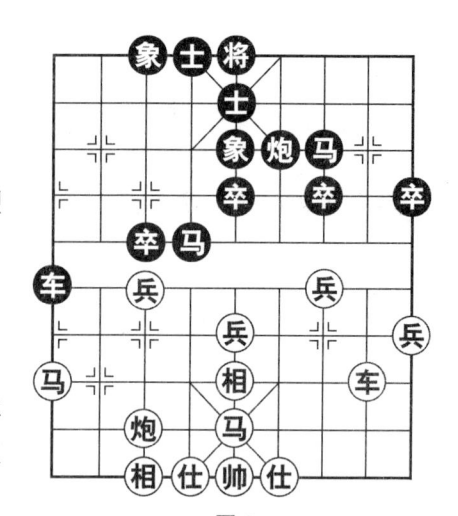

开局面，局面基本均势。

36. 相五退三　马6退7
37. 相三进五　马7退9
38. 马四进三　……

相五进三阵型更加稳固。

38. ……　　　马9进7
39. 炮一退四　马8进7
40. 车一平三　象5进7
41. 炮一进九　士6进5
42. 马三进一　后马退5
43. 马七进六　马7退6
44. 相五进三　象7退5
45. 马一退二

和棋。

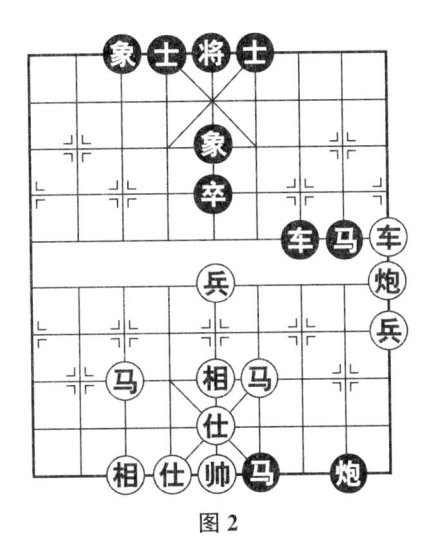

图2

第93局　唐丹 和 张国凤

2015~2016年全国象棋女子甲级联赛的第5轮，唐丹执先迎战江苏张国凤。

1. 炮二平五　马8进7　　2. 马二进三　卒7进1
3. 车一平二　车9平8　　4. 车二进六　马2进3
5. 兵七进一　马7进6
6. 马八进七　车1进1（图1）

车1进1是近年来黑方选择较多的应法，具有很强的对抗性。也有象3进5、卒7进1、象7进5等变化。

7. 车二平四　……

红方此时选择较多，有兵五进一、车九进一、炮八进三、车二退二等选择。

7. ……　　　马6进7
8. 马七进六　……

还有炮八进一的应法，较为稳健！

8. ……　　　卒7进1
9. 马六进五　……

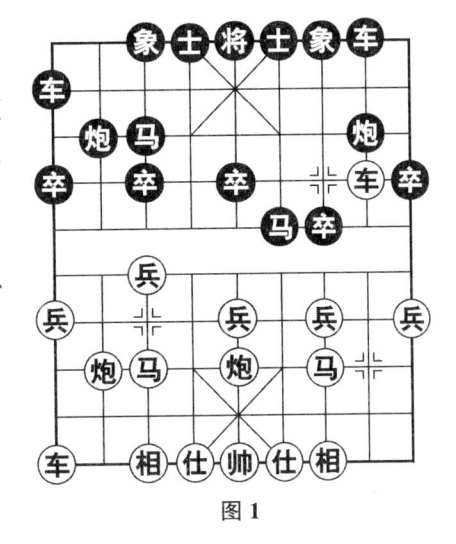

图1

如车四平三，车8进1，车三退二，车1平7，车三进四，车8平7，车九进一，象7进5，局面较为平稳。

9. ……　　　　　马7进5

如象3进5，马五进七，炮8平3，车四平七，红方占优。

10. 相七进五　马3进5　　11. 车四平五　炮2平5
12. 相五进三　……

如车五平三，车8进1，车三退二，车1平7，车三平二，炮8平9，局势平稳，红方稍好。

12. ……　　　　　炮8平7　　13. 相三退五　炮7进4
14. 仕六进五　车1平7　　15. 相三进一　车7平2
16. 炮八平七　车8进6　　17. 兵七进一　卒3进1
18. 车九平七　车2退1
19. 炮七平六　炮5退1
20. 兵九进一　象3进5
21. 车五平六　炮7平9
22. 马三进一　车8平9
23. 相一退三　炮5进5
24. 车七进五（图2）……

红方吃卒进行交换后，黑方多卒稍好，基本和势。

24. ……　　　　　炮5平1
25. 炮六退二　炮1进3
26. 车七退五　炮1平4
27. 车七平六
和棋。

图2

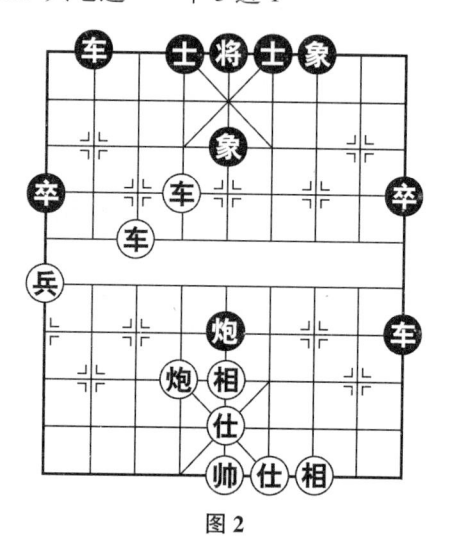

第94局　唐丹　胜　韩冰

2015~2016年全国象棋女子甲级联赛第4轮。唐丹对阵韩冰，3轮之后两队均为4分，分列第三、第四名。

1. 炮二平五　马8进7　　2. 马二进三　车9平8
3. 兵七进一　卒7进1　　4. 马八进七　马2进3
5. 车一进一　象3进5　　6. 车一平四　士4进5

7. 炮八平九　　炮 2 进 4　　　　　8. 兵五进一　……

双方以横车七路马对屏风马 3 象开局，此时黑方选择炮 8 进 4 属常见变化，另也有车 1 平 2 和车 1 平 4 的选择，双方另有攻守。

8. ……　　　　炮 8 进 4
9. 车九平八　　车 1 平 2（图 1）

车 1 平 2 是正确的应法，此时要注意不可随手选择车 1 平 4。试演如下：车 1 平 4，马三退一，车 4 进 6，炮五平二，车 8 平 9，马一进二，车 4 平 7，炮二平五，车 7 平 8，炮五进一，炮 2 平 3，相七进五，红方大优。

10. 车四进三　　车 8 进 4
11. 炮九退一　……

可以考虑先仕六进五，防止黑方炮 2 平 5 将军。

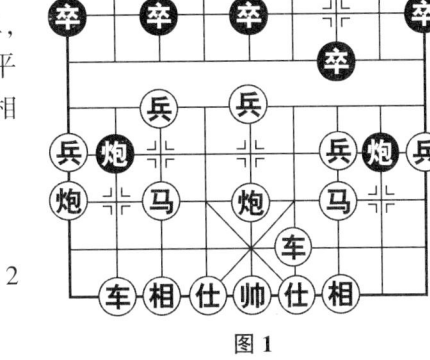

11. ……　　　　炮 2 平 5

也可以考虑炮 8 进 1，炮九平五，炮 2 平 3，车四退一，车 2 进 6，黑势不错。

图 1

12. 炮五平六　……

平炮好棋！如仕六进五，车 2 进 9，马七退八，卒 7 进 1，车四平三，车 8 平 2，马八进七，马 7 进 6，车三平四，炮 5 平 3，黑方满意。

12. ……　　　　车 2 进 9　　　　13. 马七退八　卒 7 进 1

也可以考虑炮 5 平 2，马八进七，卒 3 进 1，兵七进一，象 5 进 3，黑势不错。

14. 兵三进一　　炮 5 平 7　　　　15. 相三进五　……

随手棋，此时较好的应法是马三退一，打破黑方对兵线的封锁。

15. ……　　　　车 8 平 2

有帮忙之嫌，应该简明点，选择卒 3 进 1 兑卒，黑方满意。

16. 马八进七　　车 2 进 2

车 2 进 2 假棋，连续让先。希望压制红马，却忽略了红方马七进六，车 2 平 4 后有仕四进五的棋。黑方不能车 4 退 1，否则炮九平六打死黑车。

17. 兵三进一　……

马七进六亦是红优。

17. ……　　　　象 5 进 7　　　　18. 车四平二　炮 7 平 1
19. 车二进三　　炮 8 平 7　　　　20. 马七进九　车 2 平 1

21. 炮九平一　卒 1 进 1　　22. 仕四进五　卒 1 进 1
23. 炮六进二　……

缓着，应炮一进五，卒 1 平 2，马三退一，准备马一进二捉象，黑方难应。

23. ……　　　马 3 进 1

从边路活马好棋。

24. 炮六进二　马 1 进 2　　25. 炮六平一　车 1 平 6
26. 兵一进一　卒 3 进 1　　27. 后炮进二　车 6 进 2
28. 兵七进一　车 6 平 7

平车捉马，逼迫红方马三进五，随后黑方虽然有马 2 进 4 跳卧槽马的机会，但是黑方几个大子位置较低，难以组成攻势。

29. 马三进五　马 2 进 4　　30. 马五进三　马 4 进 3
31. 帅五平四　马 7 进 6
32. 车二退四（图 2）　……

看似简明的兑子，实际上是一步漏着，反而给了黑方反击的机会。此时应该前炮平三，牵制黑方车炮。

32. ……　　　炮 7 平 9

错失良机，应炮 7 平 1，红方难应。如后炮平九则马 6 进 7（伏车 7 平 6 叫杀），红方只能车二平三，黑车 7 退 2，双方基本均势。

33. 炮一退三　……

兑子后，红方多兵且子力位置俱佳，已然胜势。

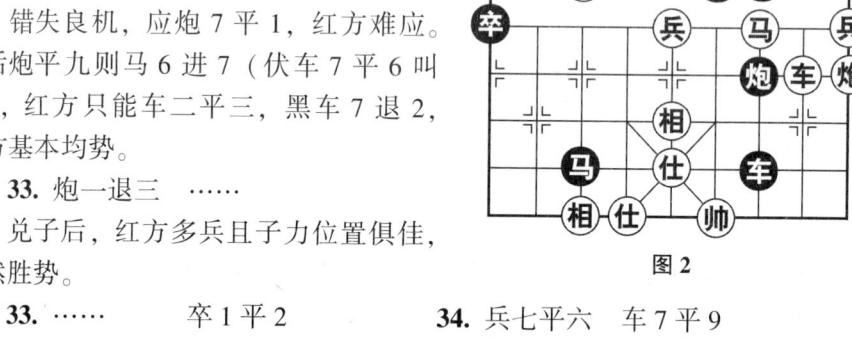

图 2

33. ……　　　卒 1 平 2　　34. 兵七平六　车 7 平 9
35. 兵五进一　车 9 进 1　　36. 帅四进一　车 9 退 1
37. 帅四退一　车 9 进 1　　38. 帅四进一　卒 5 进 1
39. 兵六平五　……

再丢一卒，红胜定，余略。

39. ……　　　马 6 退 5　　40. 兵五进一　马 5 进 7
41. 车二平七　马 3 退 2　　42. 兵五平四　马 7 退 8
43. 炮一平五

红胜。

第 95 局 周熠 负 唐丹

2015～2016 年全国象棋女子甲级联赛的第 6 轮，唐丹后手迎战湖北周熠。

1. 相三进五　炮 2 平 4　　　　**2.** 兵三进一　马 2 进 3
3. 车九进一　……

车九进一，抢先出动大子，另有马八进九和马八进七等应法。

3. ……　　车 1 平 2　　　　**4.** 车九平六　马 8 进 7
5. 炮二平四　车 9 平 8　　　　**6.** 马二进三　炮 8 平 9
7. 马三进四　卒 3 进 1

直接卒 3 进 1 比较少见，一般多士 4 进 5，待红方车六进五后再卒 3 进 1。

8. 马八进九　炮 4 平 5　　　　**9.** 仕四进五　卒 5 进 1
10. 车六进五　……

进车舍弃中兵牺牲太大，应该车六进二，车 2 进 3，炮八平七，双方对峙。

10. ……　　炮 5 进 4
11. 车六平三　炮 5 平 7（图 1）

平炮简明，也可以马 7 进 5，兵三进一，卒 5 进 1，马四进二，马 5 进 6，车三平七，马 3 进 5，炮四平二，车 8 平 9，车一平三，象 7 进 5，亦是黑优。

12. 车三平四　卒 5 进 1
13. 马四进三　炮 7 退 3
14. 兵三进一　炮 7 平 8
15. 炮四平二　马 7 进 8
16. 炮二进四　车 2 进 7　　　　**17.** 兵三平二　卒 5 进 1

图 1

一番交换后，黑方子力位置优于红方，形势占优。

18. 车一进二　象 7 进 5　　　　**19.** 车四平七　卒 1 进 1
20. 车一平三　炮 9 平 6　　　　**21.** 兵二平三　炮 6 退 1
22. 兵三进一　车 2 退 5　　　　**23.** 车三进二　炮 6 平 5
24. 相五退三　卒 3 进 1

送卒急躁，并无连续手段。可以考虑炮 5 平 3，车七平六，炮 3 平 7，车三平二，车 8 进 2，保持对峙之势。

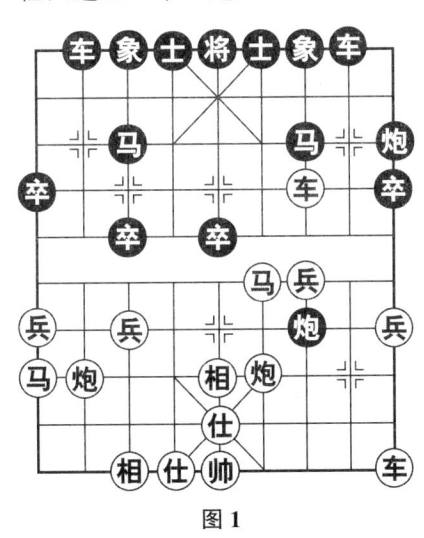

25. 兵七进一　炮 5 平 3　　　26. 车七平六　马 3 进 2
27. 车六平七　马 2 退 3　　　28. 车七平六　马 3 进 2
29. 车六平七　马 2 退 3　　　30. 车七平六　马 3 进 2
31. 车六平七　马 2 退 3　　　32. 车七平六　马 3 进 2
33. 车六平七　马 2 退 3　　　34. 车七平六　马 3 进 2
35. 车六平七　车 2 平 3　　　36. 车七进一　马 2 退 3
37. 相三进五　……

兑车后红方多兵稍优。

37. ……　　　马 3 进 2　　　38. 兵七进一　马 2 进 1
39. 兵七进一　……

再过一兵，红方形势大优。

39. ……　　　车 8 进 2　　　40. 兵七进一　……

急躁，不如先车三平八，逼迫黑方卒 5 进 1 换相，红方形势占优。

40. ……　　　炮 3 平 7　　　41. 车三平五　……

帮忙之着，仍然应该车三平八。

41. ……　　　卒 5 进 1

唐丹此时意在保持变化，如求稳的话可以考虑炮 7 平 5，车五平四，炮 5 平 8，局面趋于平稳。

42. 车五退二　马 1 退 2　　　43. 兵七平六　士 6 进 5
44. 车五进三　马 2 进 4　　　45. 车五退一　马 4 进 3
46. 兵六平七　象 5 进 7　　　47. 兵七进一　……

更好的弈法是马九进七，车 8 平 3，马七进六，车 3 平 8，车五平七，马 3 退 1，车七进五，红方优势。

47. ……　　　象 3 进 1　　　48. 车五平七　……

错失机会。应该车五平四，黑方难应。

48. ……　　　马 3 退 5　　　49. 车七平五　马 5 进 4
50. 车五平七　马 4 退 5　　　51. 车七平五　马 5 进 4
52. 车五平七　马 4 退 5　　　53. 车七平五　马 5 进 4
54. 车五平七　马 4 退 5　　　55. 车七平五　马 5 进 4
56. 车五平七　马 4 退 5　　　57. 车七平五　马 5 进 4
58. 车五平七　卒 1 进 1　　　59. 马九进七　马 4 退 2
60. 车七进二　卒 1 平 2　　　61. 马七进六　马 2 退 4
62. 马六进八　卒 2 进 1　　　63. 相七进五　……

缓着！应该车七平四占据要道，仍属红优。

| 63. …… | 卒 9 进 1 | 64. 车七平六 | 卒 2 平 3 |
| 65. 仕五进六 | 马 4 进 6 | 66. 帅五进一 | 卒 3 进 1 |

67. 兵七平六　车 8 平 2（图 2）

车 8 平 2 错失机会，应该车 8 平 6，待红方兵三平四后，再车 6 平 2。留有马 6 退 5 的先手，仍是纠缠之势。

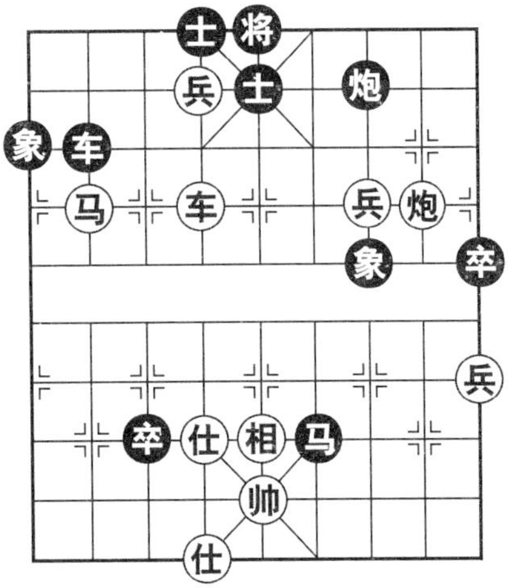

68. 帅五平四　……

出帅帮忙，葬送大优之势。应该车六平四，马 6 退 5，车四进二，黑方难应，红方胜势。

| 68. …… | 炮 7 平 6 |
| 69. 车六平四 | 将 5 平 6 |

70. 帅四平五　……

应兵六进一，伏下手兵六平五抽炮。

| 70. …… | 马 6 退 5 |
| 71. 车四退二 | 马 5 进 4 |

更犀利的弈法是马 5 进 3，伏车 2 平 5 叫杀，黑方胜势。

72. 帅五平六　……

败着，应车四退一，准备下着车四平七捉卒。

72. ……　车 2 平 5

占据中路，好棋！黑棋已呈胜势。

73. 相五退三　……

最后的败着，帅六平五尚可支撑。

73. ……	马 4 退 5	74. 仕六进五	卒 3 进 1
75. 帅六退一	卒 3 进 1	76. 帅六进一	马 5 进 3
77. 帅六进一	车 5 进 6

黑胜。

图 2

第 96 局　唐丹 胜 刘丽梅

本局是 2015~2016 年全国象棋女子甲级联赛第 7 轮，唐丹对阵刘丽梅。

| **1.** 炮二平五 | 马 8 进 7 | **2.** 马二进三 | 车 9 平 8 |
| **3.** 兵七进一 | 卒 7 进 1 | **4.** 马八进七 | 马 2 进 3 |

5. 马七进六　象3进5

双方以中炮七路马对屏风马7卒开局。此时除象3进5外还有士4进5、车1进1、炮8平9、炮2平1等应法。

6. 车一平二　炮8进4
8. 炮八平七　车8进5（图1）

车8进5比较少见，一般多车1平2，马六进七，炮2进6，兵五进一，车2进8，双方另有攻守。

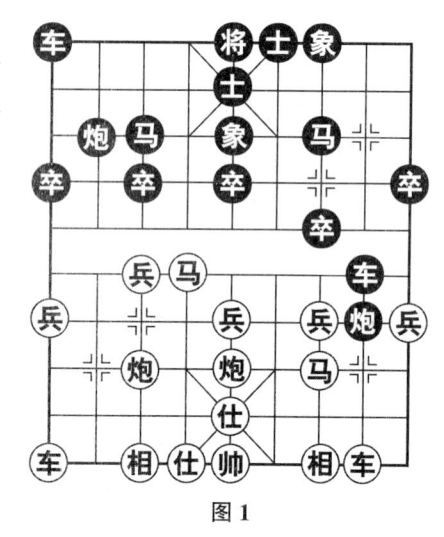

9. 车九平八　车1平2
10. 马六进七　车8平3
11. 马七进九　车2进1
12. 炮七进五　车3退3
13. 车二进三　炮2进6

炮2进5更好。

14. 车二进三　马7进6
15. 炮五进四　车3平1
16. 炮五退一　车2进3
17. 兵五进一　……

弃中兵调整马位，积极的弈法。

7. 仕四进五　士4进5

17. ……　马6进7
19. 马五进七　车1平4
21. 相七进五　马5进3
23. 车九进三　车4退5
25. 车九进三　车4退5
27. 炮五退二　……

炮五进一更好。

18. 马三进五　马7退5
20. 车二平九　车2平3
22. 兵九进一　车4进3
24. 车九退三　车4进5
26. 车九退三　车4进5

27. ……　车4平5

软着，应炮2平1，车八进九，车4退5，车八平六，将5平4，车九平六，将4平5，局势平稳，黑可满意。

28. 兵九进一　车3进1（图2）

车3进1白丢一象，黑方落入下风。一车换双是导致局面恶化的关键之着，目前的局面应该是两分之势。黑方此时应该炮2平3，黑方不错。

29. 炮五进四　象7进5　　30. 相五进七　车5退1

随手应出的败着，应车5进1，尚可坚持。

31. 车九平八 ……

好棋！黑棋面临丢子的危险。

31. ……　　　炮 2 平 1

32. 前车平六　士 5 退 4

如车 5 平 3，车六退三，车 3 进 1，车八平七，黑也丢子。

33. 车六退三　车 5 平 1

34. 车六平七　车 1 平 5

黑方少子且少象，已然败势。

35. 相七退九　炮 1 平 4

36. 车七平六　炮 4 平 3

37. 车六平七　炮 3 平 4

38. 车七平六　炮 4 平 3

39. 车八进三　炮 3 退 7

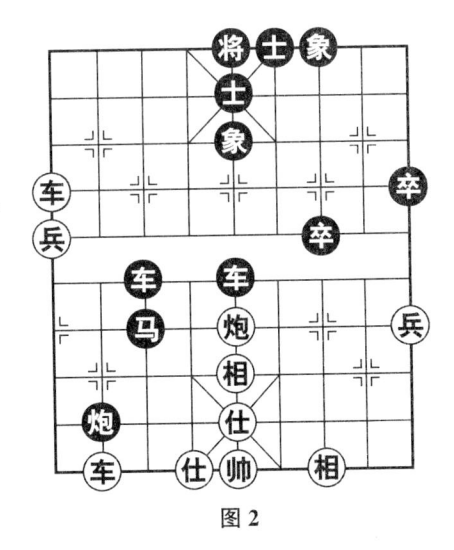

40. 车六平五　车 5 进 2

41. 车八平五　卒 7 进 1

42. 车五进四　……

兑车后再丢一象，红胜定。

42. ……　　　炮 3 平 5

43. 帅五平四　卒 9 进 1

44. 车五平四

图 2

红胜。最终北京队与黑龙江队各胜一局，2 比 2 战平。

第 97 局　唐丹　胜　陈青婷

2015～2016 年全国象棋女子甲级联赛的第 9 轮，唐丹执先对阵陈青婷。

1. 炮二平五　马 8 进 7　　　**2.** 兵三进一　卒 3 进 1

3. 马二进三　车 9 平 8　　　**4.** 车一平二　马 2 进 3

5. 马八进七　象 7 进 5　　　**6.** 车九进一　马 3 进 4

此时最多的选择是炮 2 平 1，车二进六，车 1 平 2，车九平六，车 2 进 6，车六进五，双方另有攻守。

7. 车九平六　马 4 进 3　　　**8.** 马三进四　士 6 进 5

同样是补士，士 4 进 5 更好。

9. 炮八进四　炮 2 平 4

平炮意义不大，可以考虑卒 1 进 1 或者卒 3 进 1。

10. 车二进六　车 8 平 6　　**11.** 马四进三　车 1 平 2

12. 车六进五　马3进5
13. 相三进五　炮8平9
14. 兵五进一　炮9进4
15. 兵五进一　卒5进1
16. 马三退五　炮9进3

此时将军意义不大，暂时没有后续手段配合。不如炮4平3，马七进六，车6进5，双方纠缠，黑可战。

17. 仕四进五　炮4平3
18. 车六平七　车6进4
19. 车七进一　车6平5
20. 车七退一　……

兑子后红方双车炮位置较好，红方占优。

20. ……　　　炮9退3
21. 车二进一　炮9平7
22. 车二退四　炮7进2
23. 马七进六　车5进1
24. 马六进五　车2进3（图1）

进车砍炮换双败着，忽略了红方马五进三的先手，白丢一子。可以先卒9进1，马五进三，炮7退6，车七平四，炮7退2，炮八平五，车2进3，车二进三，车5退2，车四平五，车2平5，效果优于实战。

25. 马五进三　炮7退6
26. 车七平八　卒1进1
27. 车八平九　卒9进1
28. 车二平一　车5退1
29. 车九退一　炮7平9
30. 车一平二　卒9进1
31. 车九进一　炮9平6
32. 车九平一　卒3进1
33. 相五进七　炮6进3
34. 车一平四　卒9平8
35. 车二平一　卒8平9
36. 车一平二　卒9平8
37. 车二平一　卒8平9
38. 车一平四　炮6平4
39. 相七退五　卒9平8
40. 前车平二　士5退6
41. 车四进一　炮4退4
42. 车二退二　……

红方胜定，余略。

42. ……　　　炮4平1
43. 车四平九　炮1进1
44. 车二退一　士6进5
45. 车九平四　士5退6
46. 兵九进一　炮1退2
47. 车二平八　士6进5
48. 帅五平四　车5平8
49. 车八平一　车8进5

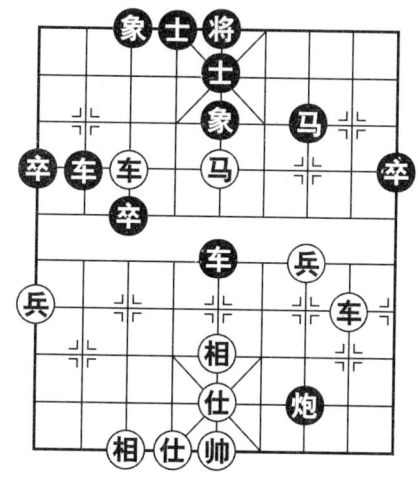

图1

50. 帅四进一　车 8 退 9　　51. 兵九进一　炮 1 进 2
52. 兵九进一　炮 1 平 4　　53. 兵九平八　象 5 退 7
54. 车一平五　炮 4 平 5　　55. 车五进三　车 8 进 2
56. 车四进四　士 5 进 6　　57. 车四平三　象 7 进 9
58. 车三平七　士 6 退 5　　59. 车七进一　炮 5 平 6
60. 仕五进六

最终北京队以 3 比 1 战胜杭州棋院队。第一阶段后，唐丹排在棋手榜第一位。

第 98 局　赵冠芳 负 唐丹

2015～2016 年全国象棋女子甲级联赛第 8 轮，唐丹执后迎战赵冠芳。7 轮后北京队排名第二，开滦队排名第三。

1. 相三进五　炮 2 平 4　　2. 马八进七　卒 3 进 1
3. 兵三进一　马 2 进 3　　4. 车九平八　车 1 平 2
5. 马二进三　马 8 进 7　　6. 马三进四　车 9 进 1

双方以飞相对士角炮开局，以上几个回合均属常见弈法。黑方此时选择车 9 进 1，除此之外也有车 2 进 6 的选择，炮二平三，象 7 进 5，炮八平九，车 2 进 3，马七退八，双方另有攻守。

7. 炮二平四　炮 8 进 3　　8. 马四进三　车 9 平 6
9. 仕四进五　炮 8 进 1　　10. 兵七进一　……

兑兵不如炮八进二，车 6 进 5，车一平二，炮 8 平 5，马七进五，车 6 平 5，炮四进五，双方互缠。

10. ……　　卒 3 进 1　　11. 相五进七　车 2 进 6
12. 相七退五　马 3 进 4　　13. 炮八平九　车 2 进 3
14. 马七退八　炮 8 平 1

兑车后黑方子力位置较好，稍优。

15. 车一平二　车 6 进 3　　16. 马八进七　炮 1 平 3
17. 兵五进一　炮 3 退 3　　18. 兵五进一　……

弃中兵牺牲太大，导致局面落入下风。不如炮四平三，马 4 进 3，车二进三，炮 4 平 3，马七退九，红方可战。

18. ……　　卒 5 进 1　　19. 马七进九　卒 5 进 1
20. 车二进三　车 6 退 1

退车意义不大，可考虑炮4平3，红方七路线有压力。

21. 兵三进一　炮3进1

帮忙之嫌，不如直接象3进5阵型工整。

22. 车二平三　车6平5

还是应该象3进5补齐，黑方占优。

23. 兵三平四（图1）　……

白送一兵没有意义，应该炮四平二，卒5进1，炮二进四，车5进2，车三进一，车5平7，相五进三，红可战。

23. ……　　　炮3平6
24. 马三退二　炮6退2

更好的应法是象3进5，炮四平三，马7进8，炮三平二，马4进6，黑方大优。

25. 车三进三　车5平7
26. 马二进三　……

兑车后黑方净多双卒，残局已经是胜势，余略。

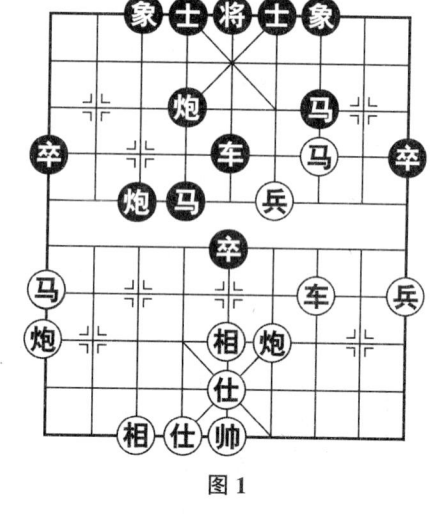

图1

26. ……　　　马4进2	27. 炮九平六　象7进5
28. 马九进七　士6进5	29. 炮六进四　炮6进1
30. 马七进五　炮6平5	31. 马三退二　马2进4
32. 马五进三　卒5平6	33. 帅五平四　象5进7
34. 炮四退一　卒1进1	35. 仕五进六　卒6平7
36. 相五进三　炮4平6	37. 炮四平六　马4进6
38. 后炮平四　马6退5	39. 炮四平六　马5进6
40. 后炮平四　马6退7	41. 炮四平五　前马进6
42. 炮五平四　马6退5	43. 炮四平六　炮5平6
44. 帅四平五　后炮平5	45. 帅五平四　马5进4

黑胜。

第99局　唐丹　胜　张婷婷

2015~2016年全国象棋女子甲级联赛于2015年10月9日在山东高密拉开帷幕，这是比赛的第1轮，北京队迎战河北队，唐丹对阵张婷婷。

1. 炮二平五　马 8 进 7　　　　　2. 马二进三　卒 7 进 1
3. 兵七进一　车 9 平 8　　　　　4. 马八进七　马 2 进 3
5. 车一进一　象 7 进 5

红方以横车七路马开局，此时最多的选择是象 3 进 5，象 7 进 5 也算是常见的应法。

6. 车一平四　马 7 进 8

比较常见的应法是车 1 进 1 和士 6 进 5。

7. 兵五进一　马 8 进 7　　　　　8. 兵五进一　卒 5 进 1
9. 车四进二　卒 7 进 1　　　　 10. 马七进五　卒 5 进 1

也可以考虑炮 2 退 1，炮五进三，炮 2 平 5，炮五进三，士 6 进 5，炮八进二，车 8 平 7，黑势不错。

11. 炮五进二　士 6 进 5　　　　 12. 炮五进一　车 8 平 7
13. 车九进一　炮 2 进 2
14. 车四进三　车 7 进 4（图 1）

进车不如马 7 退 5，车九平二，卒 3 进 1，车四退一，炮 2 平 5，车四平五，马 5 退 7，黑可满意。

15. 车九平二　车 7 平 5

应炮 8 进 2，炮五平二，炮 2 平 8，黑可战。

16. 车二进六　士 5 退 6
17. 车二平三　炮 2 进 1
18. 仕四进五　……

交换后黑方子力受牵制，右车缓慢，红方形势大优。

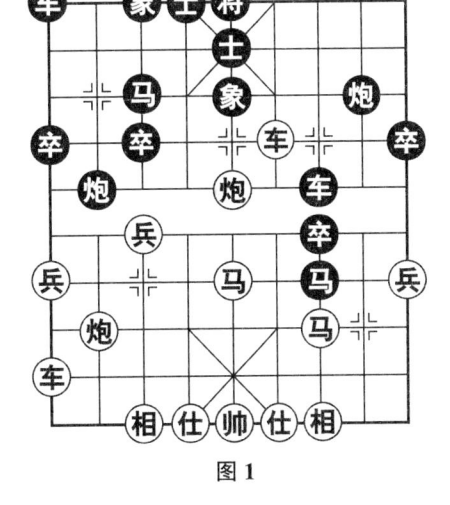

图 1

18. ……　　　士 4 进 5　　　　 19. 车四平七　马 3 进 5
20. 车三退一　马 5 进 7　　　　 21. 车七平八　炮 2 退 1
22. 马五进三　……

再消灭掉黑方的过河卒，红方大优，接近胜势。

22. ……　　　车 5 进 1　　　　 23. 后马进五　炮 2 平 5
24. 马三进五　车 5 退 1　　　　 25. 马五进三　车 5 进 1
26. 炮八平二　……

打开局面的好棋，黑方已无力抵抗。

26. ……　　　车 5 平 7　　　　 27. 炮二进七　象 5 退 7

28. 车三进三　车7平8
29. 炮二平四（图2）……

红炮打士后胜定，余着从略。

29. ……　　　后马退8
30. 车三平二　车1进1
31. 炮四平七　士5退6
32. 炮七平四　车8平7
33. 炮四退一　马8退7
34. 车八进三

终局，红胜。

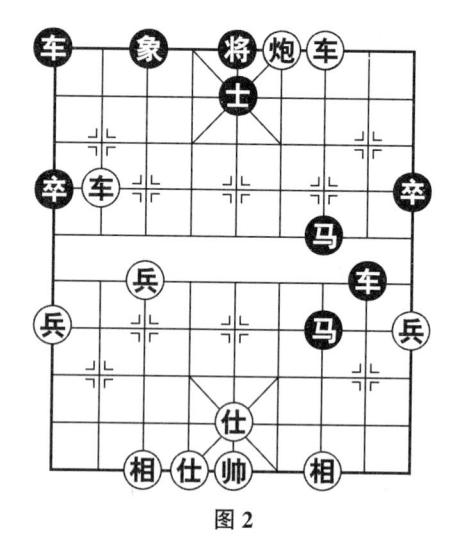

图2

第100局　吴可欣 负 唐丹

2013年全国象棋甲级联赛于4月11日在温州市顺生大酒店拉开帷幕，唐丹执后手对阵吴可欣。

1. 炮二平五　马8进7　　2. 兵七进一　卒7进1
3. 马二进三　车9平8　　4. 车一平二　马2进3
5. 车二进六　炮8平9
6. 车二平三　车8进8

黑方车8进8是对攻性很强的弈法，唐丹选择此变化意在较量中局力量。

除车8进8外，黑方此时也有炮9退1、车1进1、士4进5、车8进2等选择。

7. 马八进七　……

一般都选择马八进七，如马八进九，炮9退1，还原成七兵过河车的边马变化。

7. ……　　　炮9退1
8. 兵五进一（图1）　……

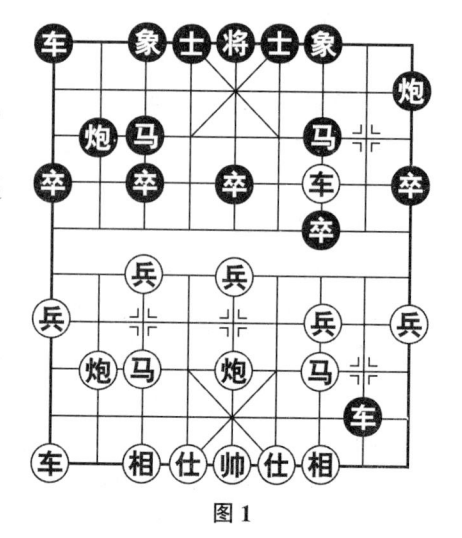

兵五进一是正确的应法。如炮八平

图1

九，车8平3，马三退五，车3平4，黑方满意；如马七进六，则车8平4，马六进七，车4平3，相七进九，炮9平7，车三平四，炮7平3，马七退六，马3进4，黑方大优。

  8. …… 炮9平7   **9.** 车三平四 马7进8
  10. 车四平三 马8退7   **11.** 车三平四 马7进8
  12. 车四平三 马8退7   **13.** 车三平四 马7进8
  14. 车四平三 马8退9
马8退9保持变化，如继续马8退7则双方不变作和。
  15. 车三退一 象3进5   **16.** 车三退一 士4进5
  17. 马七进五 车1平4   **18.** 兵五进一 ……

兵五进一有帮忙之嫌，黑方兑卒后顺势车4进3，准备马9进7打车，黑方形势满意。不如考虑先炮八平七，车4进6，炮五退一，炮2进4，相七进五，战线漫长。

  18. …… 卒5进1   **19.** 炮五进三 车4进3
调整阵型的好棋，黑方形势占优。

  20. 炮八平五 马9进7
  21. 车三平五 炮2进5
好棋，准备下着炮2平7，马五退七，马7进5，车五进一，炮7进6，得子。至此，黑方胜势。

  22. 前炮平八 马7进8（图2）

马7进8漏步，忽略红方车五平二的棋。应炮2平7，马五退七，马7进8，车五平三，马8进7，车三进四，车8平6，仕六进五，车4平6，炮五平四，后车进4，仕五进四，车6进1，帅五进一，车6退2，黑方胜定。

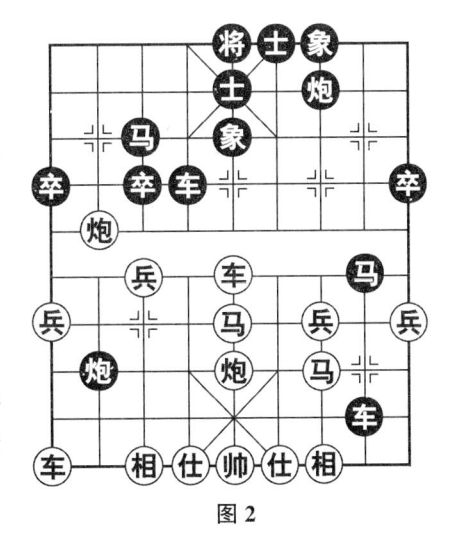

  23. 车九平八 ……
败着，错失良机，应该车五平二，车8退3，马五进四，车8平4，马四进六，炮2平7，虽属黑优，但红方仍可支撑，效果优于实战。

  23. …… 炮2平7
黑方得子胜定。

  24. 车五平四 车4进3   **25.** 炮八进四 前炮平9
  26. 马五进三 炮9进2   **27.** 炮八平九 将5平4

图2

28. 相七进九　马8进7　　29. 车四退二　马7进6
30. 炮五平六　车4平6　　31. 车四进一　马6退7
32. 车四退三　炮7进5
黑胜。